DAGMAR MAC[illegible]

Komm, lass uns wandern

OSTWESTFALEN-LIPPE

emons:

DAS IST DRIN

Zum Herunterladen der GPS-Daten auf den Computer und zur Nutzung auf GPS-Geräten:
emons-verlag.de/wandern-OWL

Zwerge rund um Alverdissen

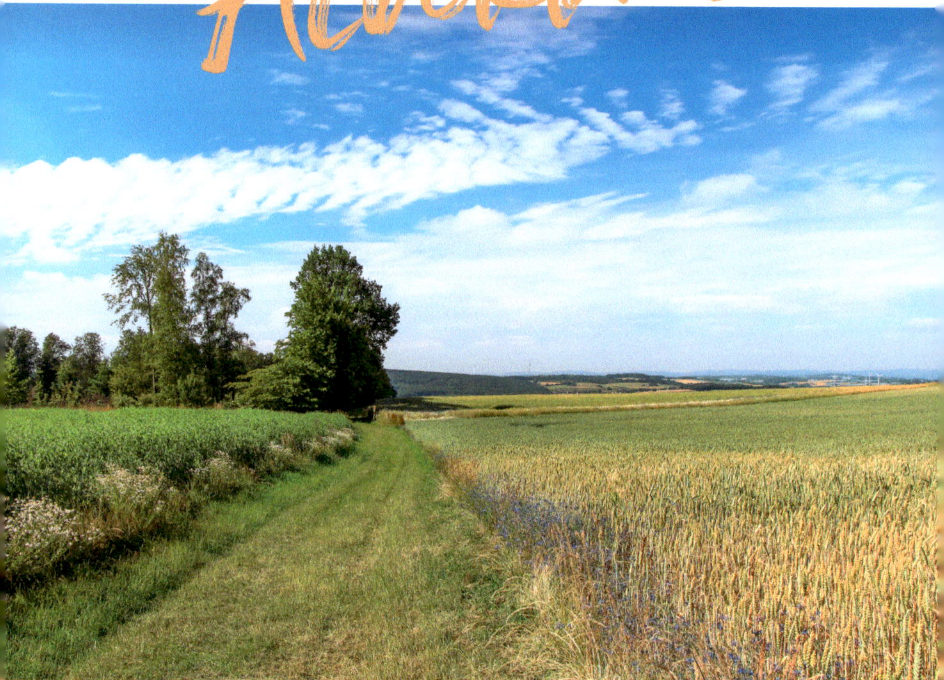

Schwierigkeit: mittel // 11 Kilometer // 256 Höhenmeter

Für Familien mit Kindern geeignet

AUF DER SUCHE NACH ZWERG ANTON:
DURCH TÄLER UND DEN DORNRÖSCHENWALD
IM NORDLIPPISCHEN BERGLAND

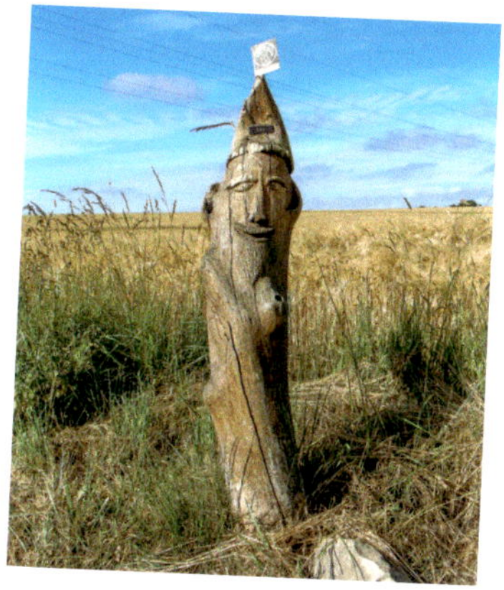

Zwerg Leo weist euch den Weg

Nordöstlich vom Teutoburger Wald liegt das Lipper Bergland, ein hügeliges Gebiet mit einigen steilen An- und Abstiegen, und – wer hätte das gedacht? – einer ausgeprägten Parallelgesellschaft, die man eher in Island vermuten würde als im bodenständigen Ostwestfalen-Lippe. Besonders im Kreis Lippe finden sich einige Spuren dieser mysteriösen kleinen Wesen, die unter Steinen und Moosen vom Menschen verborgen leben. Auf dieser Wanderung begebt ihr euch auf die Suche nach Anton, einem ganz besonderen Zwerg, der einst inmitten der wunderschönen Felder und Wälder um Alverdissen und Barntrup residierte. Aber bevor es losgeht, müsst ihr Antons Geschichte erfahren:

Es war einmal ein junger Mann, der sich hoch verschuldet hatte. Der Tag, an dem er seine Zeche, 200 Taler, zurückzahlen sollte, rückte gefährlich nah und dementsprechend wuchs seine Verzweiflung. Er hatte keine Ahnung, wie er an so viel Geld kommen sollte und irrte planlos durch die Gegend, in der Hoffnung auf eine zündende Idee für eine Lösung. Aber ein Geistesblitz wollte ihn nicht treffen. Resigniert setzte er sich auf einen Stein. Da vernahm er plötzlich eine Stimme, und als er sich umsah, blickte er hinunter in die Augen eines Zwerges, der ihn freundlich nach dem Grund seiner Verzweiflung fragte. Der Mann klagte dem Zwerg sein Leid, und der barmherzige Zwerg, selbst Kummer gewohnt, zögerte nicht lange und bat den Verzweifelten, kurz zu warten. Schnell kam der Zwerg zurück und hielt in der Hand exakt 200 Taler. Er streckte dem nun recht sprachlosen Mann das Geld hin, ließ es jedoch nicht sofort los und sagte: »Mein Name ist Anton. Merk dir das gut. Ich will dir das Geld gern leihen, aber du musst es mir in genau einem Jahr zur selben Stunde

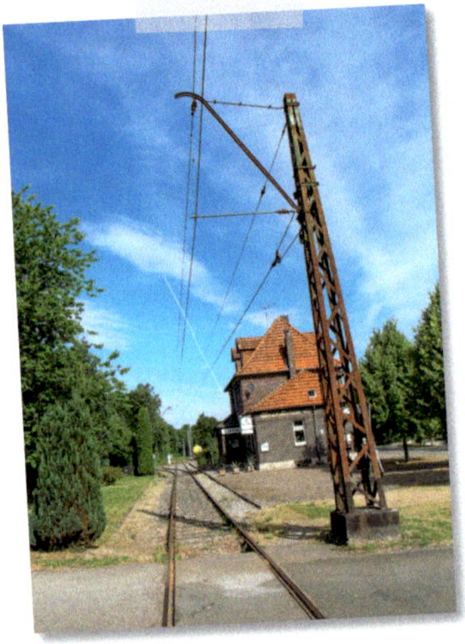

zurückgeben. Komm zu diesem Stein, und rufe laut meinen Namen. Dann gib mir auf Heller und Pfennig dieselbe Summe, die ich dir nun gebe.« Der Mann, vollkommen perplex, sein Glück kaum fassend, versprach Anton, pünktlich zurück zu sein. Dann machte er sich auf den Weg, die Taler an seine Gläubiger auszuhändigen. Unser Mann hielt Wort und stand ein Jahr später auf die Stunde genau vor Antons Stein und rief nach dem Zwerg. Aber der zeigte sich trotz beharrlichem Rufen nicht. Nach einer Weile kam ein fremder Zwerg und verkündete, dass Anton verstorben sei und das Geld nicht zurückbezahlt werden müsse. Eigentlich wäre die Geschichte hier nun zu Ende. Die Moral von der Geschichte: Manchmal siegt eben das Gute! Allerdings ist es so einfach dann doch nicht – wie ihr noch erfahren werdet.

Es wird Zeit, sich auf die Reise zu machen und Antons Stein zu finden: Los geht eure Wanderung am BAHNHOF ALVERDISSEN-BARNTRUP (1). Autofahrer parken auf dem circa 100 Meter entfernten Parkplatz Batze und laufen nach rechts in die Straße Herrengarten geradewegs auf den Bahnhof zu.

IN DEN FRÜHLINGS- UND SOMMERMONATEN ERREICHT MAN DEN BAHNHOF ALVERDISSEN VON RINTELN AUS MIT DER DRAISINE. VIER PERSONEN FINDEN AUF DEM SCHIENENDRAHTESEL PLATZ. 18 KILOMETER GEHT ES SO MIT ELEKTRISCHER UNTERSTÜTZUNG BERGAUF DIREKT ZUM STARTPUNKT DER WANDERUNG.

Ihr folgt den Schildern mit dem spitznasigen Anton, die euch zunächst über die Schienen der Extertalbahn führen, entlang einer ruhigen Straße, die schon nach wenigen Metern nur noch für Radler und forstwirtschaftlichen Verkehr freigegeben ist. Jetzt geht es erst mal zwischen wogenden Feldern schnurgeradeaus. Schon bald liegt das Dorf hinter euch, und ihr macht Bekanntschaft mit Zwerg Leo, einem von Antons Freunden, der euch freundlich nach links weist, weiter zwischen Feldern, aber diesmal mit deutlichem Anstieg: Es geht den Bromberg hoch. Zwischendrin lädt eine Bank zur Verschnaufpause ein und natürlich zum schönen Rundblick auf Sternberg, auf Alverdissen und den Hohen Asch, den Bösingfelder Hausberg.

Beim zweiten hölzernen Freund verlasst ihr dann den asphaltierten Weg und wandert auf weichem Grasboden weiter, der immer schmaler und uriger wird. Unzählige Baumwurzeln durchkreuzen den Pfad, die Bäume werden knotiger. Man erwartet schon fast, dass ein Zwerg unter einem der vielen Baumstümpfe auf dem Weg hervorlugt

Ein hölzernes Ebenbild von Anton bewacht seinen verlassenen Stein

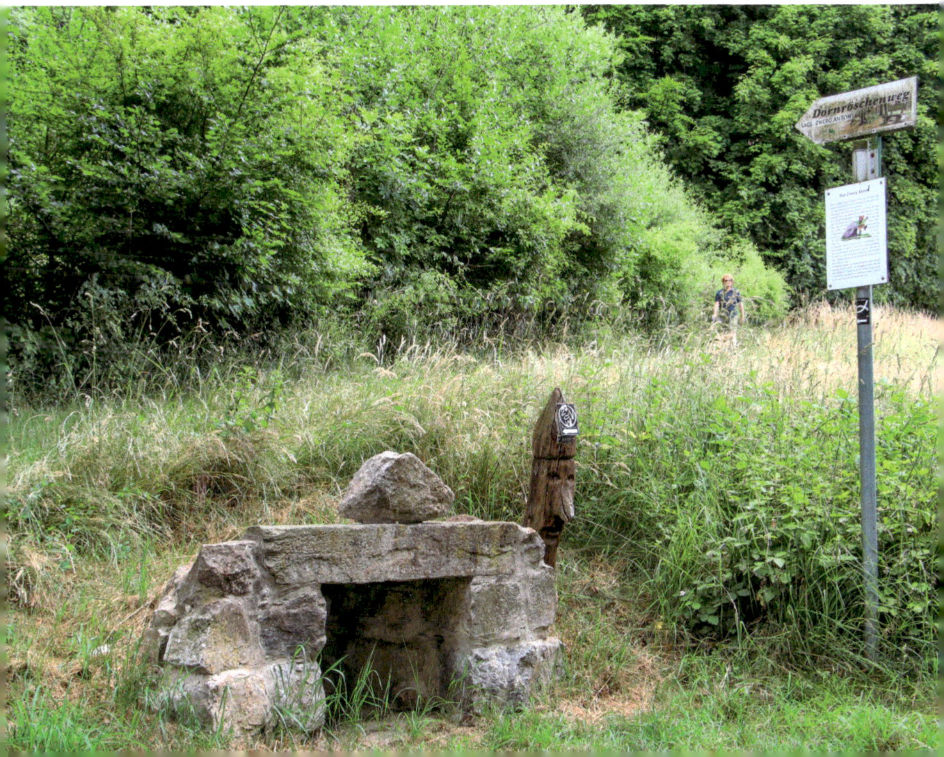

und einem einen guten Tag wünscht. Weiter geht's auf einem breiter werdenden Wirtschaftsweg, von dem aus ihr immer wieder zwischen Bäumen und Blättern einen herrlichen Weitblick genießen könnt, bevor es nach links tief in das Krähenholz, einen dichten, saftigen Buchenwald, geht.

Aus dem Wald heraus, überquert ihr die Extertalstraße, wo euch Zwerg Wolly empfängt. Eine Birkenallee leitet den Anstieg auf den Herborn ein. Wer pausieren möchte, sei es, um wegen des Anstiegs einmal kräftig durchzuatmen oder kurz die Aussicht zu bewundern, darf sich auf diesem Abschnitt auf ein paar Bänke freuen. Wer aber eine ausgiebige Pause mit Picknick plant, sollte alle Bänke, die ab den Herborner Birken den Anstieg begleiten, links liegen lassen. Oben auf dem Saalberg bei Sonneborn, wo der Weg sich gabelt, lohnt nämlich ein Abstecher zum WINDMÜHLENPOTT 2, an dessen

Am Fuße des Windmühlenpotts lässt es sich vorzüglich und aussichtsreich pausieren

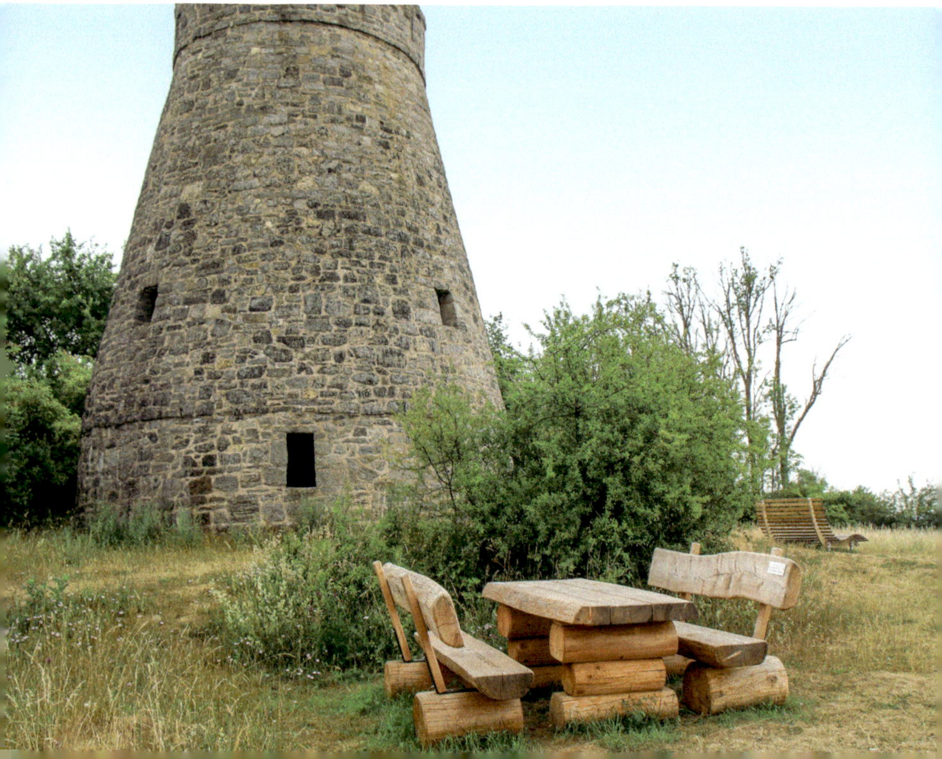

Fuße euch ein Waldsofa und ein großes Picknick-Ensemble mit phantastischer Aussicht auf Barntrup und das Lipper Land zu einer ausgiebigen Rast erwarten. Bei klarer Sicht solltet ihr unbedingt auf den Windmühlenstumpf hinaufsteigen. Am Horizont erkennt ihr dann im Südwesten das Hermannsdenkmal, im Südosten den 20 Kilometer entfernten Köterberg.

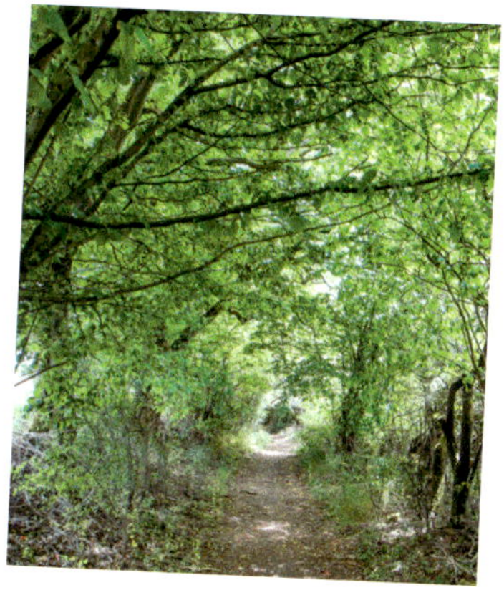

EIN VERWUNSCHENER HOHLWEG

ES LEITEN EUCH MEHRERE ZWERGE DURCH DIE TOUR. SIE SIND NICHT NUR TOLLE WEGWEISER – EINER BIRGT EIN GEHEIMNIS: EIN GEO-CACHE IST HIER VERSTECKT. DESHALB WIRD NICHT VERRATEN, WIE VIELE ZWERGE EUCH ERWARTEN. DAS MÜSST IHR HERAUSFINDEN.

Zurück geht es auf den Wanderweg. Dem folgt ihr, bis ihr auf Zwerg Ido trefft, der euch nach rechts durch ein verwunschenes Stückchen Hohlweg leitet, an dessen Ende sich eine Schutzhütte befindet. Dann wandert ihr nach einer spitzen Kehre den Saalberg hoch und zwischen Feldern ganz gemächlich wieder bergab. Unterwegs trefft ihr auf weitere Freunde von Anton, wandert vorbei an einem wunderschönen Garten und neugierigen Paarhufern, bevor es nach rechts zunächst wieder etwas hügeliger wird und dann stetig bergab geht. Fast am Ende des Tals könnt ihr euch jetzt entscheiden, ob ihr dem Zwerg-Anton-Weg durch die Siedlung folgt oder ob ihr ein paar kurze Höhenmeter mehr macht, um den viel schöneren Dornröschenweg zu nehmen. Achtung: Menschen, die größer sind als 1,80 Meter, müssen ab und zu den Kopf einziehen.

So oder so, am Ende stoßen beide Wege wieder aufeinander, und ihr trefft an der Gabelung dann endlich auf ANTONS STEIN 3, der, wie ihr ja wisst, verwaist ist. Aber wer weiß, vielleicht ist ja mittlerweile jemand anders dort eingezogen? Das letzte Stück führt euch durch das Dorf zurück zum Ausgangspunkt.

DER NAME »BATZE« IST ÜBRIGENS PROGRAMM. WENN IHR IN DEN WARMEN MONATEN UNTERWEGS SEID, NEHMT EUCH BADESACHEN MIT. »BATZE« IST EIN OSTWESTFÄLISCHES WORT FÜR FREIBAD. ES WIRD ABER KURIOSERWEISE NICHT IN ALLEN OSTWESTFÄLISCHEN KREISEN VERSTANDEN.

Halt, da war doch noch was! Wie ist die Geschichte mit Anton eigentlich weitergegangen? Wie schon erwähnt, war auch dem Anton Kummer nicht unbekannt. Zeit seines Lebens wurde er von Vorgesetzten gehänselt, herumgeschubst und ausgebeutet. Heute würde man das wohl massives Mobbing nennen. Gezwungen zu viel zu harter Arbeit an einem viel zu heißen Tag, stürzte Anton erschöpft im Alverdisser Steinbruch zu Tode, weil sein Arbeitgeber ihm keine Pause gönnte. Im Dorf, wenige Schritte abseits der Tour, befindet sich das SCHLOSS ALVERDISSEN 4. Dort soll Antons Geist noch heute wohnen und böse Menschen ärgern und guten freundlich gesinnt sein. Schloss Alverdissen ist mittlerweile in Privatbesitz und kann in der Regel nur durch den Zaun betrachtet werden. Vielleicht habt ihr ja trotzdem Glück, und der gute Anton winkt euch vom Fenster aus zu.

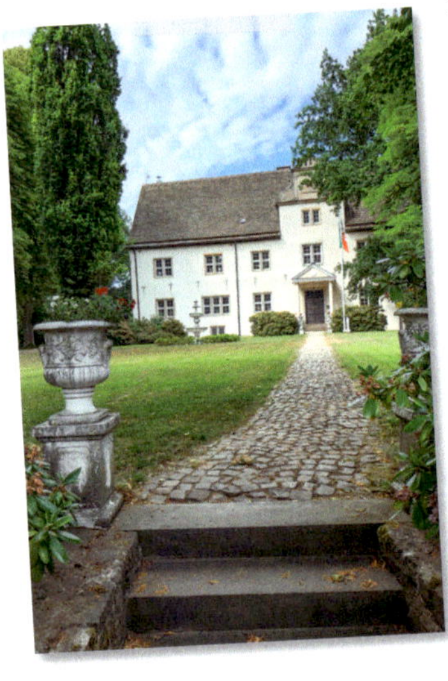

Alles, was ihr wissen müsst

Rundtour: sehr familienfreundliche, sanft hügelige Wanderung für alle, die Begegnungen mit Zwergen nicht scheuen // im Sommer Badesachen einpacken // **nicht kinderwagentauglich**

Markierung: Zwerg auf schwarzem Hintergrund // hölzerne Zwerge am Wegesrand // sehr gut beschildert

Entfernung von: Detmold 25 Kilometer // Bielefeld 47 Kilometer
ÖPNV: ab Barntrup Bahnhof Buslinie 803, Haltestelle Alverdissen Teich oder im Sommer mit der Fahrraddraisine von Rinteln aus, www.draisinen.de
Auto: kostenlose Parkplätze am Freibad Batze in Alverdissen, Herrengarten 4, 32683 Barntrup

Einkehr: **Imbiss im Freibad Batze**, www.batze-alverdissen.de

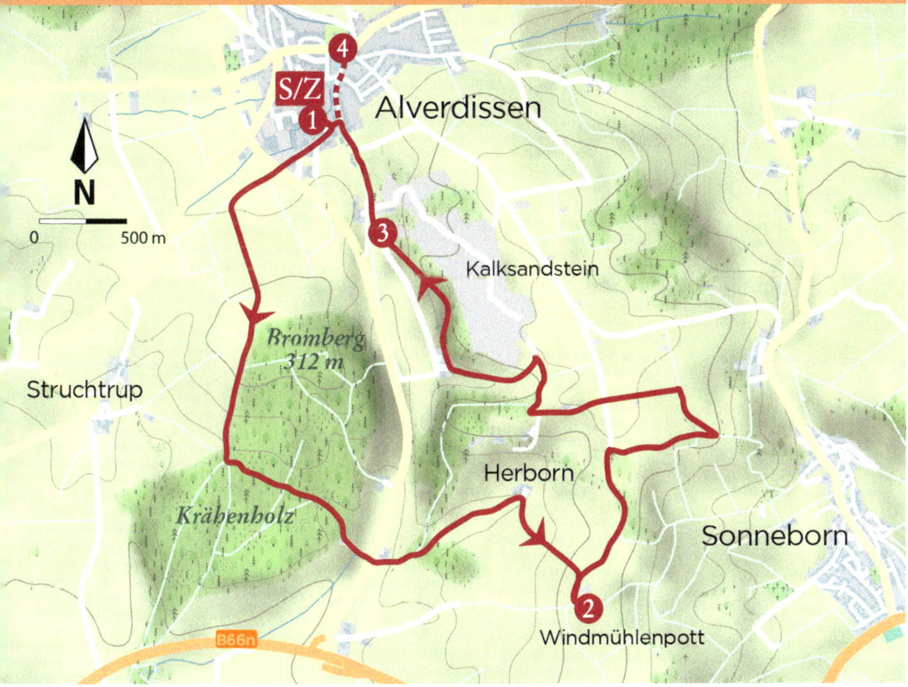

Rund um den Keuperberg

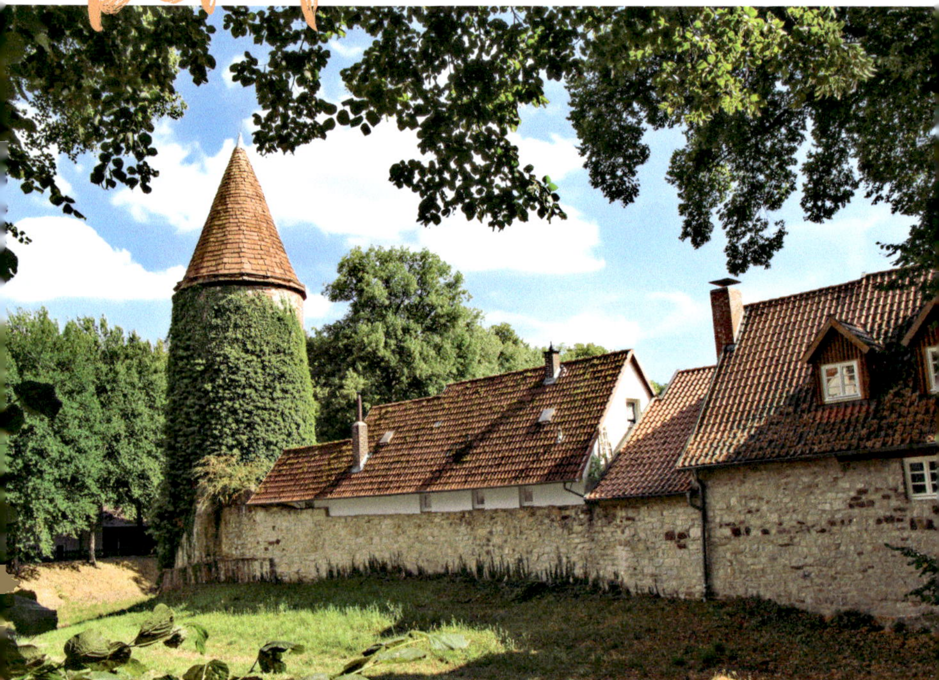

Schwierigkeit: mittel // 7 Kilometer // 257 Höhenmeter
Für Familien mit Kindern geeignet

AUF DEM MYTHENWEG: RENDEZVOUS MIT DER WEISSEN FRAU AN DER HERLINGSBURG

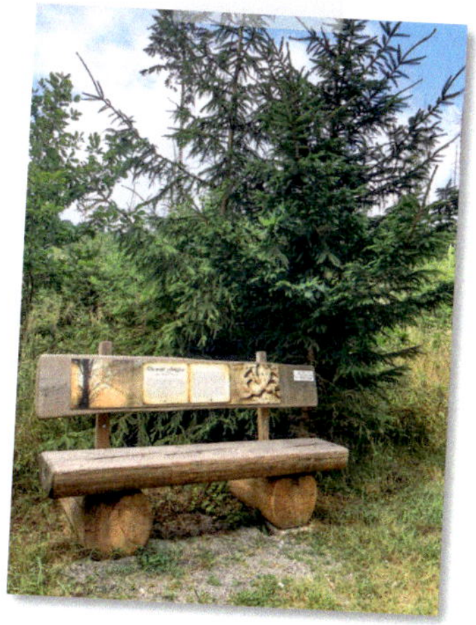

Gleich mehrere Weiße Frauen treiben in Ostwestfalen-Lippe ihr Unwesen und schaffen es nicht, sich ganz von dieser Welt zu lösen. Einer davon begegnet ihr auf der Wanderung um den Keuperberg bei Lügde. Sie lebte auf der Herlingsburg als Magd bei keinem Geringeren als unserem Hermann. Wo genau erfahrt ihr, wenn ihr euch auf den Mythenweg macht. Die junge Frau und einer von Hermanns Kriegern waren schwer verliebt. Als der Cheruskerfürst seine Truppen zusammentrommelte, versprach der Krieger ihr ewige Liebe und baldiges Wiedersehen. Er zog in den Kampf. Sie wartet noch heute.

BEI DIESER WANDERUNG BIETET ES SICH AN, MIT DER BAHN ANZUREISEN, DENN ERSTENS IST SCHON DER WEG VOM BAHNHOF BIS ZUM START DES MYTHENWEGS WIRKLICH MAGISCH UND KANN MIT EINIGEN SEHENSWÜRDIGKEITEN AUFWARTEN. ZWEITENS GIBT ES UM DEN KEUPERBERG KEINE EINKEHRMÖGLICHKEIT – WOHL ABER IM SEHENSWERTEN LÜGDE, DAS IHR AUF DEM ZU- UND RÜCKWEG ERKUNDEN KÖNNT.

Vom Bahnhof geht es los in Richtung Altstadt bis kurz vor die Stadtmauer; dort weiter entlang der Promenade mit dem Wegezeichen X6. Dieser Abschnitt ist Teil des Niedersachsenwegs. Direkt an der Ecke zur Promenade steht einer der beiden noch erhaltenen Wachtürme von ehemals sieben. Die Stadtmauer, die die Altstadt umrundet – Lüdge war bis 1668 Festungskleinstadt – ist übrigens in Gänze intakt. Ihr überquert den Marktplatz und gelangt über die Brückenstraße in den Emmerauenpark. Alternativ könnt ihr auch weiter entlang der Mauer wandern, zum Beispiel, wenn

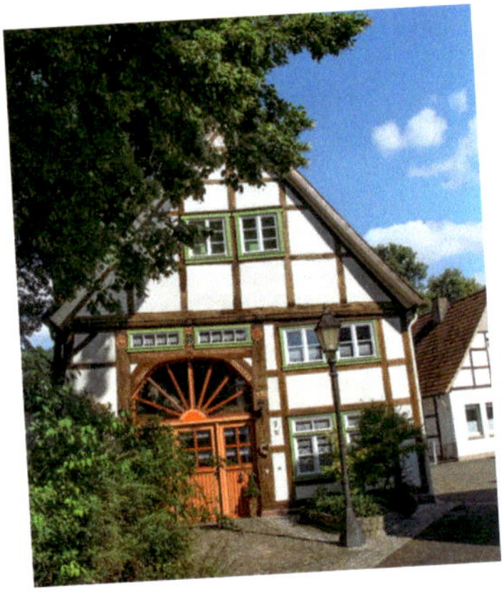

WUNDERSCHÖNES FACHWERK

ihr einen Abstecher zur Sankt Kilianskirche plant.

So oder so verlasst ihr den Emmerauenpark wieder über eine weitere Brücke, lauft kurz durch eine kleine Siedlung und trefft beim letzten Haus auf den Eschenbach, der in Lügde auch als Meinte bekannt ist. Der plätschert nun fröhlich neben eurem schmalen Wanderpfad her und verbreitet gute Laune. Ein schöner Weg, der euch mit kleinen Geschichten am Wegesrand bestens auf den Mythenweg einstimmt: Ihr erfahrt zum Beispiel an der Nonnen-Ölwiese vom traurigen Schicksal der Schwester Irmgard, die – als hier noch eine Ölmühle und ein Kloster standen – von ihrem Geliebten sitzen gelassen wurde: mit üblen Konsequenzen. Etwas weiter am Schierenberg, mittlerweile seid ihr auf gut ausgebauten Wanderwegen unterwegs, erfahrt ihr vom Geheimnis der Sieben-Quellen, die diejenigen, die sich zu ihnen hinabtrauen, jünger und schöner machen.

LÜGDE WIRD »STADT DER OSTERRÄDER« GENANNT. DER TRADITIONELLE OSTERRÄDERLAUF FINDET JEDES JAHR AM OSTERSONNTAG STATT. WENN ES DUNKEL GEWORDEN IST, ROLLEN DIE BRENNENDEN EICHENRÄDER DEN BERG HINUNTER. DAS SPEKTAKEL GEHT ABER SCHON AM SAMSTAG LOS, WENN DIE SCHWEREN RÄDER AUS DER EMMER GEZOGEN WERDEN, WO SIE ZUM WÄSSERN SECHS TAGE LAGERTEN.

Sagenhaft eingestimmt, erreicht ihr den WANDERPARKPLATZ HERMANNS-TAL 3, von dem aus auch die Autofahrer unter euch starten würden. Ab hier ist der Mythenweg hervorragend mit einem großen M beschildert. Jetzt hinauf zum ersten Mythen-Highlight: BANK DES VERSPRECHENS (1), wo die Weiße Frau in den Vollmondnächten weiter auf ihren Liebsten wartet.

Immer höher geht es auf den 345 Meter hohen Keuperberg. Oben auf einem Plateau befindet sich die alte Wallanlage der Herlingsburg, auf der sich die Cherusker vor den Römern versteckt haben sollen. Andere Stimmen meinen, die Burg war nur eine Rastmöglichkeit für Händler auf der Durchreise. Fakt ist, dass die Herlingsburg sehr nah an einem wichtigen Höhenweg lag. Der Hohlweg verband Paderborn mit Lügde und ging noch weiter bis Hildesheim. Mitten auf dem Plateau ist ein Brunnen gefunden worden. Es gibt auf jeden Fall Anzeichen dafür, dass hier eine Kult- und Begräbnisstätte lag. Ein weiterer Fakt ist, dass durch die exponierte Lage die Burg stark um-

Sogar die Bäume verbreiten eine märchenhafte Stimmung

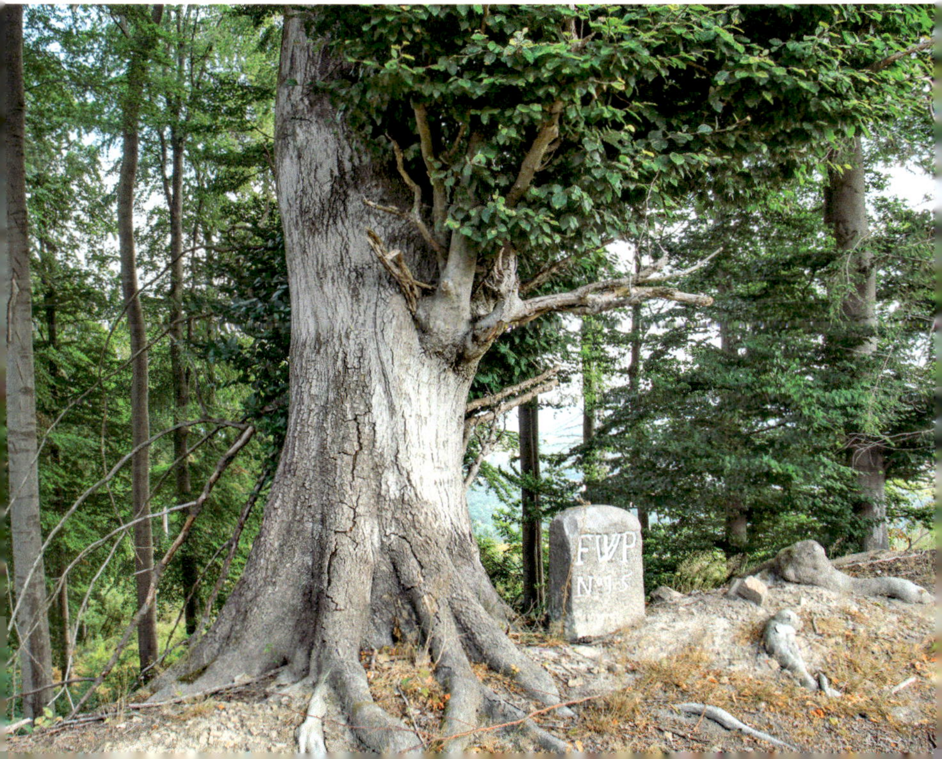

kämpft war. Auch muss man sich vorstellen, dass es um die Erbauungszeit, um etwa 210 vor Christus, lange keinen Wald gab und sich somit eine freie Sicht auf die Burg bot. Einmal in Herzform verläuft der Wanderweg um das Plateau herum, und zwar entlang der alten Wallanlage. Am Wald-/Bergrand seht ihr noch alle paar Meter alte Begrenzungssteine, die die Fürstentümer Lippe und Waldeck-Pyrmont trennten. Heute zieht sich die ehemalige Anlage quer durch die Grenze zwischen Lügde und Schieder. Selbstredend, dass ihr an den Stellen, an denen ihr durch die Bäume hindurchschauen könnt, herrliche Ausblicke habt. Auf etwa der Hälfte der Runde bietet sich die Gelegenheit, auf einem Waldsofa ein bequemes Päuschen mit Ausblick einzulegen. Oder ihr wandert noch ein wenig weiter bis zur SCHUTZHÜTTE 2. Hier oben lebt ein Zwergenvolk, das einen gigantischen Schatz im Innern des Berges hütet. Die Öffnung des Zugangs ist komplett in Zwergenhand und erfolgt natürlich nur in Vollmondnächten. Das heißt, der Zugang kann nur gefunden werden, wenn ein Zwerg Bock darauf hat, ihn zu zeigen. In der Schutzhütte liegt ein Gipfelbuch. Falls ihr irgendetwas Magisches erlebt, schreibt es dort hinein. Hier an der Hütte gäbe es auch die Möglichkeit, auf direkter Linie das Plateau zu queren. Die längere Runde entlang der Wallanlage ist aber schöner, wirklich märchenhaft mit tollen Ausblicken ins Emmertal noch dazu.

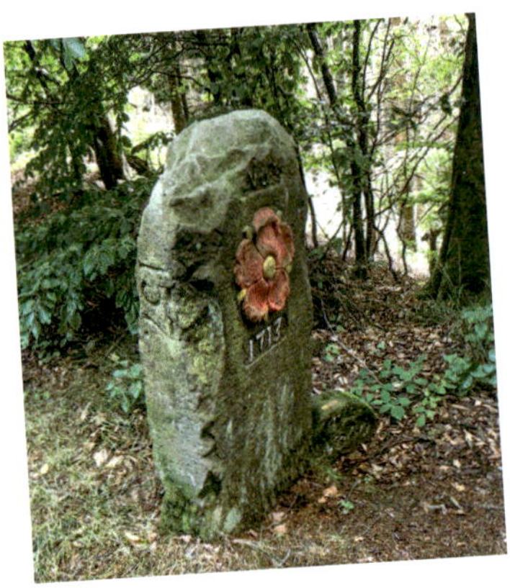

Die Lippische Rose

Nun geht es den Berg hinunter. In einer scharfen Kurve links bei »Unter der Herlings Burg« geht ein Graspfad ab. Mit festem Schuhwerk, das ihr ja sicher an den Füßen habt,

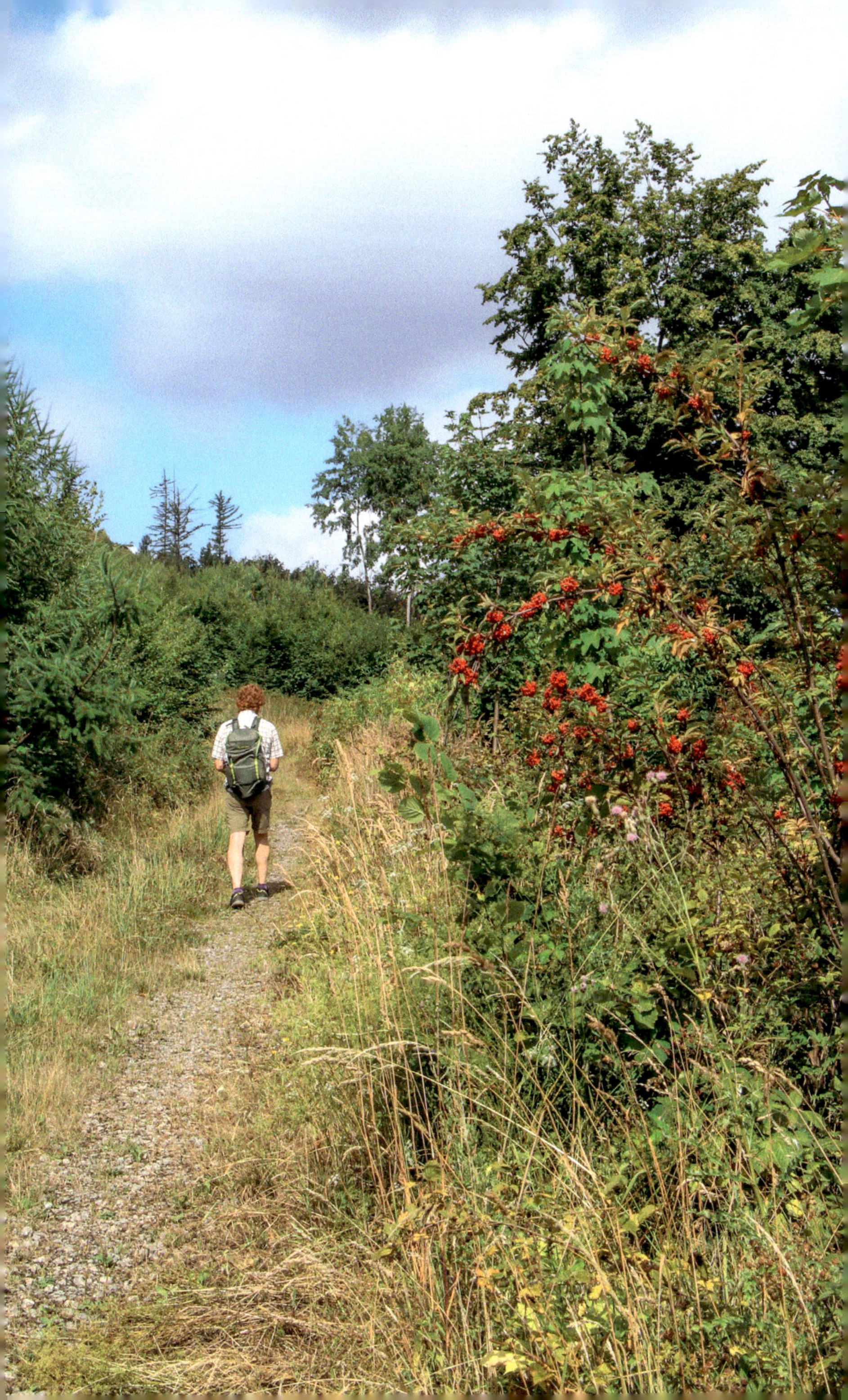

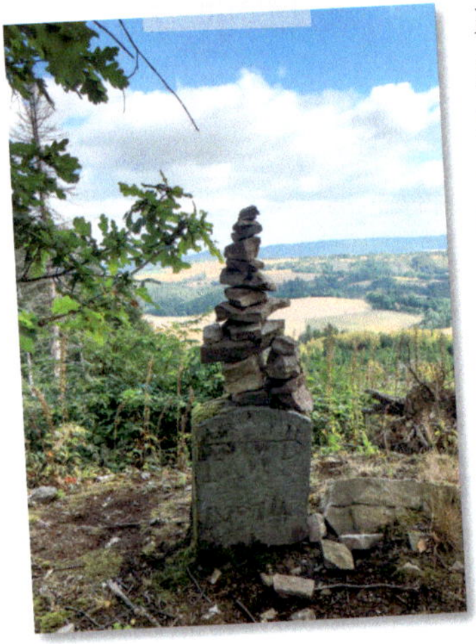

kein Problem. Am besten nun auch Socken hoch, denn das Gras mitsamt Brennnesseln ist es ebenfalls. Wenn die Brennnesseln zu mächtig sind, könnt ihr ein Stück oberhalb des Weges durch den Wald kraxeln. Das ist recht steil, deshalb ist ein Stock ganz hilfreich. Ansonsten ist der Weg wunderbar: mythisch. Und still. Keine Tierstimmen. Nichts. Nur ab und zu ein leises Jaulen. Das könnten die Bäume sein. Oder ist das die Weiße Frau?

Wer sich fürchtet – Gras im Sommer zu hoch, Krabbeltiere, Brennnesseln, Weiße Frau –, kann auch auf dem befestigten Weg weiterlaufen. Der mystische Pfad passt aber besser zur Gesamt-Mystik des Weges. Als Belohnung für die Bewältigung des unebenen Pfads wartet dort, wo er auf den breiten Weg trifft, eine Bank. Puh, einmal durchschnaufen! Weitere Sagen und Geschichten begleiten euch nun entlang der Wanderstrecke. Schöne Sitzgelegenheiten am Wegesrand auch. Auf den dort angebrachten Tafeln könnt ihr die jeweilige Sage lesen: Ihr erfahrt etwas über mittelalterliche Wollbäcker, eine weitere Wallanlage, den mysteriösen Bomhof, der aber nur über einen Abstecher zu erreichen ist, und über den frechen Alten Känzler, der die Bauern ziemlich geärgert hat und auch heute noch sein Unwesen hier treibt. Wen es also plötzlich an den Waden zwickt, oder wenn ihr einen Hund dabeihabt, der plötzlich knurrt: Das ist der Känzler, der so gern andere ärgert. Wieder am Parkplatz, stellt sich den Autofahrern unter euch die Frage, ob ihr noch ins Städtchen hineinlauft; die Bahnfahrer unter euch kennen den Zuweg ja schon und wissen, dieser, wie auch Lügde selbst, lohnt einen Besuch. Und am Sandstrand des EMMER BEACH (4) könnt ihr eure Füße erfrischen und die Wanderung sehr erholsam ausklingen lassen.

Alles, was ihr wissen müsst

Rundtour: sagenhafte, märchenhafte Tour für alle, die keine Angst vor Gespenstern haben // kann um 8,8 Kilometer erweitert werden durch den Zu- und Rückweg von und nach Lügde // **nicht kinderwagentauglich**

Markierung: gelbes »M« auf grünem Grund // X 6 (Zuweg)

Entfernung von: Detmold 37 Kilometer // Bielefeld 61 Kilometer
ÖPNV: mit der Bahn bis Bahnhof Lügde
Auto: kostenloser Wanderparkplatz Hermannstal, Eschenbrucher Straße, 32676 Lügde

Einkehr: **Café Tender** (im Bahnhofsgebäude), Bahnhofsstraße 12, 32676 Lügde, www.cafe-tender.de // **Café Kinkerlitzchen**, Vordere Straße 1, 32676 Lügde // **Café Ankerplatz** (im Emmerauenpark), Brückenstraße 9, 32676 Lügde

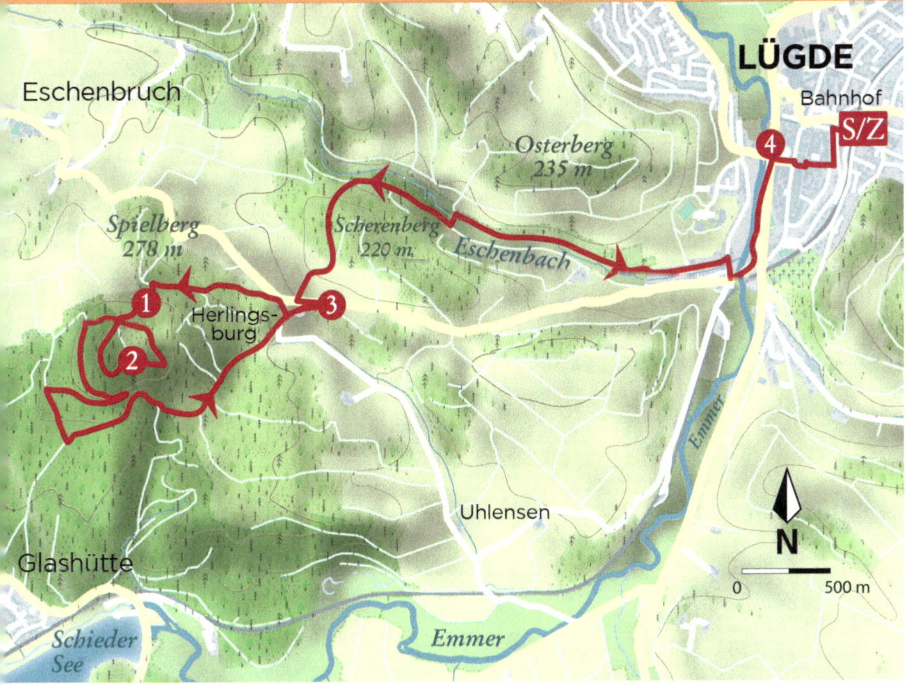

Durchs Salzetal

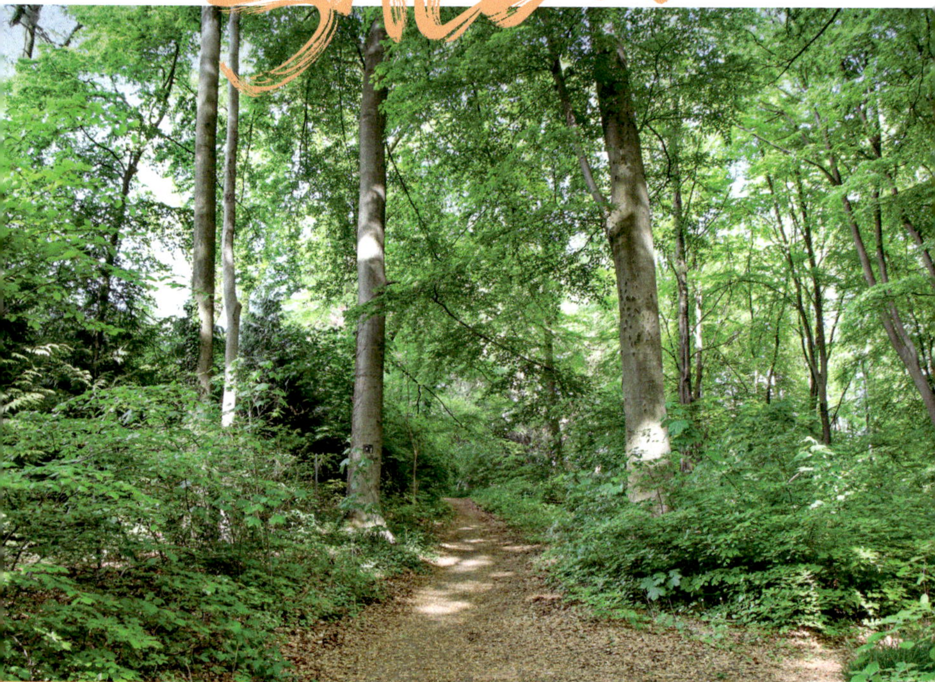

Schwierigkeit: mittel // 13,2 Kilometer // 293 Höhenmeter

Für Familien mit Kindern geeignet

SALINEN, SOLE, SALZE:
WANDERN DURCH DAS TAL
DES WEISSEN GOLDES

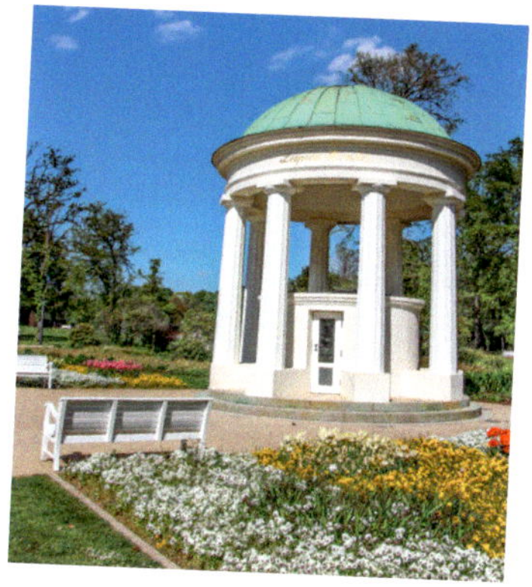

Leopoldsprudel: Älteste Quelle

Bad-Salz-uf-len. Der zungenbrecherische Ortsname verrät gleich das Besondere dieser Tour: Sie steht ganz im Zeichen von Gesundheit und Wohlbefinden. Vielleicht auch von Kindheitserinnerungen: Sonntagsnachmittagspaziergänge mit Omma, mondäne Caféhäuser, Butterkuchen und Kaffeestreifen, ein platt gedrückter Kuchen aus Plunderteig mit Marzipan- und Rosinenfüllung – absolut köstlich! Nun, süße Herausforderungen und kultivierte Flaniermeilen bietet Bad Salzuflen reichlich. Sportlich kann diese Route allerdings auch. Bad Salzuflen ist seit Anfang des 19. Jahrhunderts Staatsbad. Der Grund ist das weiße Gold, das hier zutage tritt und dem Ort schon lange vorher Reichtum brachte. Damals ging es nicht um Baden, Atmen und Wellness. Salz war Luxus. Wie Gold eben. Uflon, so der ursprüngliche Name der Stadt, hatte Quellen und wusste sie zu nutzen. Heute gibt es in Bad Salzuflen neun davon, die Wasser in unterschiedlicher mineralischer Zusammensetzung hervorsprudeln. Alle werden ausschließlich zu Kur-Zwecken genutzt.

Direkt vom Wanderparkplatz aus geht es gemütlich los auf dem Wanderweg Nummer 1, einem schmalen Weg, der euch sofort in den Wald führt. Auf dem Waldboden haben im zeitigen Frühjahr die ersten Frühblüher, Buschwindröschen und Scharbockskraut, ganz verschwenderisch einen weißgelben Teppich ausgelegt. Wanderzeichen dagegen sind rar gesät. Macht nichts. Parallel zur Nummer 1 verlaufen auch die Markierungen des Hansawegs X 9 und des Karl-Bachler-Wegs, an denen ihr euch orientieren könnt. Nachdem ihr das alte Salzuflener Wasserwerk von 1902, das aussieht wie ein kleines Schlösschen, passiert habt, folgt ihr dem Wegweiser Richtung BISMARCKTURM 1 und Hollenstein in eine Siedlung. Ungefähr

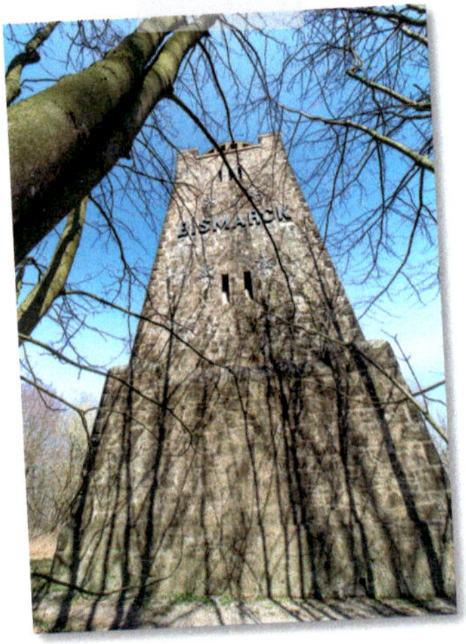

500 Meter geht es ordentlich bergauf, dann zweigt ein Schotterpfad rechts ab. Von hier habt ihr einen tollen Blick über die Ortsteile Wüsten und Schötmar. Idyllisch zwischen Feldern geht ihr nun weiter Richtung Hühnerwiem, einem von drei Aussichtspunkten auf dem Vierenberg. Dahinter taucht ihr ab in den Wald. Die Landschaft im Vorfrühling ist noch etwas kahl, aber ihr könnt an den vielen piksigen Sträuchern sehen, dass im Sommer eine reiche Brombeerernte winkt.
Eure nächste Station ist ein 18 Meter hoher Turm auf dem höchsten Punkt des Vierenbergs. Er ist einer von 146 erhaltenen Bismarcktürmen in Deutschland. Dieses Exemplar stammt aus dem Jahr 1900. Zu seinen Füßen steht auf einem grasbewachsenen lichten Plateau eine Picknickgruppe. Hier speist sich Mitgebrachtes vortrefflich, und unweigerlich beschäftigt man sich mit dem Gedanken, wie man wohl auf den Turm hinaufkommt. Solange es draußen warm ist, also etwa Mai bis September, ist der Turm jeden ersten Sonntag im Monat geöffnet.

DAS BERGRESTAURANT HOLLENSTEIN LIEGT DIREKT AN DER STRECKE IN ETWA ZEHN MINUTEN LAUFWEITE VOM TURM. IST DER TURM GESCHLOSSEN, KÖNNT IHR EUCH HIER GEGEN EIN PFAND DEN SCHLÜSSEL LEIHEN. VOM GEMÜTLICHEN BIERGARTEN AUS HAT MAN ÜBRIGENS EBENFALLS EINEN TOLLEN BLICK, UND DER KÄSEKUCHEN IST EIN GEDICHT.

Am Restaurant Hollenstein biegt der Hansaweg nach links ab, ihr nach rechts, und kurz darauf findet ihr euch in einem schönen Laubwald wieder. Panorama gibt es zwischendurch auch, sofern die Feldfrüchte nicht schon zu hoch stehen.

An der Schutzhütte und dem großen Findling lasst ihr das Wanderzeichen Nummer 1 links liegen und wendet euch nach rechts. Ab der Asenquelle, die ganz unscheinbar dem Boden entspringt, kehrt langsam, aber sicher der Kurort-Charme zurück, denn es folgen in kurzen Abständen Bänke. Wer kurt, soll sich ja nur in Maßen anstrengen und braucht regelmäßige Pausen zum Durchatmen. Zum Beispiel direkt an den Asenteichen, die sich im zeitigen Frühjahr bereits von Weitem durch lautes Gequake ankündigen. Wenn ihr genau hinschaut, seht ihr unzählige Frösche, wie sie im Wasser wuselnd nach Partnerinnen Ausschau halten.
Zurück am Parkplatz lasst ihr nun den eher sportlichen Teil hinter euch und geht ins gemächlichere Kur-Spazieren über. LANDSCHAFTSPARK UND KURGARTEN 2 ziehen sich als grünes Band durch die Bad Salzuflener Innenstadt. Der Park ist frei zugäng-

Einmal romantische Entspannung: von April bis Oktober im Holzboot über den Kurparksee

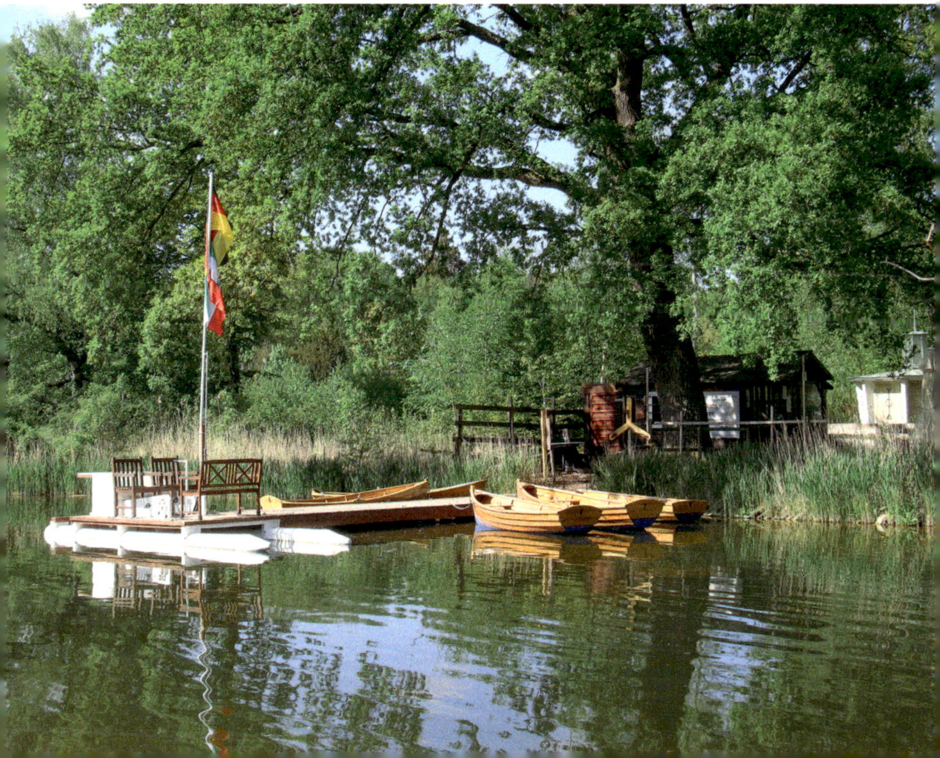

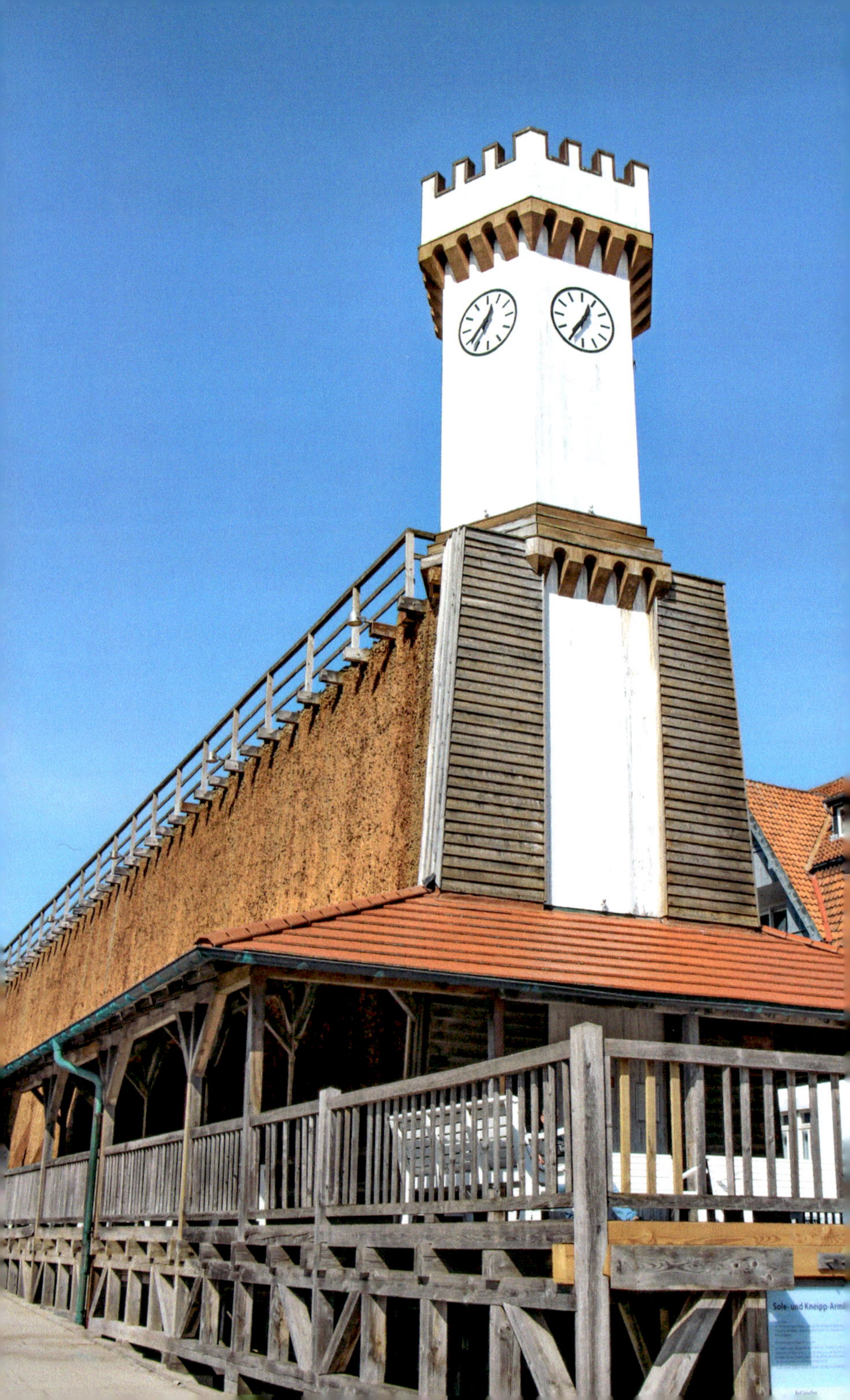

lich. Hier befinden sich Wildgehege, Kneipp-Anlage, Barfuß-Pfad, Kunst zum Anfassen, Sole-Quellen, Relax-Liegen, Ruderboot-Verleih ... Die Angebote sind vielfältig, und es gibt nahezu an jeder Ecke etwas Neues zu entdecken. Der Kurgarten schließt sich direkt an den Landschaftspark an. Hier wird in den Monaten April bis Oktober eine kleine Kurtaxe erhoben. Auch im Garten bekommt ihr viel geboten: wunderschön angelegte Beete, noch ein Barfuß-Pfad, ein Yoga-Parcours, Achtsamkeitspfad und natürlich Sole-Quellen. Auch habt ihr die Möglichkeit, fein in einem der Cafés einzukehren.
Die Route führt euch eigentlich in einem Bogen durch den Kurgarten wieder zurück zum See. Eigentlich. Denn was ihr nicht verpassen dürft, sind die drei imposanten GRADIERWERKE 3. Einmal durch das Drehkreuz des Kurgartens, und ihr steht vor der rostfarbenen Wand, die den Roten Platz umschließt, und an dem sich auch das Kurgastzentrum befindet. Wer die Kurtaxe sparen möchte, kann auch vom Landschaftspark aus die Gradierwerke erreichen.
Der feine Sole-Nebel der Gradierwerke ist wie Nordseeluft atmen, nur ohne Meer. Wer es intensiver mag, besucht die Nebelkammer des Erlebnisgradierwerks. Vom fast neun Meter hohen Aussichtsturm habt ihr zudem einen tollen Rundblick über den Kurpark und die Innenstadt. Letztere ist ebenfalls einen Spaziergang wert: Eis in der Hand, die Lange Straße einmal auf und ab flanieren, Fachwerk und Leute bewundern – herrlich!

IN DER INNENSTADT BEFINDET SICH DER SALZHOF MIT DER ALLERERSTEN SALINE DER STADT, DIE IHR IM MITTELALTER IHREN REICHTUM BESCHERT HAT. DIESEN WOHLSTAND KANN MAN NOCH HEUTE AN DEN REICH VERZIERTEN GIEBELN DER FACHWERKHÄUSER IM STIL DER WESERRENAISSANCE GUT ERAHNEN.

Wer ganz nah vor einem der Gradierwerke steht, erkennt, dass es sich dabei um Zweige handelt, die zu Bündeln gepackt in einer Holzkons-

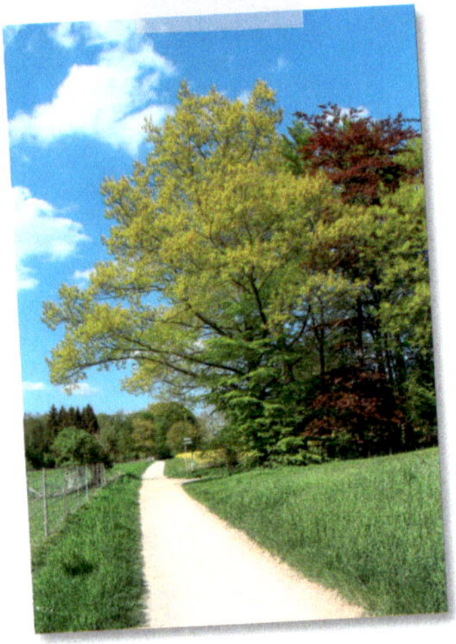

truktion stecken. Die imposanten Gradierwerke waren errichtet worden, um die Verdunstung zu verbessern und so den Salzgehalt der Sole zu erhöhen. Dadurch wiederum wurden die Siedekosten für die Salzgewinnung reduziert. Außerdem wurde die Sole durch die Schwarzdornzweige von Verunreinigungen und Kalk gereinigt. Das erste Werk wurde 1767 errichtet. Heute werden die drei Werke nur noch für den Kurbetrieb genutzt. Mit gut belüfteter Lunge folgt ihr der Salze zurück durch den Park ins Salzetal. Den Salzekanal und die Salze trennt ein Damm. Hier wachsen Weiden, die Steinkäuzen, Siebenschläfern und Fledermäusen ein Zuhause bieten. Wenn ihr ganz genau hinschaut, könnt ihr außerdem versteckte Kunstwerke aus Weidengeflecht entdecken.

AM PARK LIEGT DAS VITASOL MIT SEINER THERMEN- UND SAUNALANDSCHAFT. HIER KÖNNT IHR NACH DER WANDERUNG DEN TAG WUNDERBAR AUSKLINGEN LASSEN UND EURE MÜDEN BEINE REVITALISIEREN.

Nach dem Wildgehege hat die seichte Flaniererei ein Ende. Es wird noch einmal spannend: Der STUMPFE TURM 4, erbaut um 1470, heute etwas überwuchert, ist ein Überbleibsel einer alten Wehranlage. Früher verlief der Frankfurter Weg, eine der wichtigsten Handelsstraßen, am Turm entlang. Von oben wurde die Ausfuhr des weißen Goldes überwacht. Obacht, wer sich heute im Dunkeln dem Turm nähert. Ein Schwarzer Hund soll all jene in den Nacken beißen, die sich nicht an Recht und Ordnung halten. Auch eine Weiße Frau treibt sich herum. Sie aber will nicht erschrecken, sondern hofft auf ritterliche Erlösung. Nach dem Turm überquert ihr noch einmal die Wüstener Straße und seid dann schnell in Sicherheit am Wanderparkplatz.

Alles, was ihr wissen müsst

Rundtour: vom mondänen Spaziergang bis zur sportlichen Waldwanderung // **nicht kinderwagentauglich:** Abschnitt vom Hühnerwiem bis Bismarckturm // **kinderwagen- und rollstuhltauglich:** Kur- und Landschaftspark

Markierung: dürftig // teilweise verläuft der Weg parallel zum X 9 und dem Karl-Bachler-Weg // im Wald einfach GPS folgen

Entfernung von: Detmold 22 Kilometer // Bielefeld 22 Kilometer
ÖPNV: vom Bahnhof Bad Salzuflen aus circa 1 Kilometer durch die Altstadt bis zum Kurgarten
Auto: kostenfreier Waldparkplatz, Wüstener Straße/Heuweg

Einkehr: **Bergrestaurant Hollenstein**, Hollenstein 7, 32108 Bad Salzuflen, www.bergrestaurant-hollenstein.de // diverse Cafés

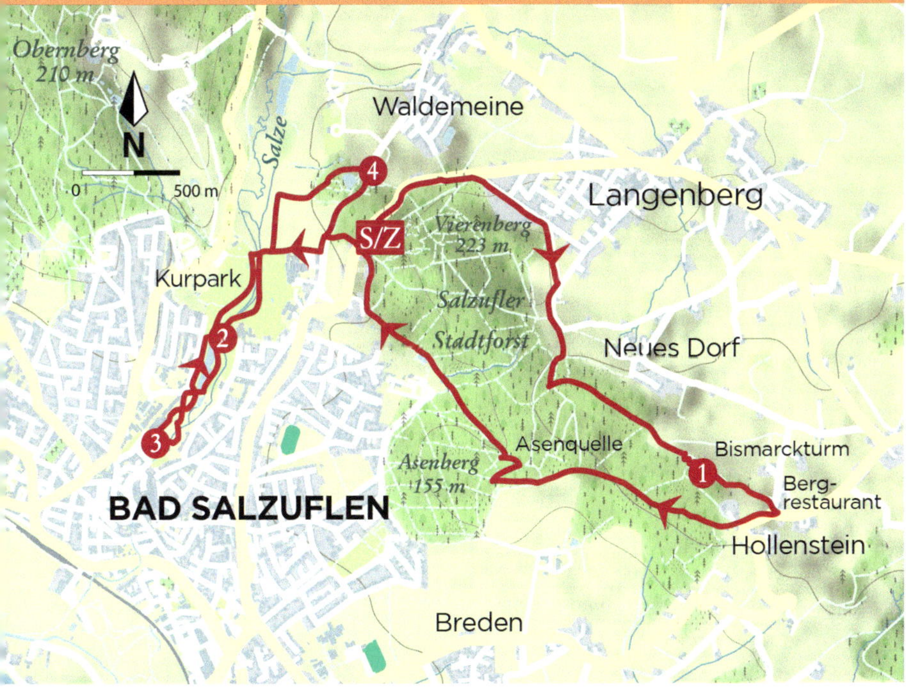

Mit Ochsen durch die Senne

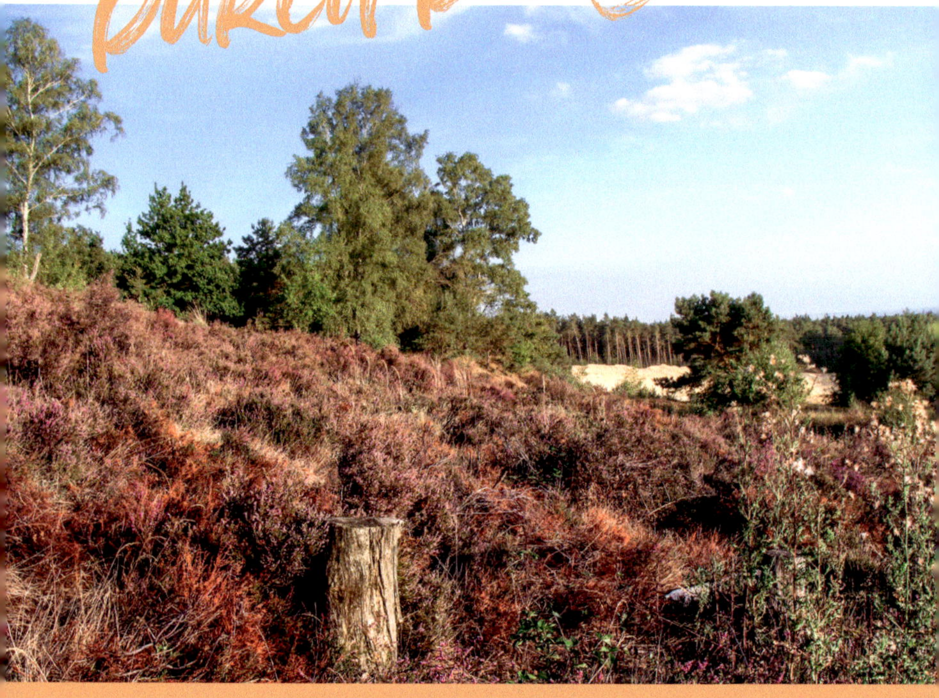

Schwierigkeit: mittel // 11 Kilometer // 137 Höhenmeter
Für Familien mit Kindern geeignet

WILDE WEIDEN: AUF TOUR IM SANDKASTEN DER VERGANGENHEIT

Beach-Feeling mitten im Wald? Ja, Ostwestfalen-Lippe ist landschaftlich enorm vielfältig und kann auch Düne. Tatsächlich ist die Region sogar die älteste Binnendünenlandschaft in Nordwestdeutschland. Entstanden ist die Senne zwischen Bielefeld, Detmold und Paderborn vor etwa 200.000 Jahren durch eine Gletscherschmelze.

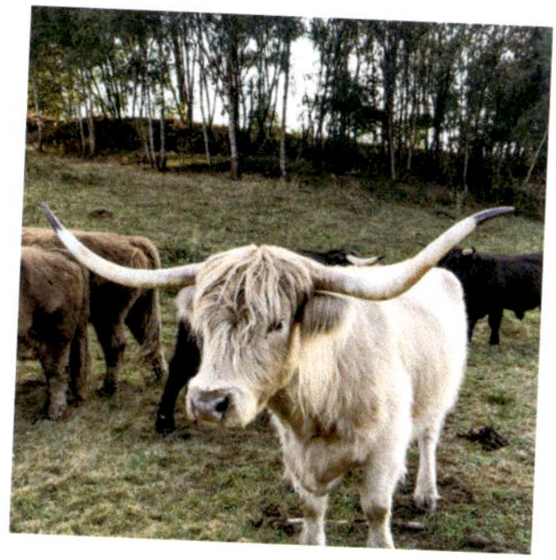

Neugierige Wegbegleiter

Das Besondere der Wistinghauser Senne ist die harmonische Eintracht von dichten, hügeligen Buchenwäldern und ebenjenen weißgelben Sandbergen. Das liegt daran, dass dieser nördlichste Teil der ostwestfälischen Sennelandschaft sich zwischen einem Mittelgebirge, dem Teutoburger Wald, und der flachen Norddeutschen Tiefebene befindet. Und noch etwas macht die Wistinghauser Senne so besonders. Seit 2003 wird hier ein Naturschutzgroßprojekt betrieben, das sich zum Ziel gesetzt hat, durch eine naturnahe Bewirtschaftung den Lebensraum der ursprünglichen Kulturlandschaft wiederherzustellen und zu erhalten. Die nährstoffarmen Böden der Senne sind nämlich eine Herausforderung für Flora und Fauna, und nur ausgewiesene Spezialisten, wie Heidenelke und Filzkraut, Eidechse und Schlingnatter, fühlen sich in der kargen Landschaft wohl – und machen sie zur wunderschönen und einzigartigen Dünenlandschaft. Allein das Meer – das fehlt!

Fleißige »Landschaftsgärtner« mit einem unermüdlichen Arbeitswillen unterstützen die schwierige Aufgabe der Renaturierung maßgeblich: Wilde Rinder und Ponys sorgen dafür, dass der Wald licht bleibt und dass gefährdete Tiere und Pflanzenarten Platz genug bekommen, um gedeihen zu können. Mehrere Wanderwege ziehen sich durch das Gebiet. Einer davon ist die Ochsentour, die wegen der tierischen Begegnungen und der Routenführung entlang des Segelflugplatzes besonders für kleine Wanderfans ziemlich spannend ist.

WER WASSER SUCHT, WIRD AUCH IN DER SENNE FÜNDIG: EIN ABSTECHER VON 750 METERN BRINGT EUCH ZUM »KLEINEN AMAZONAS«. DER NIEDRIGE BACHLAUF IST EIN HERRLICHER BUDDELPLATZ FÜR KINDER. EIN WASSERTRETBECKEN BEFINDET SICH DANEBEN UND BESCHÄFTIGT DERWEIL DIE ERWACHSENEN.

Schon vor dem ersten Schritt beginnt diese Wanderung mit einem Ausflug in die Vergangenheit. Das ARCHÄOLOGISCHE FREILICHTMUSEUM 1 am Barkhauser Berg entführt euch in die Besiedlungsgeschichte. Jede Behausung, klein oder groß, steht für eine andere Epoche – von der Eiszeit bis ins Frühmittelalter des 8. Jahrhunderts – und erzählt eine eigene, faszinierende Geschichte. Hinter dem Museum beginnt die eigentliche Wanderung, zunächst durch einen schönen Buchenwald. Gleich zu Anfang fällt schon das bunte Wanderzeichen mit dem puscheligen Ochsen auf. Ob ihr die echten wohl zu Gesicht bekommt?
Schon bald habt ihr oben vom Barkhauser Berg schöne Fernblicke in Richtung Segelflugplatz. Nach 1,5 Kilometern Wald kommt ihr an eine Abzweigung. Die eigentliche Ochsentour führt euch den Weg hinab. Aber vielleicht habt ihr Lust auf ein phänomenales Panorama? Dann verlasst ihr nun den breiten Weg und folgt dem schmal werdenden Pfad geradeaus weiter. Eng und gewunden führt er euch hoch auf die ehemalige Fliegerkuppe. Bleibt unbedingt auf dem Weg, die Flora ist empfindlich und darf nicht zertreten werden!

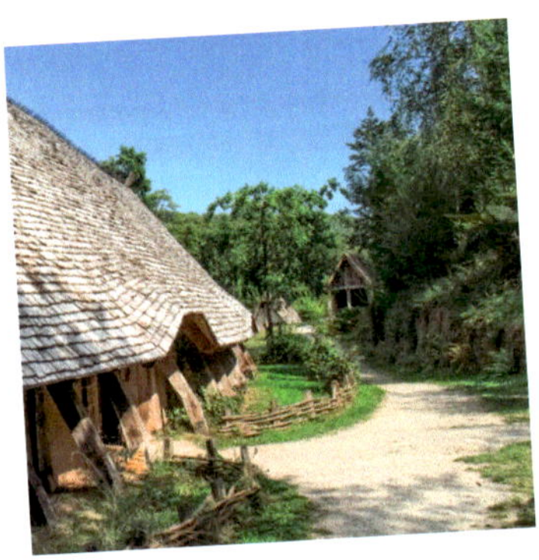

Im Archäologischen Museum

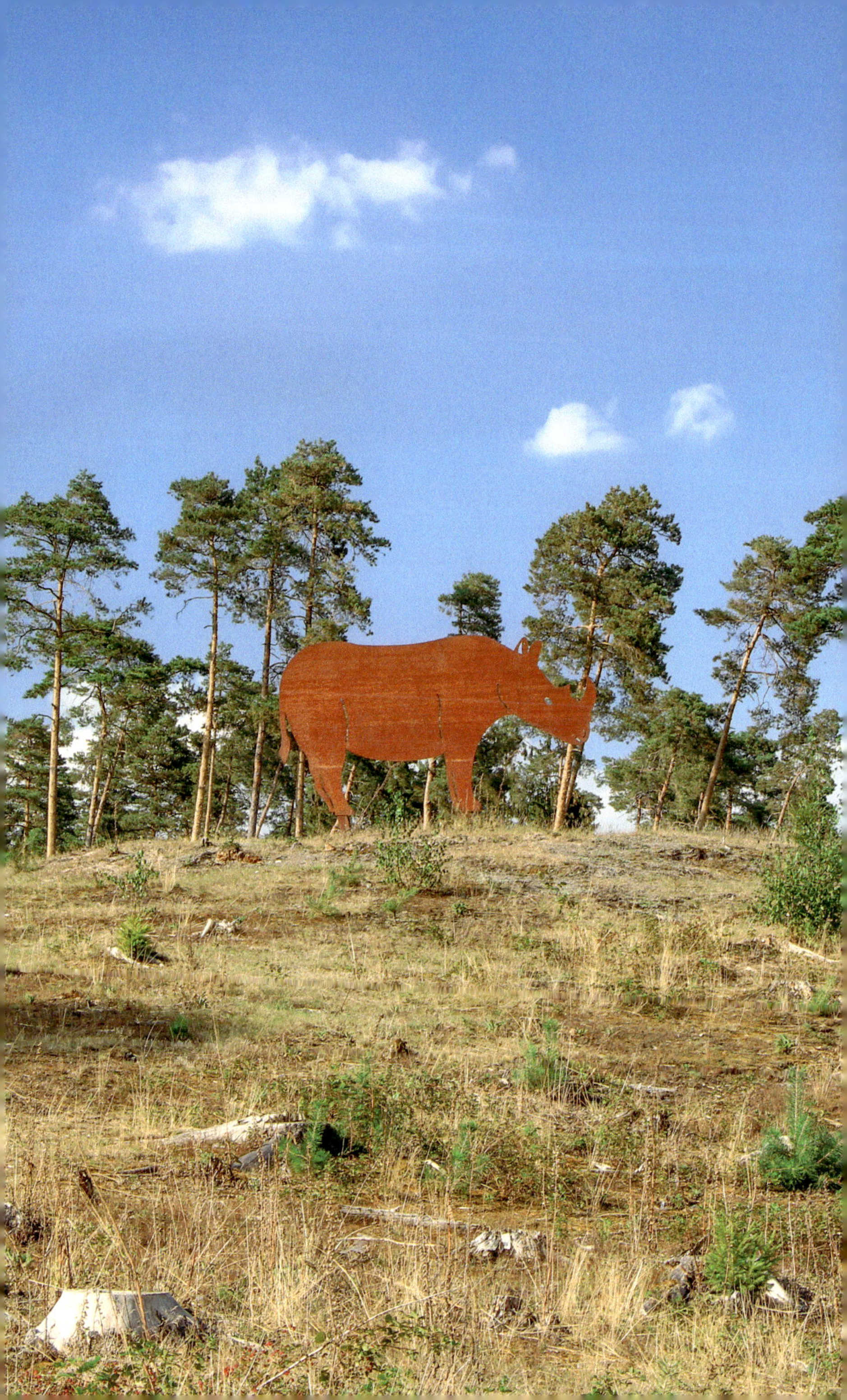

RICHTIG SPANNEND WIRD DAS MUSEUM, WENN IHR AN EINEM DER VIELEN MITMACH-ANGEBOTE TEILNEHMT. BROTBACKEN, WOLLESPINNEN, SPEERSCHLEUDERN ODER GANZE WIKINGER-TAGE: DIE HÜTTEN UND HÄUSER ERWACHEN ZU WIRKLICHEM LEBEN, UND IHR KÖNNT AUF EINE ECHTE ZEITREISE GEHEN.

Von hier oben haben sich die ersten mutigen Segelflieger den Berg hinuntergestürzt. Ein nicht ungefährliches und vor allem sehr anstrengendes Unterfangen, denn ein Fluggerät musste mit Hilfe von Manpower zunächst mal auf den Berg hinaufbugsiert werden, bevor die tollkühnen Himmelstürmer sich in die Luft katapultieren konnten. Na, würdet ihr euch das trauen? Vorsicht beim Abstieg zurück auf die Ochsentour, der ist recht steil und bei nassem Wetter auch

Echtes Beach-Feeling: Im weichen Senne-Sand müssen die Wadenmuskeln kräftig arbeiten

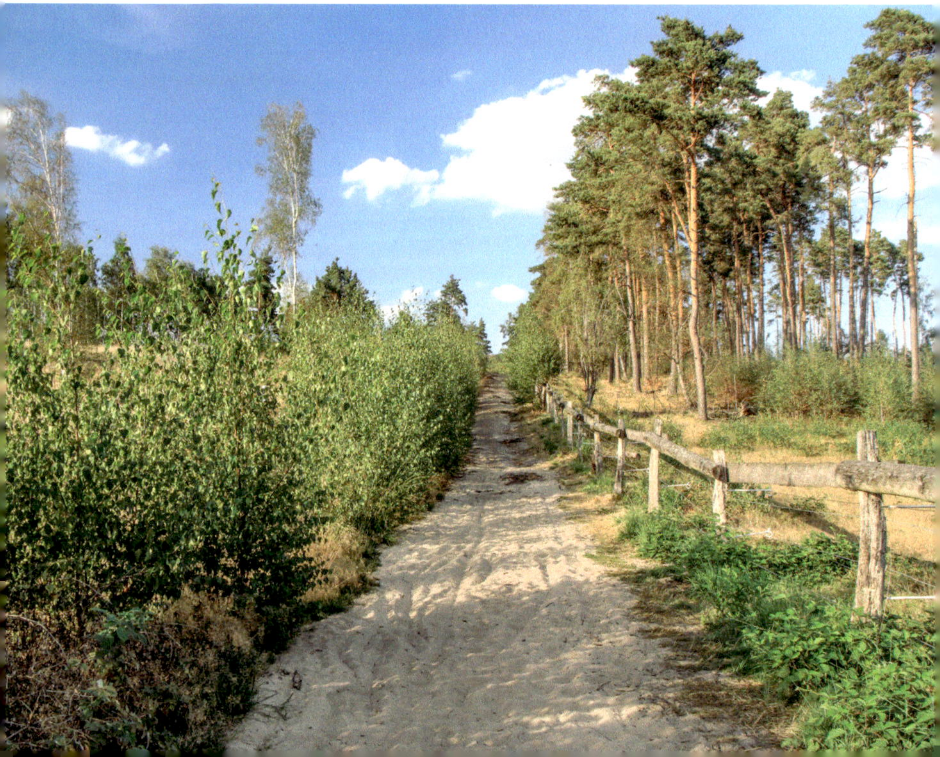

ziemlich rutschig. Ein Wanderstock hilft enorm.
Wieder auf dem breiten Wanderweg geht es knapp einen halben Kilometer durch den Buchenwald. Der lichtet sich bald, und ihr erahnt, dass hier wohl früher ein Fichtenwald stand. Hier ist ausnahmsweise einmal nicht ausschließlich der Borkenkäfer schuld, sondern die ursprünglichen Lebensräume Heide und Sandmagerrasen sollen wieder gedeihen können. Deshalb sind auch die tierischen Landschaftsgärtner am Werk. Sie sorgen dafür, dass unerwünscht wuchernde Pflanzen klein bleiben. Hier und da lassen sich riesige Metall-Skulpturen entdecken, die wie Scherenschnitte mitten in der Landschaft stehen. Sie erinnern an ehemalige, längst ausgestorbene Bewohner der Senne.

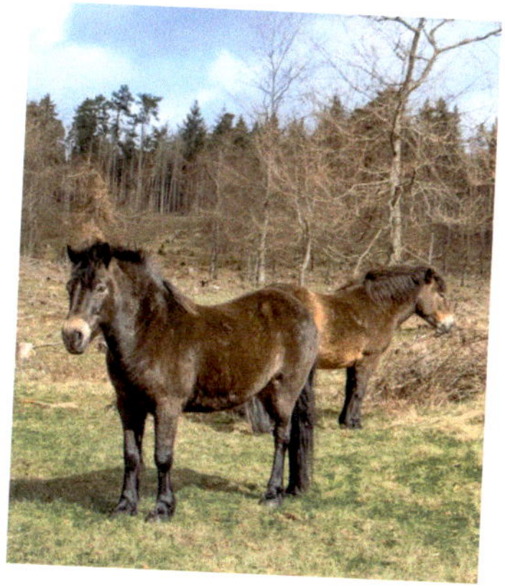

Fleißige Landschaftsgärtner

Ihr erreicht das 1800 Hektar große, in verschiedene Koppeln eingeteilte Areal. Durch ein Gatter kommt ihr auf die ZENTRALKOPPEL 2. Innerhalb der Koppeln bewegen sich die Hochlandrinder frei. Schautafeln geben einen Überblick und zeigen euch Abzweigungen, die ihr nehmen könnt, um die Tiere zu finden: Es wird also aufregend, besonders, wenn so ein zotteliges Tier von Angesicht zu Angesicht vor einem auf dem Weg liegt. Die genügsamen Tiere tun gewissenhaft und tiefenentspannt ihren Job und sind in der Regel zu beschäftigt, um sich um euch zu kümmern. Wo eine Regel, da eine Ausnahme: Eine Rinder-Mutter kann auch gut Löwin. So entzückend die Kälbchen auch sind, hier geht ihr besser auf doppelten Abstand. Männlein und Weiblein könnt ihr auch an den Hörnern erkennen: Die Damen tragen nach oben gebogen; die Herren lang nach vorne und dann erst nach oben gebogen.

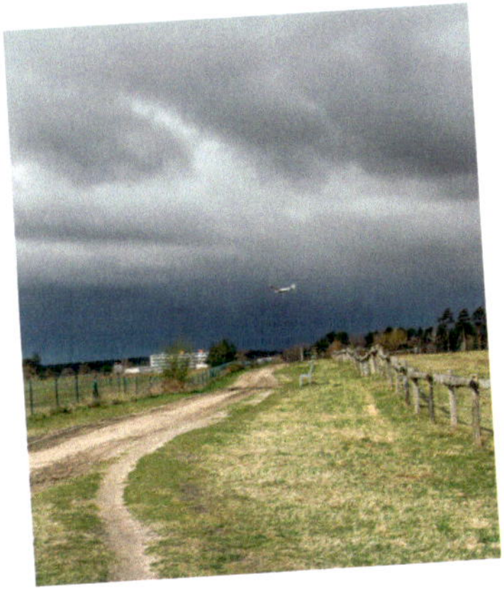

FREIHEIT ZUM GREIFEN NAH

Die vierbeinigen Schotten sind nicht die einzigen mit landschaftsarchitektonischen Qualitäten. Englische Exmoor-Ponys und auch ein paar deutsche Ziegen gestalten fleißig mit. An der langen Koppel habt ihr gute Chancen, sie bei der Arbeit zu sehen.

Vorbei an der großen Schaukoppel und einem vom Wegesrand zu sehenden Wohnhaus-Relikt aus längst vergangenen Zeiten liegt schnurgerade der nächste Abschnitt vor euch. Und dann kommt endlich das Highlight für alle Flugbegeisterten. Der FLUGPLATZ OERLINGHAUSEN 3 gehört zu den größten Segelflugplätzen der Welt. Wer sich das Spektakel ansehen will, macht es sich auf der Waldliege bequem und schaut einfach in den Himmel. Es wird nicht lange dauern, und ihr bekommt was geboten. Rund 25.000 Segelflugzeuge starten unter anderem hier pro Jahr. Seit 1952 wird hier der Luftraum erobert. Wer noch näher ranmöchte, verlängert die Route um etwa 1,8 Kilometer und schaut von der Terrasse des Flughafen-Restaurants zu. Ein kleiner Patt, links hinter dem Flughafengelände, bringt euch hin und wieder zurück.

Die Ochsentour führt euch gegenüber vom Flughafen-Patt nun bergauf durch tiefen Sand hoch zur SANDKUHLE HASSLER 4, in der noch Sand abgebaut wird. Bevor es durch die Kuhle geht: Durchatmen und Aussicht genießen – im Spätsommer voll leuchtender Farben, im Herbst voll spröder Schönheit. Auf der anderen Seite der Kuhle stehen Waldliegen, auf denen könnt ihr die ganze herrliche Farbpalette sogar im Liegen genießen. Ausgeruht geht es dann das letzte Stück wieder durch den schönen Buchenwald.

Alles, was ihr wissen müsst

Rundtour: spannende Rundtour für Freunde von Sanddünen, zotteligen Tieren und Segelflugzeugen // **nicht kinderwagentauglich**

Markierung: Ochse auf grünem Grund

Entfernung von: Detmold 20 Kilometer // Bielefeld 15 Kilometer
ÖPNV: Buslinie 34 ab Bielefeld-Sieker oder 39 ab Oerlinghausen Bahnhof, Haltestelle Kastanienkrug
Auto: kostenfreier Parkplatz am Archäologischen Freilichtmuseum, Am Barkhauser Berg 2 – 6, 33813 Oerlinghausen

Einkehr: **Restaurant »Check In« am Segelflugplatz**, www.checkin-oerlinghausen.de // **Jannis Restaurant**, www.jannis-restaurant.de // **Restaurant Kastanienkrug**, www.kastanienkrug-oe.de

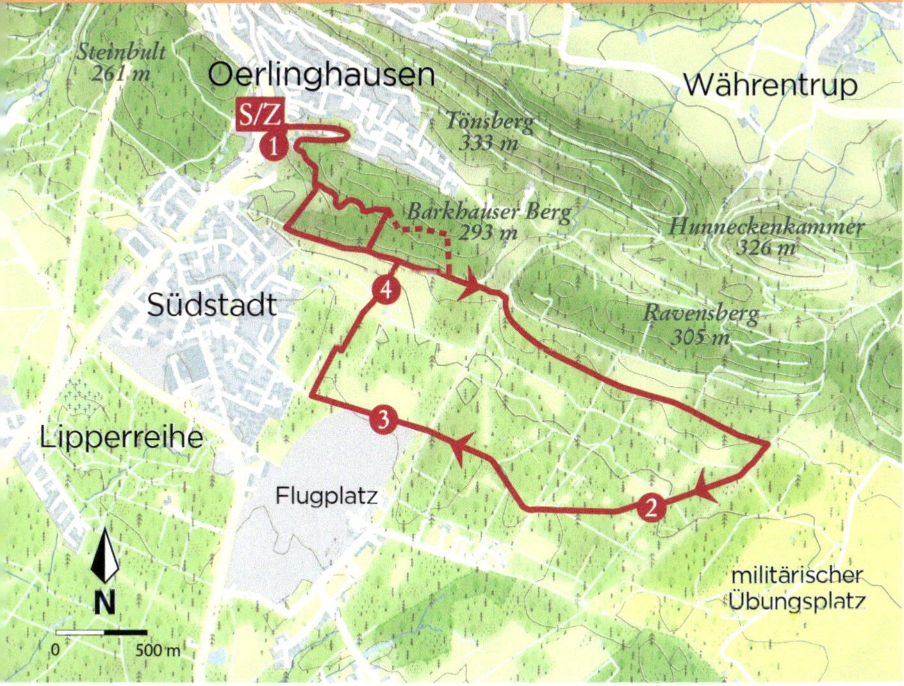

Weiße Dame in Kalletal

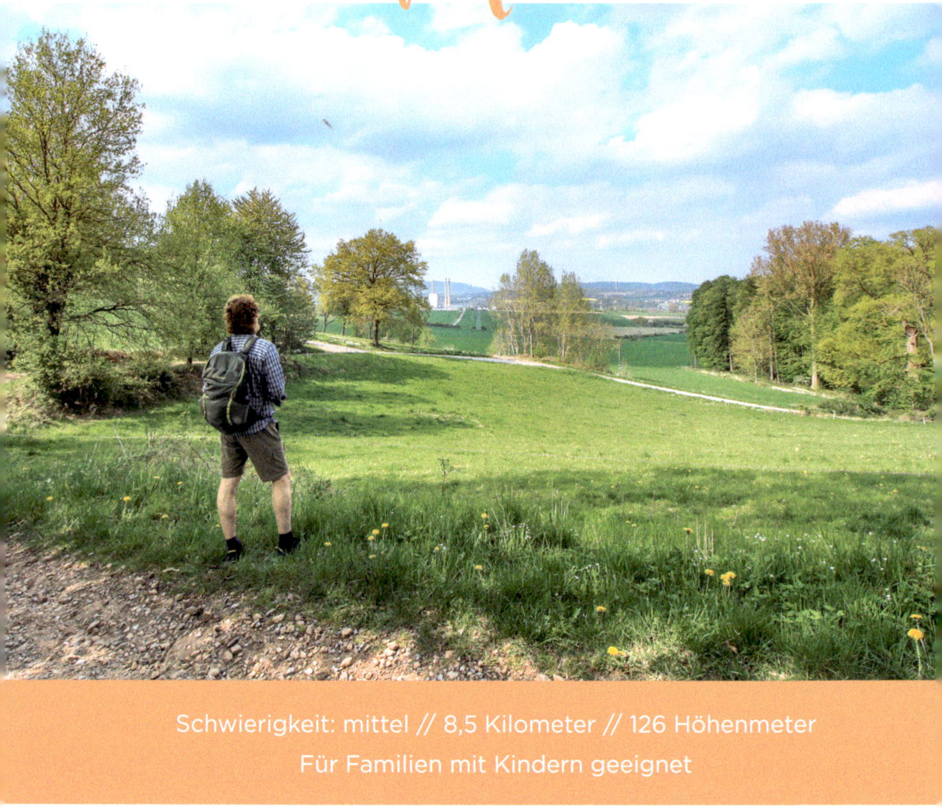

Schwierigkeit: mittel // 8,5 Kilometer // 126 Höhenmeter

Für Familien mit Kindern geeignet

WESERBERGLAND-BLICK: IDYLLISCHE PANORAMATOUR MIT MYSTERIÖSER BEGEGNUNG

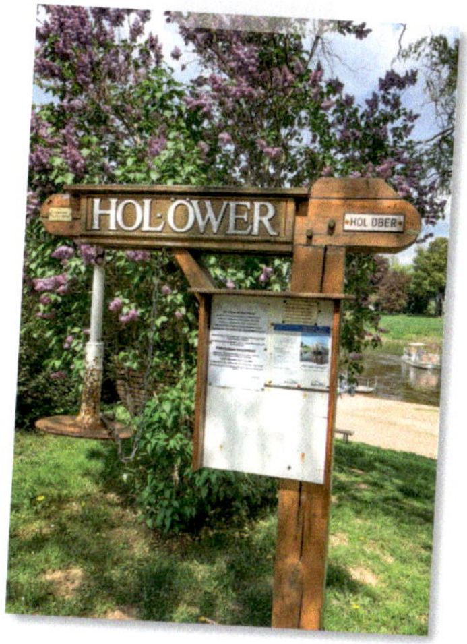

»Weserbergland-Blick-Tour«. Bei dem Namen wisst ihr gleich Bescheid, was ihr bei dieser Tour im Norden von Kalletal erwarten könnt: ziemlich ordentlich Panorama. Zunächst aber entführt euch das blauweiße Wanderzeichen auf dem Zuweg zur Rundwanderung vom Wanderparkplatz aus ins saftige Grün des Langenholzhausener Forsts. Schnurgerade lauft ihr auf dem weichen Waldboden Richtung Norden. Wenn der Weg nicht mehr weitergeht, wendet ihr euch nach links. 100 Meter und das Wanderzeichen zwingt euch zu einer Entscheidung: Wie herum wollt ihr die Rundwanderung gehen? Die Empfehlung lautet: gegen den Uhrzeigersinn, rechts in Richtung Felsenkeller.
Es geht bergab auf dem Dingelstedt-Pfad. Schon nach kurzer Zeit öffnet sich der Wald, und ihr erreicht das erste Panorama, den Aussichtspunkt ALLES IM FLUSS 1. Der Name, wen wundert's, ist Programm. Eine geschwungene Sitzgruppe direkt am Aussichtspunkt nimmt den geschmeidigen Bogen der unten im Tal fließenden Weser symbolisch auf und lädt zur Rast ein. Hier, oberhalb der Varenholzer Ringelbreite, blickt ihr weit über ebenjenes Dorf Varenholz. Am Horizont erspäht ihr bei klarer Sicht das Kaiser-Wilhelm-Denkmal. Auch wenn eure Wanderung gerade erst begonnen hat und ihr bestimmt noch keine Pause braucht, eine ganz kleine lohnt sich hier dennoch. Zumindest für diejenigen unter euch, die sich für spannende Geschichten interessieren. Die sprechende Infosäule neben der Sitzgruppe verrät sie euch auf Knopfdruck.
Weiter geht's: Nachdem ihr die Straße Felsenkeller überquert habt, führt euch der Dingelstedt-Pfad auf der anderen Seite am Stein des Ostens vorbei, der der im Zweiten Weltkrieg Vertriebenen gedenkt. Ihr geht nicht lange, und schon erwartet euch der nächste beeindruckende Weitblick ins Wesertal, auf den Stemmer See – ein schöner

Bade- und Freizeitsee, aber leider nur für Camping-Gäste – und das Wesergebirge. Perfekt zur pittoresken Landschaft ausgerichtet, lädt eine Bank zur Rast, falls ihr euch nun setzen möchtet. Nein? Dann geht's nun den Grasweg hinab zwischen Feldern, Pferdekoppeln und der Kinderstube der nächsten Weihnachtsbaum-Generation, die hier prächtig gedeiht. Weiter durch die beschauliche Peile-Siedlung entlang blühender Gärten und fleißig brummender Rasenmäher in Richtung WESERAUE UND VARENHOLZER SCHLOSS 2.

Schloss Varenholz hat eine lange, wechselhafte Geschichte. Zuerst, im 12. Jahrhundert, war das Schloss eine Burg, die im 14. Jahrhundert der damalige Landesherr Simon I. zu Lippe dem Ritter von Vornholte abwarb. Sein Nachfahre, Simon VI., baute die Vierflügelanlage im 16. Jahrhundert im Stile der Weserrenaissance um. Auch ein dunkles Kapitel hat das Schloss: Es war Ausbildungsstandort für den nazio-

Einen Umweg wert: eine Fahrt mit der Gierseilfähre.
Im Hintergrund der ungewöhnliche Nord-Ostturm des Schlosses

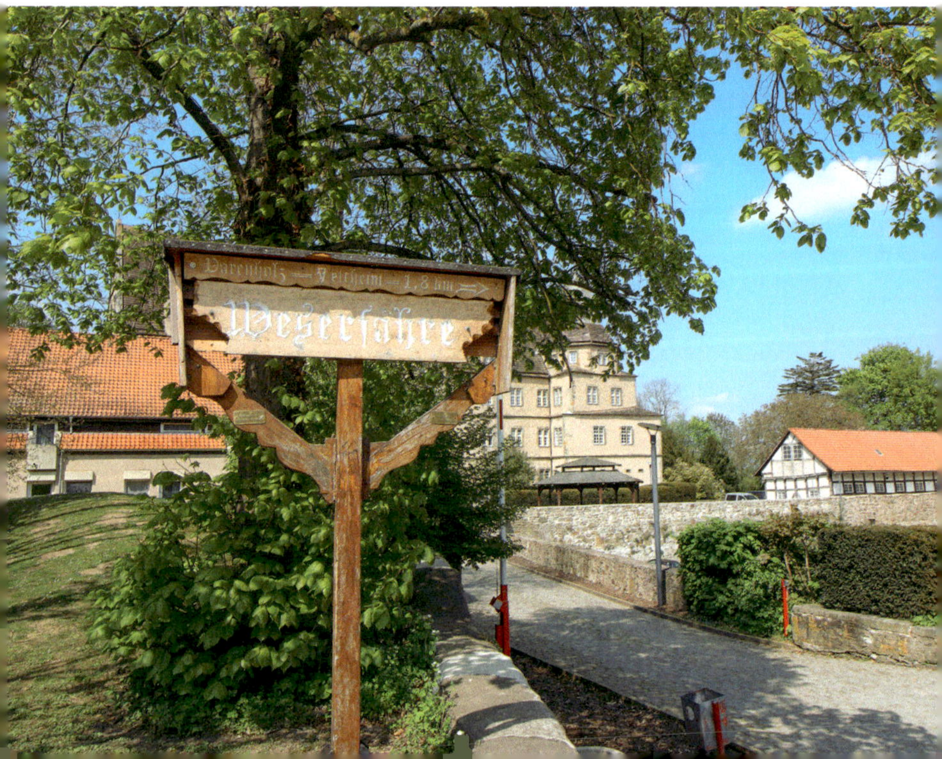

nalsozialistischen »Bund Deutscher Mädel«. 1945 bezog die UFA, die Universum Film AG, hier Quartier. Varenholz sollte DIE neue Film-Traumfabrik werden, quasi das neue Babelsberg. Der Torbogen am Eingang ist ein letztes Zeugnis der kurzen Glamour-Karriere. 1949 gründete Elisabeth Engels hier eine Jugendhilfeeinrichtung mit Internat und Sekundarschule.

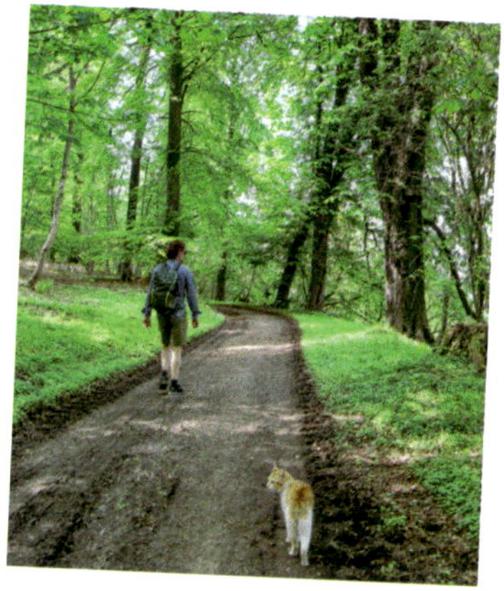

SCHLOSSHERRIN IM SCHLEPPTAU

DAS WUNDERSCHÖNE SCHLOSS IST EIN BEISPIEL PAR EXCELLENCE FÜR DIE ARCHITEKTUR DER WESER-RENAISSANCE. ES LOHNT SICH, EINEN BLICK IN DEN MALERISCHEN INNENHOF ZU WERFEN. DAS SCHLOSS BIETET ABER NOCH WEITERE ARCHITEKTONISCHE HINGUCKER. ZUM BEISPIEL DEN NORDOSTTURM. WENN IHR GENAU SCHAUT, ERKENNT IHR, DASS HIER AUF EIN VIERECKIGES FUNDAMENT EIN DREIECKIGER ERSTER STOCK UND DARÜBER DANN EIN ACHTECKIGER TURM GESETZT WURDEN.

Gleich hinter dem Schloss, und ihm angeschlossen, befindet sich eine evangelisch-reformierte Kirche aus dem Jahr 1685. Das kleine, aber feine Bauwerk hat einiges zu bieten, zum Beispiel die alte Orgel aus dem Jahr 1748. Vielleicht habt ihr Glück und könnt ihren Klang live erleben: mal leise und zart, mal wuchtig und laut, immer aber lebendig und ergreifend, manchmal so sehr, dass es einem durch die Füße kitzelnd das Herz erwärmt.
Apropos Füße: Die wollen ja bewegt werden. Der Wanderweg führt euch über eine duftende, blühende Obstwiese um das Schloss her-

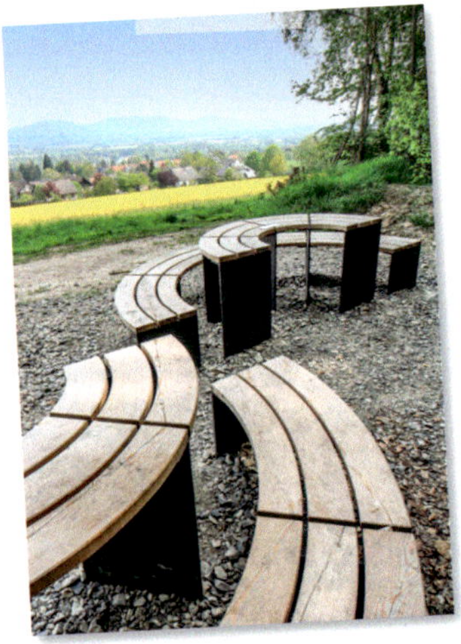

um mitten ins Naturschutzgebiet Aberg-Herrengraben. Vom Ende der Wiese aus gesehen fällt der merkwürdig kurze Turm der Kirche im Vergleich zum eigentlichen Kirchendach auf. Die Erklärung ist simpel: Der Bauherr gehörte zum Landadel, nicht zur Kirche. Damit ist alles gesagt. Dem Landadel war es schlicht nicht erlaubt, höhere Türme zu errichten.

Auf dem Wanderweg geht's gemütlich weiter. Dieser Streckenabschnitt verläuft parallel zum Herrengraben und war im Mittelalter eine wichtige Verbindung zwischen den Dörfern Varenholz und Erder. Und in Erder, man mag es heute kaum glauben, war in früheren Zeiten ein Hafen, denn ein Nebenarm der Weser verlief hier lang, bevor die Fläche verlandete. Das erklärt auch die Herrengraben-Brücke, die heute mitten auf der Wiese zu stehen scheint. Nur noch durch einen Torbogen fließt dünne der Herrengraben.

Hier am Aberg befindet sich eine Hartholzaue, ein in Deutschland selten gewordenes Biotop, das mit seiner Artenvielfalt einen wichtigen Lebensraum darstellt. In klaren Vollmondnächten könnt ihr sogar ein ganz besonderes Wesen entdecken: Eine Weiße Dame wandelt zwischen Bäumen und Sträuchern umher. Sie zeigt sich aber wohl ausschließlich schwangeren Frauen. Aber auch alle anderen unter euch, die nicht guter Hoffnung sind, haben die Chance, am Wegesrand von einer »Schlossherrin« begrüßt zu werden.

Diese kleine weiß-rote Katzendame wird euch, sofern sie Zeit und Lust hat, dann sehr wahrscheinlich ein Stück des Weges begleiten. Sowohl Katzen- als auch Weiße Dame sind euch wohlgesinnt. Wer sich nach dieser Erfahrung nun erst einmal hinsetzen muss, findet dazu auf der gesamten Wanderung einige schöne Gelegenheiten.

BEI DER WEISSEN DAME SOLL ES SICH UM DEN GEIST EINER EHEMALIGEN HOFDAME DES SCHLOSSES HANDELN, KATHARINA GERSTEIN, DIE, NACHDEM IHR MANN INS EXIL HATTE GEHEN MÜSSEN, SPURLOS VERSCHWAND. WARUM UND WAS MIT IHREN ZEHN KINDERN GESCHAH, IST NICHT BEKANNT.

Weiter führt eure Route bis zur Erderschen Straße. Auf der anderen Straßenseite geht es direkt hinein in den Ihmser Bruch und den hier angelegten FRIEDWALD 3. Bänke erwarten euch mal links mal, rechts des Weges und laden zur Rast ein. Wunderbar ruhig und friedlich ist es hier, während einem die Sonne wahlweise Rücken oder Gesicht erwärmt und die Waldvögel fröhliche Lieder zwitschern. Flora und Fauna fühlen sich hier wohl; da ist es kein Wun-

Ein summendes Schlaraffenland: die Obstwiese von Schloss Varenholz

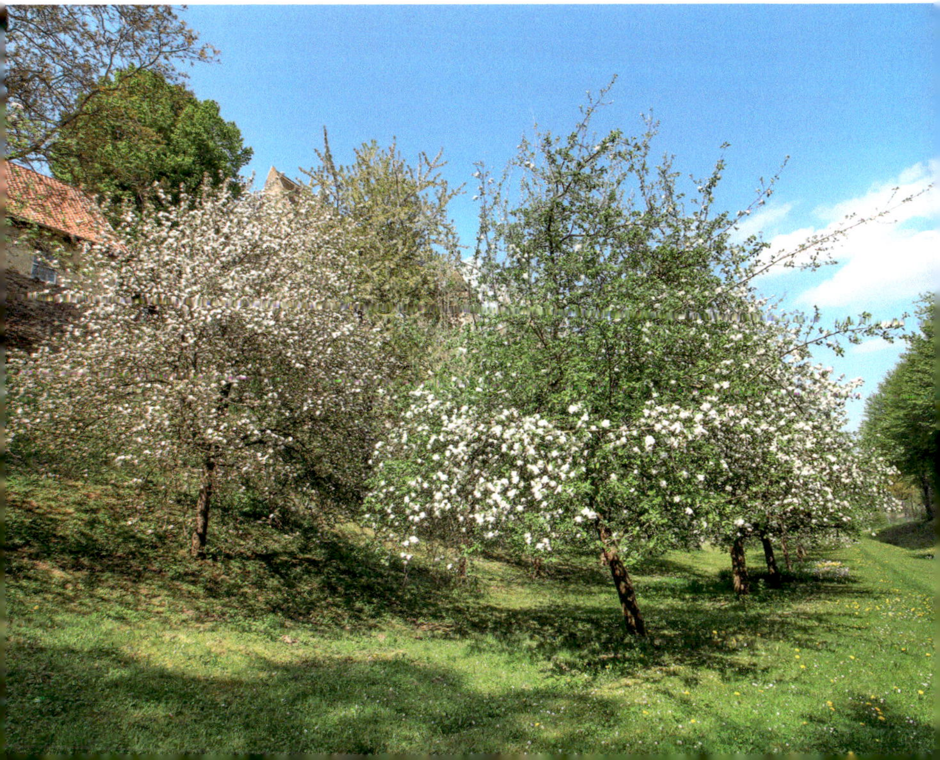

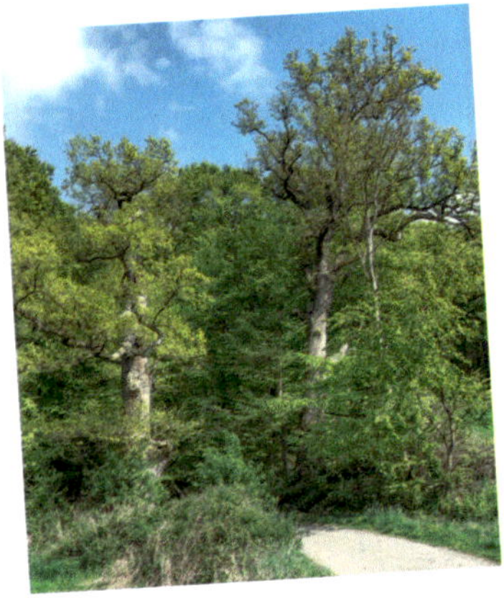

Das mächtige Ihmser Tor

der, dass dieser Ort der letzten Ruhe auch von Zweibeinern sehr gern zum Waldbaden besucht wird. Wer allerdings nach mehr Panorama verlangt und lieber mit schönem Weitblick pausieren möchte, der wandert noch ein bisschen weiter. Bergauf geht's Richtung Biershöhe. Unter einer von zwei imposanten Eichen steht eine Picknickgruppe unter kühlem Blätterdach und mit einem herrlichen Blick auf die Porta Westfalica mit dem Kaiser-Wilhelm-Denkmal und den Jakobsberg mit dem Fernsehturm, die beiden Wahrzeichen auf dem Wanderzeichen dieser Tour. Die beiden alten Eichen sollen hier bereits seit weit mehr als 250 Jahren stehen und die beiden ältesten Bäume in den Weserauen auf lippischem Boden sein. Wegen ihrer imposanten Erscheinung nennt man sie im Volksmund das IHMSER TOR 4 – quasi als Eingang zum Ihmser Bruch. Lässt sich dieser Weitblick noch steigern? In der Tat, ja, da geht noch was. Ein noch schönerer Weserbergland-Blick wartet ganz oben auf der Biershöhe. Hier könnt ihr gemütlich in einer Relax-Liege die Aussicht genießen und bekommt dabei fast ein Alm-Feeling. Bei Sonnenschein mag man diesen Logenplatz kaum wieder verlassen. Wer es doch tut, wandert wieder in den Wald hinein, vorbei an einer leuchtend gelben Hecke aus Ginsterbüschen, die mit den durch die Bäume blitzenden Rapsfeldern konkurrieren. Der Duft von Letzteren ist hier oben im Frühling derart betörend, dass man fast umfällt, Nach rund zwei Kilometern erreicht ihr wieder die Abzweigung zum Zuweg, die euch zurück zum Parkplatz führt. Und nun? Wenn ihr schon mal in der Gegend seid, die Weser ist ganz nah, und ein Übersetzen mit der Gierseilfähre ist definitiv ein Erlebnis.

Alles, was ihr wissen müsst

Rundtour: waldreiche Tour, recht gemütlich trotz einiger Steigungen für alle, die weite Panorama-Blicke mögen // **mit Kinderwagen machbar, aber anstrengend**

Markierung: Kaiser-Wilhelm-Denkmal und Fernsehturm in Weiß auf blauem Grund

Entfernung von: Detmold 32 Kilometer // Bielefeld 45 Kilometer
ÖPNV: nicht empfehlenswert
Auto: Wanderparkplatz Kirchberg an der L961 zwischen Langenholzhausen und Varenholz

Einkehr: keine in direkter Nähe zum Wanderweg // **Bistro** an der Wasserski-Anlage, Seeweg 1, 32689 Kalletal

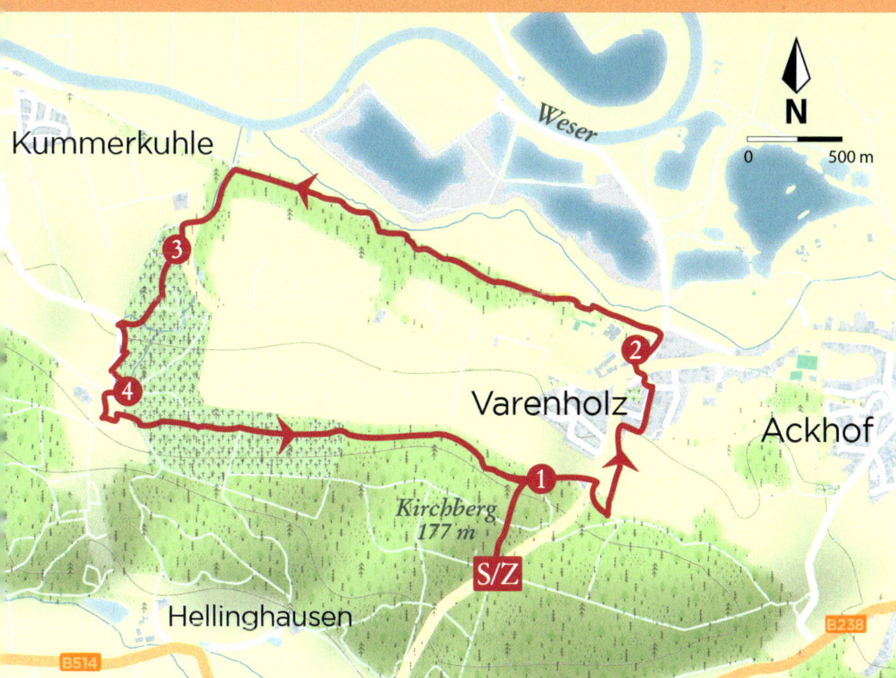

Von Hiddesen bis Leopoldstal

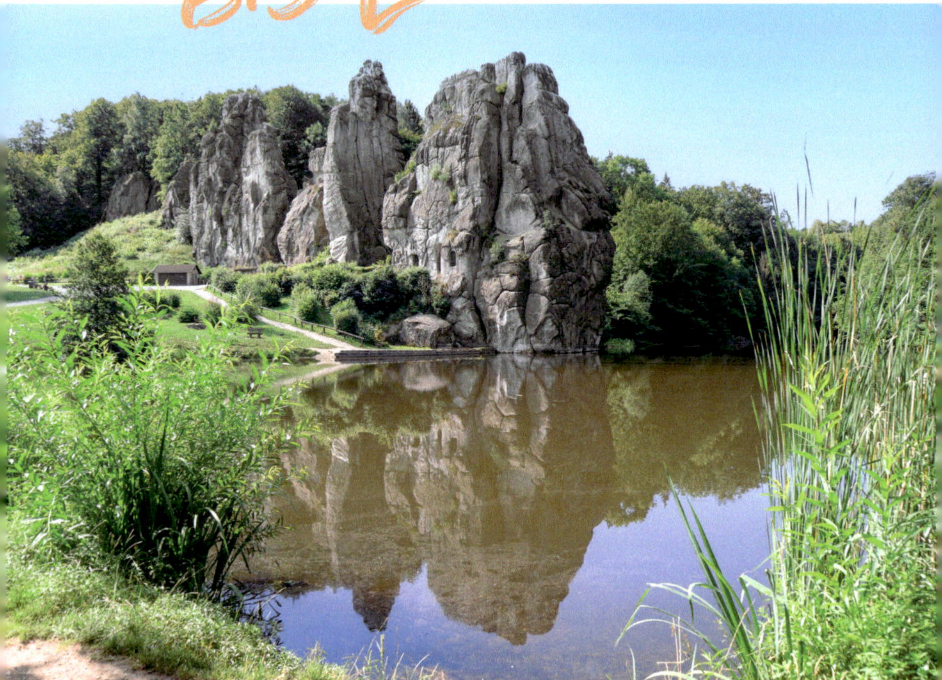

Schwierigkeit: schwer // 19,2 Kilometer // 554 Höhenmeter
Nur für Familien mit älteren, wanderaffinen Kindern geeignet

EINE ETAPPE AUF DEN HERMANNSHÖHEN: VOM ARMINIUS ZUM VELMERSTOT

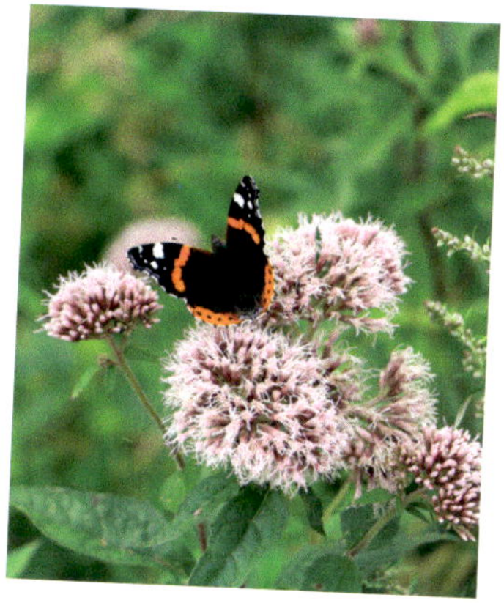

EINER DER VIELEN FLUGKÜNSTLER

Wer zwischen Wesertal und Westfälischer Bucht im Teutoburger Wald unterwegs ist, kommt am weißen H auf schwarzen Grund kaum vorbei. Der lang gestreckte, teilweise recht schmale Höhenzug des Hermannsweges erstreckt sich auf 156 Kilometern von Rheine im Münsterland bis zum Zwillingsgipfel Velmerstot in Ostwestfalen-Lippe. An den Externsteinen in Horn-Bad Meinberg geht der Hermannsweg nahtlos in den Eggeweg über. Zusammen bilden die beiden die Hermannshöhen. 226 Kilometer lang. Sie gehören zu den »Top Trails of Germany«, also den schönsten Fernwanderwegen Deutschlands. Zu Recht. Landschaftlich enorm abwechslungsreich bieten sie Geschichte und Highlights am Wegesrand und sind schlicht und ergreifend wunderbar wanderbar. Eigentlich ist es ein Muss, die gesamte Strecke zu laufen. Um aber erst einmal auf den Geschmack zu kommen, eignet sich diese Etappe am allerbesten. Sie ist nämlich eine der schönsten des ostwestfälisch-lippischen Teils und gleichzeitig eine der anspruchsvollsten. Ihr werdet aber sehen: Jede Schweißperle lohnt.

Aus den vielen Sehenswürdigkeiten am Wegesrand stechen zwei besonders hervor: das HERMANNSDENKMAL 1 und die EXTERNSTEINE 3. Beide gehören zu den bekanntesten Wahrzeichen des Teutoburger Waldes, ach, eigentlich von ganz Ostwestfalen Lippe. Beide sind absolute Publikumsmagnete und ziehen besonders am Wochenende Schaulustige in Scharen an. Am besten startet ihr deshalb ganz frühmorgens, sodass ihr Weg und Wahrzeichen für euch habt.

Los geht's bei »unserem Hermann«, wie wir Ostwestfalen sagen, dem Namensgeber des Weges, auf der 386 Meter hohen Groteburg.

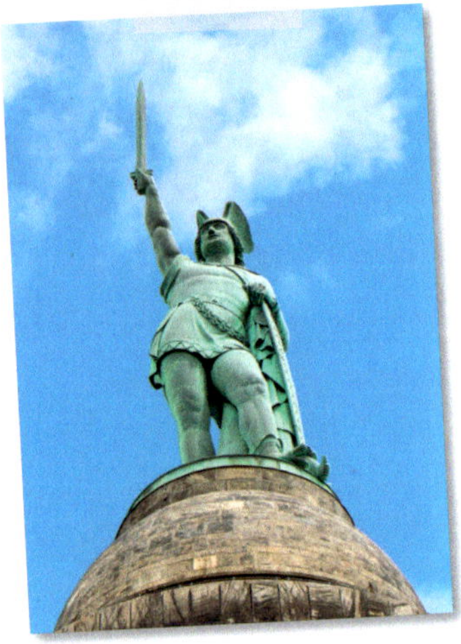

Der Name Groteburg – »große Burg« – stammt von einer Wallburg hier am Berg. Wallreste des Großen Hünenrings aus der vorrömischen Eisenzeit sind noch erkennbar. Innerhalb dieses Rings thront monumental die 50 Meter hohe Kolossalstatue. Cheruskerfürst Arminius, so Hermanns eigentlicher Name, reckt sein Schwert in den blauen Himmel – und macht das Denkmal so zur höchsten Statue Deutschlands. Der Römerschreck schlug im Jahr 9 nach Christus die Truppen unter Publius Quinctilius Varus verheerend in die Flucht. In den 30er Jahren des 19. Jahrhunderts, als Ernst von Bandel einen Platz für das monumentale Denkmal suchte, nahm man an, dass die Varusschlacht hier im Teutoburger Wald stattgefunden hatte. Spätere archäologische Funde belegen, dass die wahrscheinlichste Stelle für die Schlacht jedoch bei Kalkriese im Osnabrücker Land ist. Auf der Groteburg steht Hermann also mehr aus ästhetischen Gründen, weil eben sehr exponiert. Und ja, die Aussicht vom Hermann aus ist wirklich phantastisch: eine tolle Fernsicht ins Lippische Land. Die Sicht auf das Denkmal, wie es über den Wipfeln thront, übrigens auch.

WER MIT KLEINEREN WANDERSLEUTEN DIE WAHRZEICHEN UND IHRE PHANTASTISCHE UMGEBUNG ERKUNDEN WILL, MACHT DAS AM BESTEN AUF SOGENANNTEN ENTDECKERTOUREN – KURZEN RUNDWANDERUNGEN, DIE FÜR KINDER JEDE MENGE ABENTEUER BIETEN.

Durch den Lippischen Wald geht es nun gemächlich bergab in Richtung Adlerwarte Berlebeck. Dieser Abschnitt ist meistens einsam. Der Lippische Wald gehört die nächsten knapp vier Kilometer nur euch. Die Sightseeing-Touristen bleiben nah am Hermann, und neue tauchen erst wieder an der Greifvogelwarte, der artenreichsten Europas, auf, die mit ihren riesigen, aufs Wort hörenden Vögeln beeindruckende Shows bietet. Vor dem Eingang lockt ein Kiosk zur Rast. Wer sich selbst was mitgebracht hat, wandert lieber weiter, denn in etwa drei Kilometern kommen sehr schöne Picknickmöglichkeiten. Nach dem Überqueren der Paderborner Straße geht es stetig bergauf bis auf den Stemberg. Auch hier habt ihr die Natur meist für euch allein, bis ihr an die VOGELTAUFE 2 kommt. Ein Gedenkstein erinnert an die sagenhafte Bekehrung von lippischen Heiden: Der Abt Anastasius hatte zur geplanten Taufe ein paar Mönche aus Paderborn geladen. Als sie nicht kamen, wurde der Abt nervös und machte sich schließlich allein ans Werk, ohne Gesang, ohne Unterstützung. Als die Täuflinge dann während der christlichen Zeremo-

Das Denkmal der Vogeltaufe ist etwa 600 Meter weiter oben am Berg

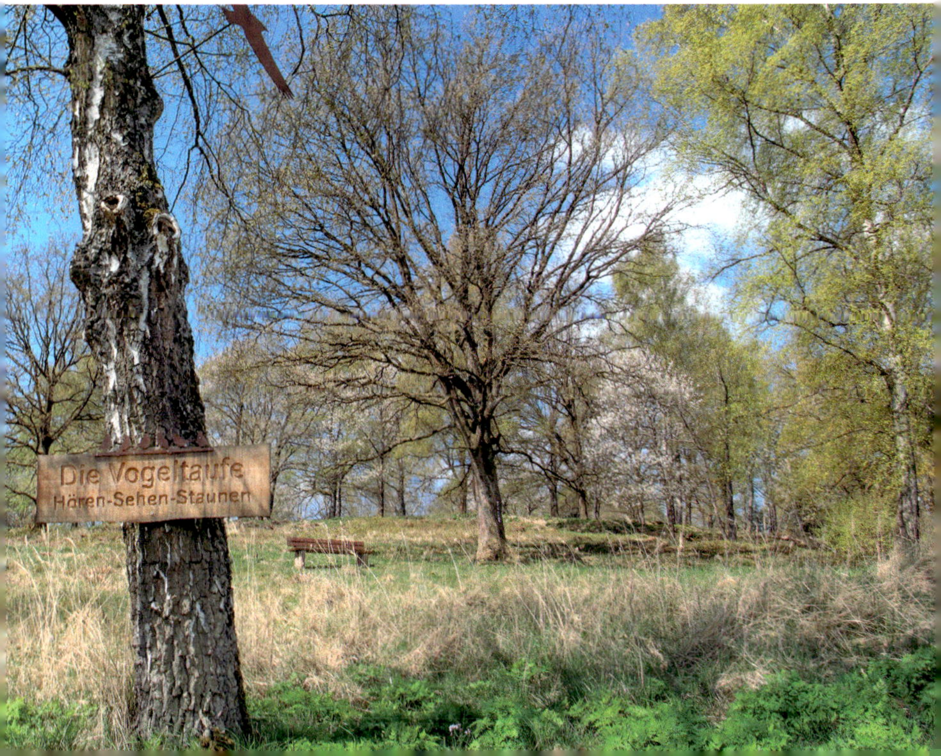

nie ihrer heidnischen Götter entsagten, kamen plötzlich von überallher Vögel und feierten die neuen Gläubigen mit Tirili und Gezwitscher. Die Mönche waren übrigens unterwegs überfallen worden und kamen nie an. Nehmt Platz auf der Bank und schaut mal nach oben in die Bäume – da sitzen sie, die Piepmätze.

Der Platz ist schon besetzt? Nicht schlimm, wenige Meter weiter kommen kurz hintereinander eine Waldliege, eine Picknickbank mit Tisch, und wenn ihr dem Schild »Aussicht, Information« wenige Meter durch die Heide folgt, findet ihr Sitzmöbel vor herrlicher Kulisse. Habt ihr Glück, ist sogar die Waldhängematte noch frei.

Wieder auf der Route erreicht ihr den Ortsteil Holzhausen. Kurz durch und wieder rein in den Wald. Hoch zum Bärenstein. Schon bald könnt ihr den ersten Blick auf die imposante Felsformation erhaschen: die Externsteine. Die Felsen aus Osning-Sandstein ragen

Die Abendsonne zwischen der Heide am Velmerstot ist verlockend und verleitet zum Träumen

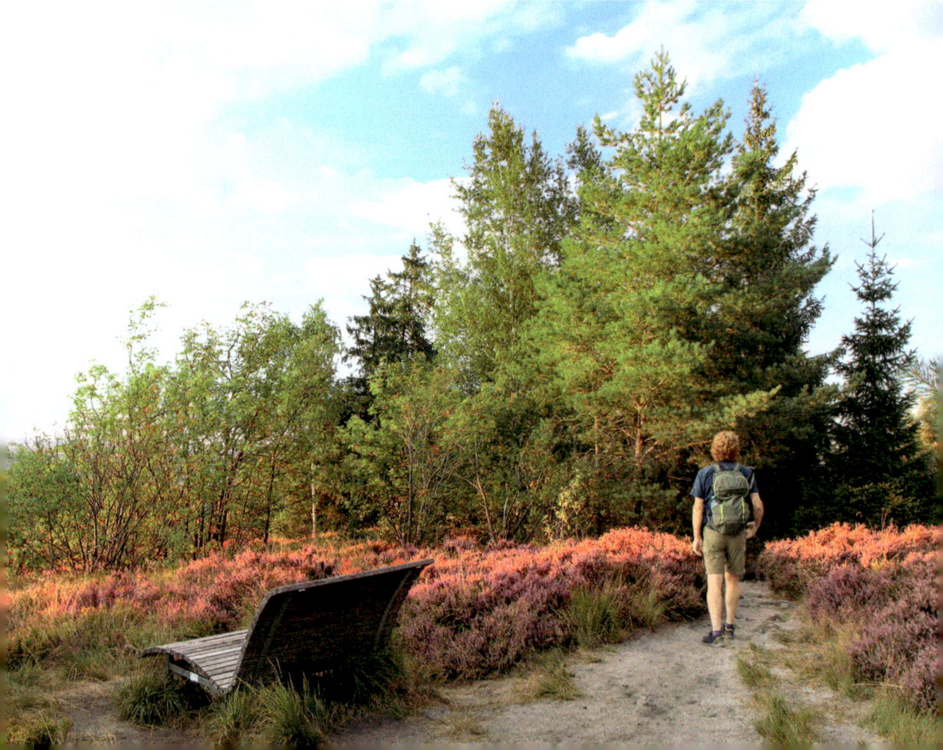

monumental in den Himmel. Hunderttausende locken sie Jahr für Jahr an. Wer hier die Mystik der Steine erfassen möchte, muss früh aufstehen. Ein Anziehungspunkt waren die Externsteine schon in grauer Vorzeit. Manche Besucher sind einfach nur fasziniert von ihren markanten Formen und knipsen ein Selfie; esoterisch Angehauchte versprechen sich heilende Kräfte. Viele Mythen und Legenden ranken sich jedenfalls um die bizarren Felsen. Unklar ist zum Beispiel die Funktion der Räume, die in die Steine gehauen sind. Das Kreuzabnahmerelief gilt als die bedeutendste romanische Großplastik Norddeutschlands. In dem größten, 40 Meter hohen Felsen befindet sich unterhalb des Gipfels in der Höhenkammer eine Kapelle, die ihr über eine filigrane Brücke erreichen könnt. Vorsicht, der Blick nach unten erfordert Schwindelfreiheit. Auch der sogenannte Wackelstein gibt Anlass zum Rätseln. Die schönsten Blicke von unten bekommt ihr von der Nordseite des Wiembecketeichs (auch Oberer Teich genannt) oder wenn ihr dem Hermannsweg weiter durch die Externsteine hindurch folgt. Hier führt euch auch eure Route weiter. Wenn ihr die Bergheide am Knickenhagen erreicht habt, wird es langsam wieder einsamer, und ihr könnt euch von den Touristenströmen in einer Waldliege zwischen duftenden Heidelbeeren erholen, bevor noch mal einiges an Wadenarbeit gefragt ist.

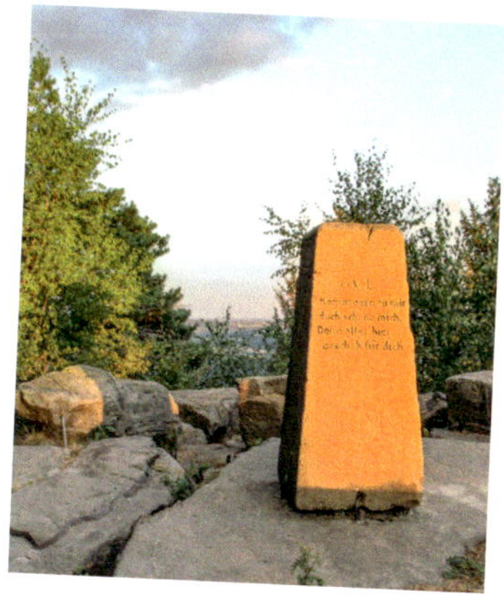

Obelisk auf dem Velmerstot

Der nächste Abschnitt, das Silberbachtal, war einst das schönste Aushängeschild des Naturparks Teutoburger Wald/Eggegebirge. Dieses ehemals wildromantische Tal ist dem Borkenkäfer massiv zum Opfer gefallen. Es wird dauern, bis die Natur sich erholt hat und sich wieder Baumriesen gen Himmel strecken.

Ein letztes Mal wird's anstrengend: Auf wurzeligen Wegen kraxelt ihr hoch auf den VELMERSTOT 4, wo der Teutoburger Wald endet und das Eggegebirge beginnt. Der Velmerstot ist der höchste Berg des Eggegebirges und hat einen Zwillingsgipfel: den Lippischen und den Preußischen Velmerstot. Zwischen den beiden Hängen verlief einst die Preußisch-Lippische Grenze, ein paar alte und – teilweise durch ihre schlichte Größe – beeindruckende Grenzsteine geben dafür ein Zeugnis ab. Heute trennen die beiden Hänge die Kreise Lippe und Höxter. Der Name Velmerstot hat nichts mit blutigen Massakern zu tun. »Stot« bedeutet schlicht »Steilhang« Verlmerstot also »Steilhang bei Veldrom«. Übrigens gibt es neben dem Ort Veldrom (lippisch und östlich vom Silberbach) auf der anderen Seite (preußisch und westlich) den Ort Feldrom.

Auf 441 Metern liegt der Lippische Velmerstot. Umgeben von farbenprächtiger Heide ist die zerklüftete Felslandschaft mit den massiven Sandsteinquadern ein perfekter Etappenabschluss. Magisch ist dieser Ort, wenn im Spätsommer die abendliche Sonne alles in ein rosarotes Licht taucht. Obacht aber beim Abstieg: Vor euch liegen noch circa zwei Kilometer bis zum Bahnhof Leopoldstal. Dafür solltet ihr mindestens eine halbe Stunde einplanen, der Weg ist steil und sehr wurzelig. Vom Bahnhof aus fährt im Stundentakt ein Zug, der euch mit Busanschluss in Detmold zurück zum Hermannsdenkmal bringt. Wenn ihr noch Kraft in den Beinen habt und das Wetter eine klare Sicht verspricht, ist ein Schlenker entlang des etwa 650 Meter langen Gebirgskamms zum Preußischen Velmerstot, dem höchsten Punkt der Hermannshöhen mit 468 Metern, empfehlenswert. Als Belohnung winkt ein herrliches Panorama.

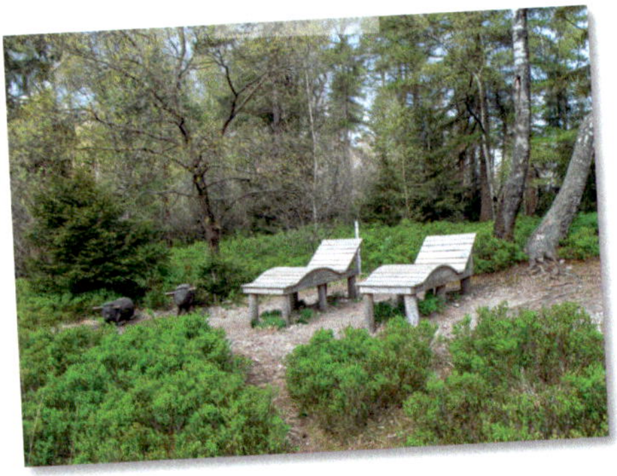

Alles, was ihr wissen müsst

Rundtour: anspruchsvolle Kammwanderung mit teils knackigen An- und Abstiegen für alle, die ein Feeling fürs Fernwandern auf den Hermannshöhen bekommen möchten // Trittsicherheit stellenweise erforderlich // für kleinere Kinder nicht zu empfehlen // **nicht kinderwagentauglich**

Markierung: weißes H beziehungsweise weißes X auf schwarzem Grund

Entfernung von: Detmold 6,3 Kilometer // Bielefeld 34 Kilometer
ÖPNV: Bahn von Leopoldstal bis Detmold Hbf von dort Buslinie 792, Haltestelle Hiddesen, Hermannsdenkmal (nur am Wochenende und feiertags, Karfreitag bis 1. November)
Auto: kostenpflichtiger Parkplatz am Hermannsdenkmal

Einkehr: **Felsenwirt Externsteine**, Externsteiner Straße 35, 32805 Horn-Bad Meinberg, www.felsenwirt.de // **Waldhotel Silbermühle**, Neuer Teich 57, 32805 Horn-Bad Meinberg

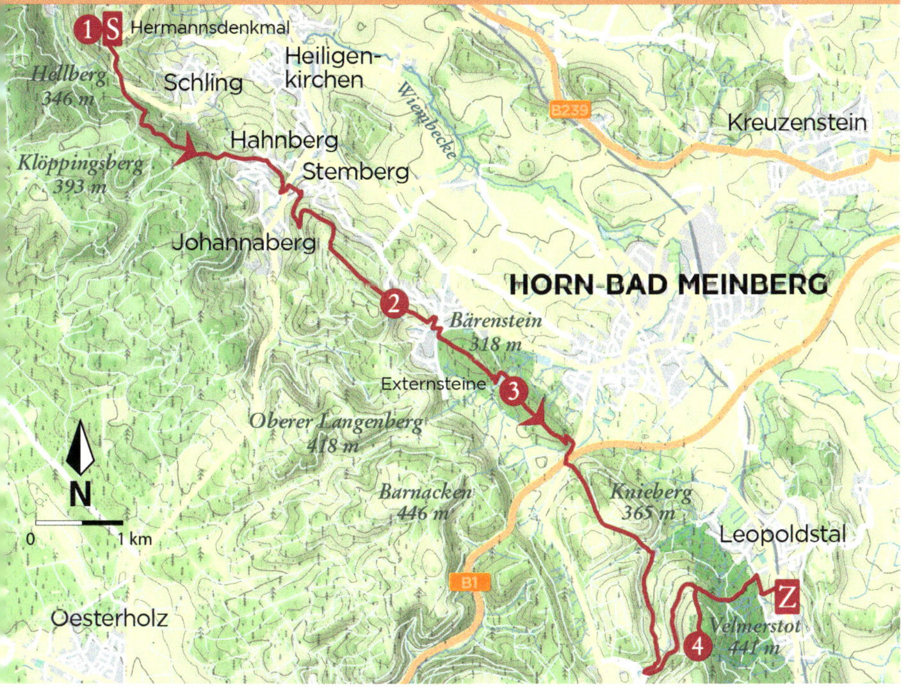

Auf dem Kunstpfad bei Nieheim

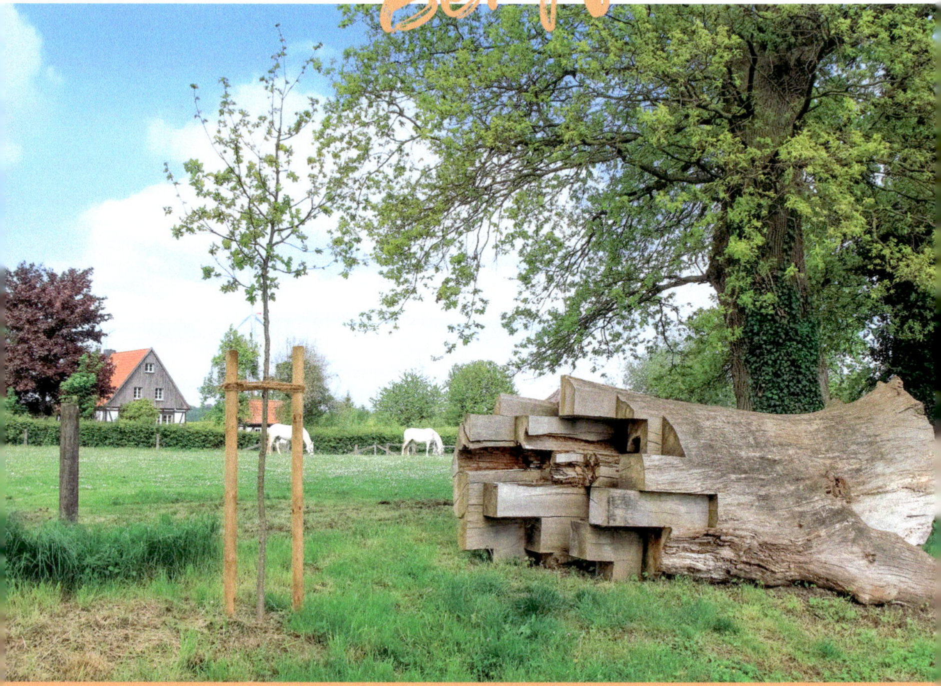

Schwierigkeit: mittel // 9,8 Kilometer // 186 Höhenmeter
Für Familien mit Kindern geeignet

KUNST, KULTUR UND KÄSE:
AUF ENTDECKUNGSREISE IM NATURMUSEUM

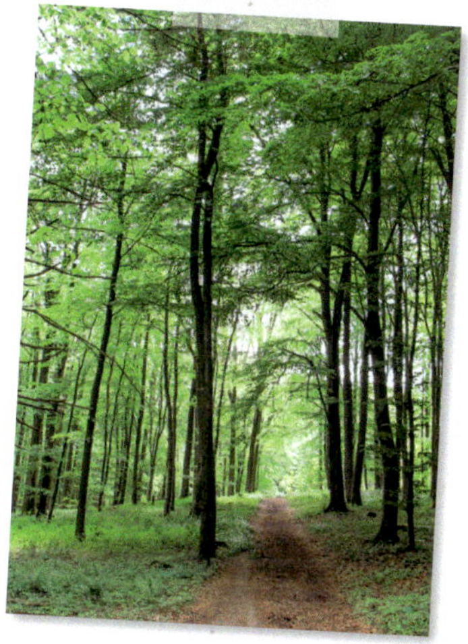

Die kleine Stadt Nieheim im Kreis Höxter bietet Kunstinteressierten eine recht außergewöhnliche Museumslandschaft. Hier ist die Heimat von Deutschlands einzigem Sackmuseum, dem Deutschen Käsemuseum und dem Westfälischen Biermuseum. Da verwundert es nicht, dass zwischen Steinheimer Börde, Eggegebirge und Teutoburger Wald auch ein Kunstmuseum inmitten alter Bäume einen Platz gefunden hat. Das dachten sich um die Jahrtausendwende auch ein paar Nieheimer, und die Idee zu einem Kunstpfad war geboren.

EIN ECHTES ORIGINAL IST DER NIEHEIMER KÄSE, EIN FETTARMER SAUERMILCHKÄSE, DER NUR IN NIEHEIM HERGESTELLT WERDEN DARF. OPTISCH ERINNERT ER AN DEN BEKANNTEREN HARZER KÄSE, GESCHMACKLICH IST ER UM EINIGES PIKANTER. KOSTEN KÖNNT IHR IHN IN DER SCHAUKÄSEREI MENNE (DIESCHAUKAESEREI.DE) UND AUF DEM NIEHEIMER KÄSEMARKT, DER IMMER ANFANG SEPTEMBER STATTFINDET.

Die Kunstwerke wurden von internationalen Künstlern erschaffen und so in die Natur integriert, dass sie eine Symbiose mit ihr eingehen. Insgesamt acht – zum Teil versteckte – Kunstwerke könnt ihr auf dem Kunstpfad entdecken.

Augen auf im Wald gilt nicht nur für das Entdecken von Kunstwerken, sondern auch für den Weg an sich: Bewusst ist auf dieser Tour die Beschilderung rar gesät. Ihr als Wanderer sollt nicht nur die von Menschen geschaffenen Werke ablaufen, anschauen und bewundern, sondern euch auch mit den Werken von Mutter Natur auseinandersetzen: Baum ist nicht gleich Baum, Strauch nicht gleich

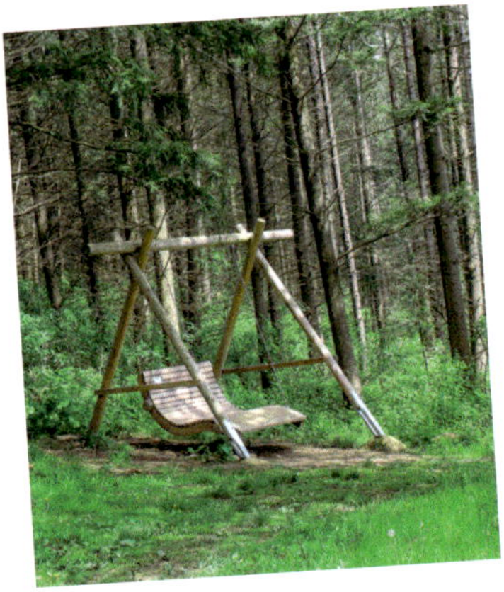

Teuto-Schaukel zum Träumen

Strauch – und dazwischen gibt es viel zu entdecken. Wer genau hinschaut, lernt, sich zu orientieren. Der Weg ist das Ziel.

EIN NEUNTES KUNSTWERK GANZ IN DER NÄHE VON GUT HOLZHAUSEN WIRD OFT MIT DEM KUNSTPFAD IN VERBINDUNG GEBRACHT, IST ABER TATSÄCHLICH NICHT TEIL DES NATURMUSEUMS. IHR KÖNNT ES VON DER ZUFAHRTSSTRASSE AUS SEHEN: ZWEI ROSTIGE SILOS, DIE WIE ZWEI RAKETEN IN DEN HIMMEL ZEIGEN. JURIJ SELIVANOVS »STEP TWO« IST EINS AUF JEDEN FALL: EIN HINGUCKER.

Los geht es am Wanderparkplatz Eichenallee am Gut Holzhausen. Hier werdet ihr von dem ersten Kunstwerk, dem STREICHORCHESTER ENCORE 1 der mexikanischen Künstlerin Helen Escobedo, begrüßt. Encore bedeutet Zugabe – und genau das ist dieses Kunstwerk. Die Instrumente waren ursprünglich Teil von Escobedos Skulptur »Music in the Air«. Als Wind und Wetter im Laufe der Jahre zu sehr an der Installation zerrten, nahm Escobedo die Instrumente und erschuf aus dem alten ein neues Kunstwerk: eine Zugabe. Einfach mal zwischen die Instrumente stellen, Augen schließen, genießen. Wenn ein bisschen Wind weht, könnt ihr das Orchester vielleicht sogar noch hören.
Die ersten Schritte eurer Wanderung lauft ihr entlang des ehemaligen Verbindungswegs vom Dorf zum Gut: einer Allee aus über 400 Jahre alten Eichen. Mitten zwischen diesen majestätischen Bäumen liegt

die zweigeteilte Installation Reise und Heimkehr des deutsch-holländischen Künstlers Andreas Kopp: Zwei gigantische Baumstämme, etwa 30 Meter voneinander entfernt, zeigen mit ihren korrespondierenden Stirnseiten aufeinander. Würde man sie aufeinander zubewegen, würden die Steckverbindungen perfekt ineinanderpassen – tatsächlich waren die beiden ursprünglich ein Stamm. Die feine Idee dieses Werkes: Die Stämme sind Zeitzeugen. Sie kennen den Weg seit Hunderten von Jahren. Viel haben sie erlebt: Menschen, die kommen, die gehen, Liebe und Leid, Konflikt und Kurioses. Wie zwei Schutzengel wachen sie über den Weg und diejenigen, die ihn beschreiten.
Von der Allee geht es hinein in den kühlen Wald. Wie die beiden vorherigen Werke ist auch die Parkettinsel Kunst zum Anfassen. Die Skulptur des Schweizer Künstlers Beat Breitenstein ist im Laufe der

Hat sich hier ein Kunstwerk versteckt?
Oder war hier allein Mutter Natur am Werk?

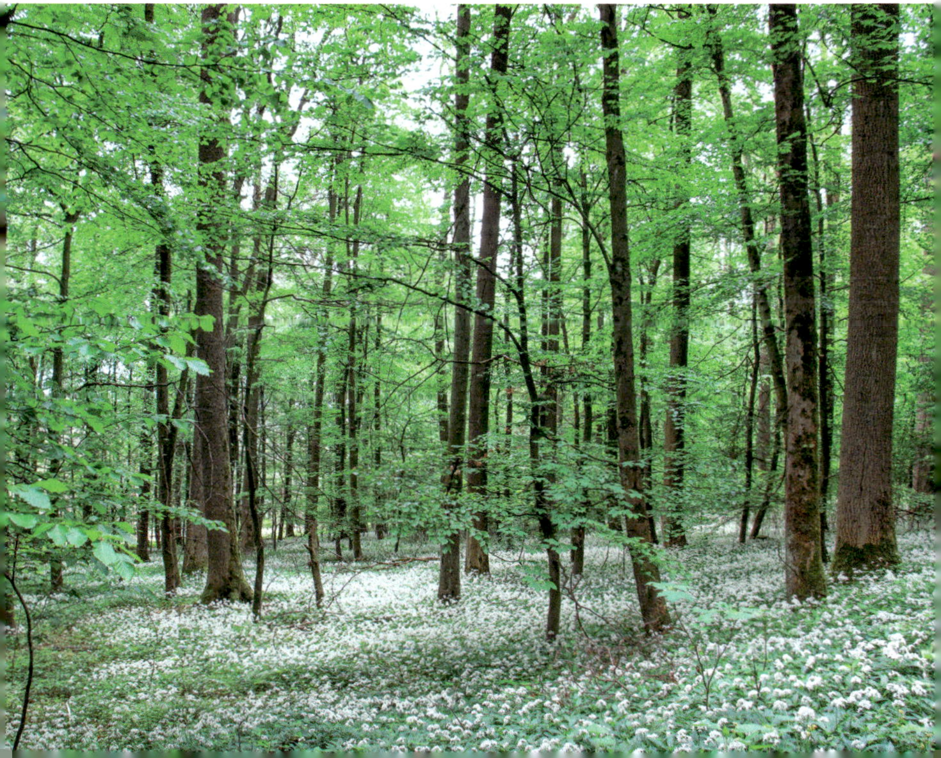

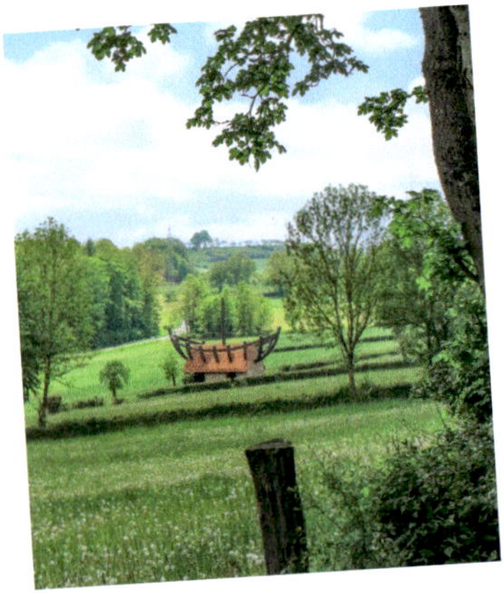

BOOT IM HAUS ODER UMGEKEHRT?

Jahre richtig mit dem Boden verschmolzen. Noch vor Kurzem konnte man die Schuhe ausziehen und die Insel mit bloßen Füßen erkunden. Aber Achtung: Mittlerweile ist die Insel bevölkert worden, und die Bewohner, allerlei Flechten und Moose, haben über das Parkett einen Teppich ausgelegt: ziemlich glatt und nicht ungefährlich. Am besten kniet ihr euch hin, und erkundet das alte Holz, das hier aus dem Wald stammt, mit der Hand.

Ihr kommt an eine Kreuzung und dreht eine Schleife zum Holsterturm auf dem Holsterberg, der auf eine über 700-jährige Geschichte blickt. Als ehemaliger Wartturm hat er einige Attacken erlebt. Der Holländer Auke de Vries macht mit seinem Werk Attacke am Turm die kriegerisch-kämpferische Vergangenheit des Turms erlebbar. Von oben habt ihr einen schönen Blick auf Nieheim. Dann führt euch die Route weiter bis an den Fuß des Holsterberges. Nach den Treppenstufen erreicht ihr den Nieheimer Balkon, eine kleine, feine Aussichtsplattform, rechts ein paar Meter abseits des Weges.

Zurück im Wald solltet ihr aufmerksam ab und zu einen Blick in die Luft werfen. Der Verlobungsring verbindet sich so perfekt mit der Natur, dass man ihn schnell übersehen kann. Besonders im Frühjahr ist er allerdings gut zu finden, denn er hängt in einer Blutbuche, die sich farblich deutlich von dem Grün der Umgebung abhebt. Der Engländer Edward Allington hat den Ring geschaffen. Seine Botschaft: Wie zwei Liebende sich durch eine Verlobung ein Versprechen geben, füreinander da zu sein, so gehen wir als Menschen mit der Natur ein Bündnis ein, zu dem Verantwortung und Respekt gehören. Ein Haus hoch oben in einem Baum: ein Kindheitstraum, den wahr-

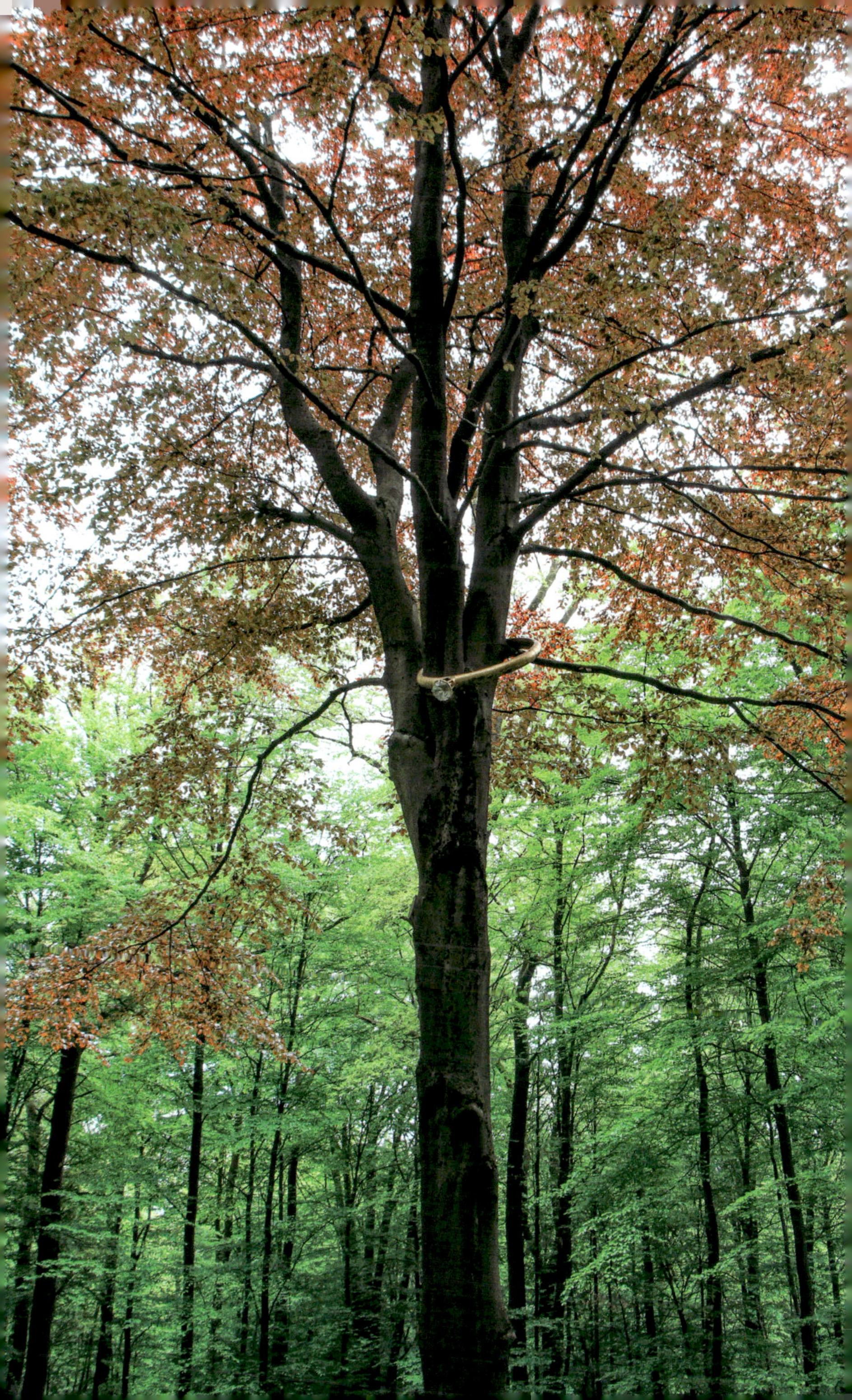

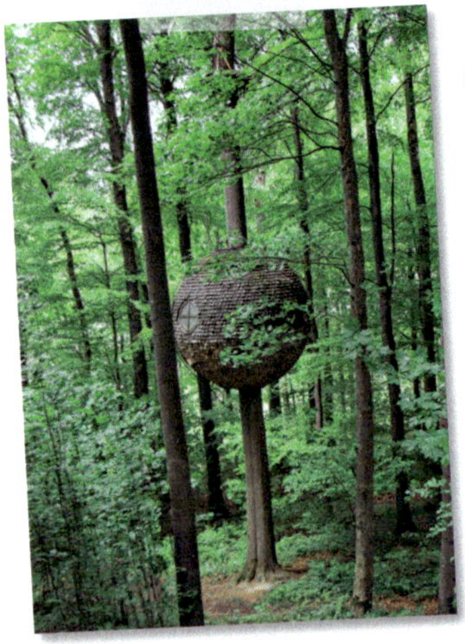

scheinlich jeder kennt. Wie der Berliner Fernsehturm oder wie die Kapsel von Jules Verne sieht das kuriose BAUMHAUS 2 aus, das etwas abseits vom Weg in den Baumwipfeln einer Esche hängt. Die filigrane Konstruktion des Australiers Nick von der Borch kann unter enormer Kraftanstrengung aus zwölf Metern herabgelassen und betreten werden. Seit einigen Jahren ist eine Innenbesichtigung allerdings nur noch im Rahmen einer Führung möglich. Buchen könnt ihr sie über info@tourismus-niehiem.de.

Das nächste Kunstwerk auf eurem Weg will von euch aber komplett erobert werden: Ganz sanft schaukelt die riesige WINDWIEGE 3 der deutschen Künstlerin Birgit Kratzheller wie ein Nest zwischen den alten Bäumen. Man schaut in den Himmel und – vergisst die Welt. Einsteigen. Sanft wiegen. Glücklich sein. Ein Wundermittel bei Seelenkummer. Es fällt sehr schwer, hier wieder auszusteigen.

Das achte Kunstwerk ist auch Kunst zum Anfassen, aber nicht für euch, sondern für eine Kuhherde, in deren Mitte der amerikanisch-irische Künstler Ilan Averbuch einen alten Stall zum Fundament seiner Skulptur gemacht hat: THE BOAT IN THE HOUSE / THE HOUSE IN THE BOAT 4. Lauft noch ein Stück weiter den Hügel hoch, dann könnt ihr es gemütlich von der Teuto-Schaukel aus bewundern. Es ist wie mit der Henne und dem Ei und der Frage: Was war zuerst da? Ist das Boot im Haus oder das Haus im Boot? Darüber lässt sich am besten in der Schaukel sinnieren.

Ihr solltet für diese Wanderung viel Zeit einplanen. Die Kunstwerke verleiten stark dazu, staunend stehen zu bleiben und zu verweilen. Besonders in der Windwiege oder auf der Teuto-Schaukel mit Blick auf das Boot im Haus/Haus im Boot vergisst man oft die Zeit.

Alles, was ihr wissen müsst

Rundtour: waldreiche Tour mit außergewöhnlichen Kunstwerken // zertifiziert vom Deutschen Wanderverband als Qualitätswanderweg // nach Regen stellenweise rutschig // **nicht kinderwagentauglich**

Markierung: stilisierte Blüte auf braunem Grund mit der Bezeichnung »Nieheimer Kunstpfad«

Entfernung von: Höxter 26 Kilometer // Bielefeld 70 Kilometer
ÖPNV: ab ZOB Nieheim-Holzhausen Buslinie R 81, Haltestelle Oberdorf, Nieheim-Holzhausen, von dort 350 Meter bis zum Start
Auto: kostenlose Parkplätze auf dem Wanderparkplatz Holzhausen, Nieheim

Einkehr: keine direkt am Pfad // Rucksackverpflegung

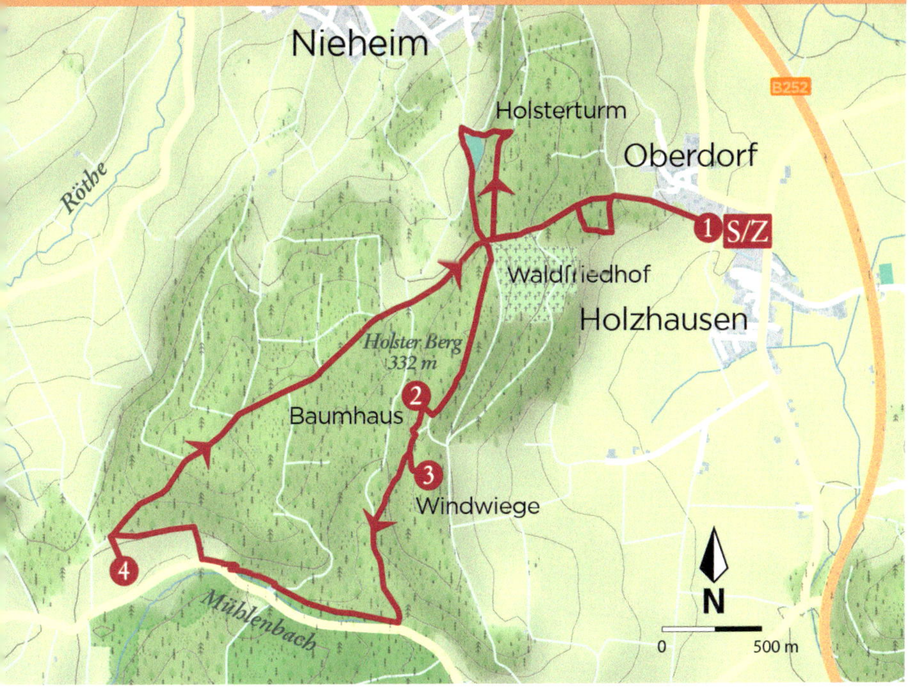

Rund um Bellersen

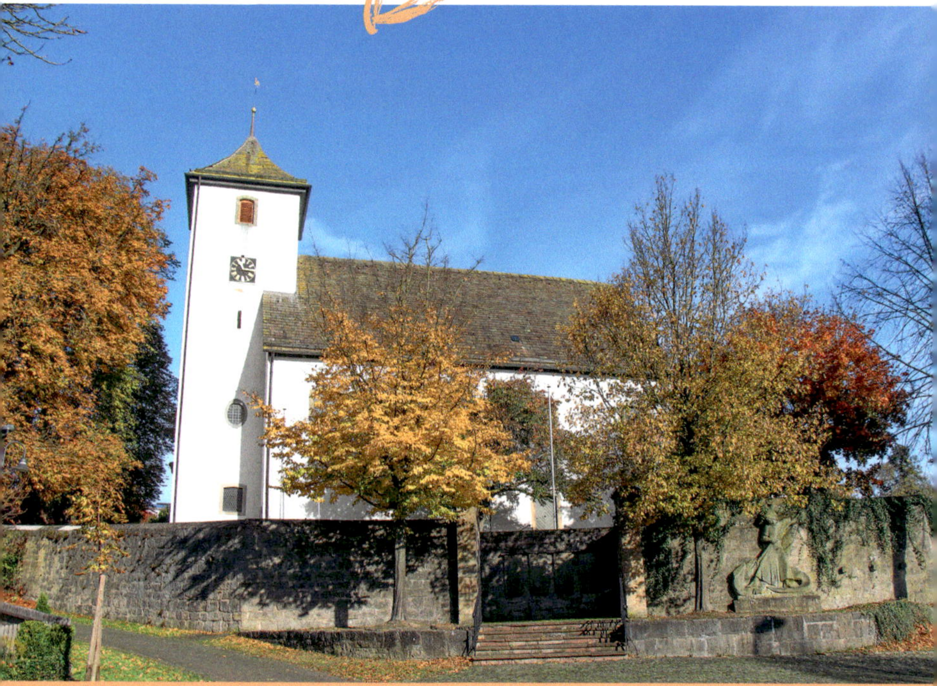

Schwierigkeit: leicht // 6,3 Kilometer // 96 Höhenmeter
Für Familien mit Kindern geeignet

*AGRARHISTORISCHE WANDERUNG
MIT OSTWESTFÄLISCHEM BULLERBÜ-FEELING,
STREICHELEINHEITEN FÜR ALLE SINNE*

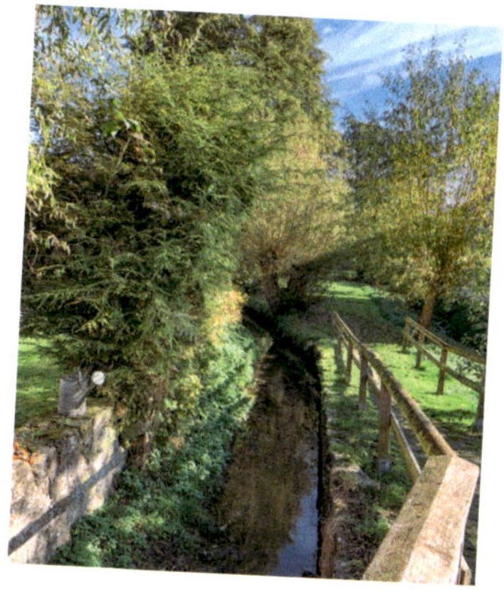

Bullerbü-Feeling pur

Zwischen Steinheimer Becken und Warburger Börde am Rande der Brakeler Muschelkalkschwelle liegt malerisch im Bruchtetal das »Dorf B«. Na, klingelt's da? Wer im Deutschunterricht aufgepasst hat, dem kommt das nämlich bekannt vor. Das »Dorf B.« ist Schauplatz der Novelle »Die Judenbuche« von der ostwestfälischen Dichterin Annette von Droste-Hülshoff, die selbst sehr mit dieser Gegend verbunden war. Ihre Familie mütterlicherseits stammte aus dem benachbarten Bökendorf. Das große »B.«, ihr ahnt es, steht aber für Bellersen, ein idyllisches, 1.000-jähriges, knapp 700-Seelen-Dörfchen im Kreis Höxter. Droste-Hülshoffs fesselnde Geschichte beruht auf wahren Begebenheiten, die sich Ende des 18./ Anfang des 19. Jahrhunderts in Bellersen zugetragen haben – und in die die Familie der Autorin verwickelt war. Auch die titelgebende Buche existierte wirklich, etwas östlich von Bellersen, mitten im Wald. Noch heute erinnert ein Gedenkstein an ihren einstigen Standort und an die schaurigen Ereignisse.

Was war da passiert? 1783 kam es – mutmaßlich – zwischen dem jüdischen Händler Soistmann Berend und dem Knecht Hermann Georg Winckelhan (auch Winkelhannes genannt) zu einem Streit. Alle Indizien deuteten darauf hin, dass Winckelhan, der ausstehende Schulden bei Berend hatte, den Händler brutal ermordete. Richter des Falls war Droste-Hülshoffs Urgroßvater, Caspar von Haxthausen. Der als Mörder verurteilte Winckelhan floh, kehrte aber nach 23 Jahren zerschunden als Bettler zurück in sein Heimatdorf. In der Zwischenzeit hielt nun Annettes Onkel den Richterhammer in der Hand. Als Preis für Straffreiheit erzählte der reumütig Zurückgekehrte ihm seine Version der Geschichte: Sein

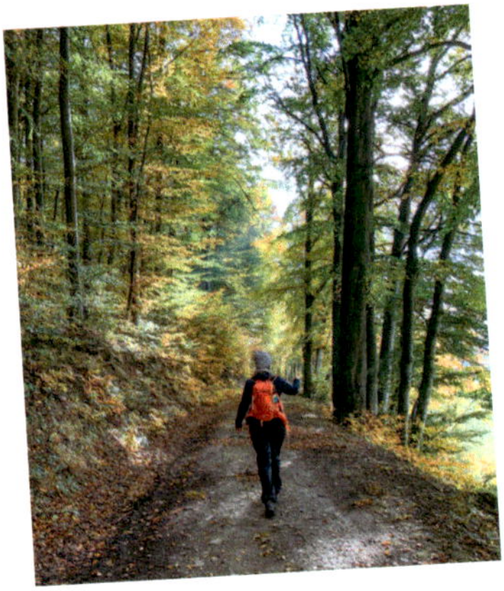

Entlang der Flößwiesen

Schicksal hatte ihn über Holland nach Algier geführt, wo er eingekerkert und grausam misshandelt wurde, bis er von Jerome Bonaparte Anfang des 19. Jahrhunderts befreit wurde und nach Hause zurückkehrte. Obwohl Winckelhan seine Tat nicht mehr büßen musste, hielt er sein Leben nicht mehr aus und erhängte sich an ebenjener Buche, an der auch der Händler seinen Tod fand. Eine lange Geschichte kurz: Die Buche wurde gefällt, Winckelhan auf dem Friedhof begraben, der Onkel dokumentierte die ganze Geschichte, und seine Nichte nutzte diesen wahren Stoff, um daraus ihr literarisches Meisterwerk zu gestalten. Darin gibt das idyllische Bellersen eine starke Kontrastkulisse für die enorm spannend erzählte Geschichte. Von dieser landschaftlichen Schönheit könnt ihr euch nun selbst überzeugen.

BELLERSEN IST EIN TOURISMUS-MUSTERDORF DES LANDES NORDRHEIN-WESTFALEN UND HAT ZAHLREICHE PREISE GEWONNEN, DARUNTER »SIEGERDORF IM EUROPÄISCHEN DORFERNEUERUNGSPREIS«, SILBER-DORF AUF BUNDESEBENE BEI »UNSER DORF SOLL SCHÖNER WERDEN« UND GOLD-DORF AUF LANDESEBENE IM WETTBEWERB »UNSER DORF HAT ZUKUNFT«. ZERTIFIZIERTES BULLERBÜ SOZUSAGEN.

Ihr startet an der PFARRKICHE ST. MEINOLF 1. Nach einem kurzen Stück an der Hauptstraße entlang weist euch die grüne Wandermarkierung ein paar Meter durch die Siedlung auf eine Weide zu.

Dort werdet ihr von neugierigen Wiederkäuern und einer riesigen Schaukel in Empfang genommen. So: Exakt hier fängt sie an, die Bullerbü-Idylle. Die Schaukel ist Teil des Erlebnispfades zur Entfaltung der Sinne, der nun einen guten Kilometer parallel zur agrarhistorischen Wegführung verläuft. Immer wieder werdet ihr von den auffälligen Installationen eingeladen, innezuhalten und eure Sinne zu schärfen. Die Schaukel ist so riesig, dass auch ein Erwachsenen-Allerwertester, der normalerweise nicht mehr auf ein herkömmliches Brett passt, bequem darauf Platz nehmen und gen Himmel schaukeln kann. Im wahrsten Sinne beschwingt wandert ihr nun entlang des Mühlengrabens parallel zur Brucht, einem kleinen Bach, Richtung Süden hinter den schnuckeligen Häusern entlang. Mit farbenfrohen Glasskulpturen leuchtet euch der Kreativhof entgegen. Hier wird von der Künstlerin Ingrid Heuchel ein uraltes Handwerk wiederbelebt. Die-

Rund um den Kreativhof könnt ihr farbenfrohe Glasskulpturen entdecken

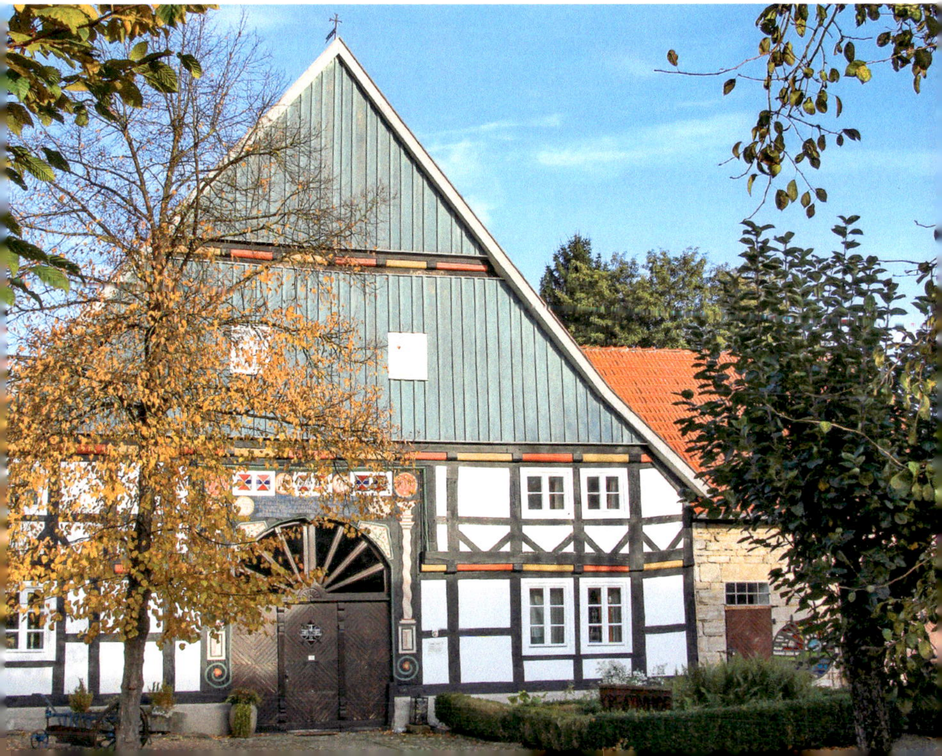

ser 1785 errichtete Zehnthof zeigt übrigens auch eine Verbindung zur Dichterin der »Judenbuche«: Er gehörte mal zum Besitz des Freiherrn von Haxthausen, also des Onkels, dessen Hobby es war, Geschichten zu sammeln, und der den Fall Winkelhan dokumentiert hat.
Ein kurzer Abstecher durch die Straße »Im Sticht« bringt euch zum WERKHAUS 2, in dem die Tourist-Info untergebracht ist. Hier erfahrt ihr nicht nur einiges mehr zu Bellersen, sondern ihr könnt euch auch einen Fragebogen abholen und eure Wanderung zur kleinen Challenge werden lassen. Entlang des Wanderweges befinden sich 14 Stationen, an denen ihr Einsichten erhaltet, wie die wilde Natur vom Menschen in eine Kulturlandschaft verwandelt wurde – und warum. Die Fragen sind gar nicht so einfach zu beantworten, aber es winkt ein Preis und macht Spaß. Alle ab einem Alter von zehn Jahren dürfen teilnehmen. Eure Antworten kommen dann in den Kasten am Werkhaus.

Auf der summenden Streuobstwiese ist Naschen willkommen und erlaubt

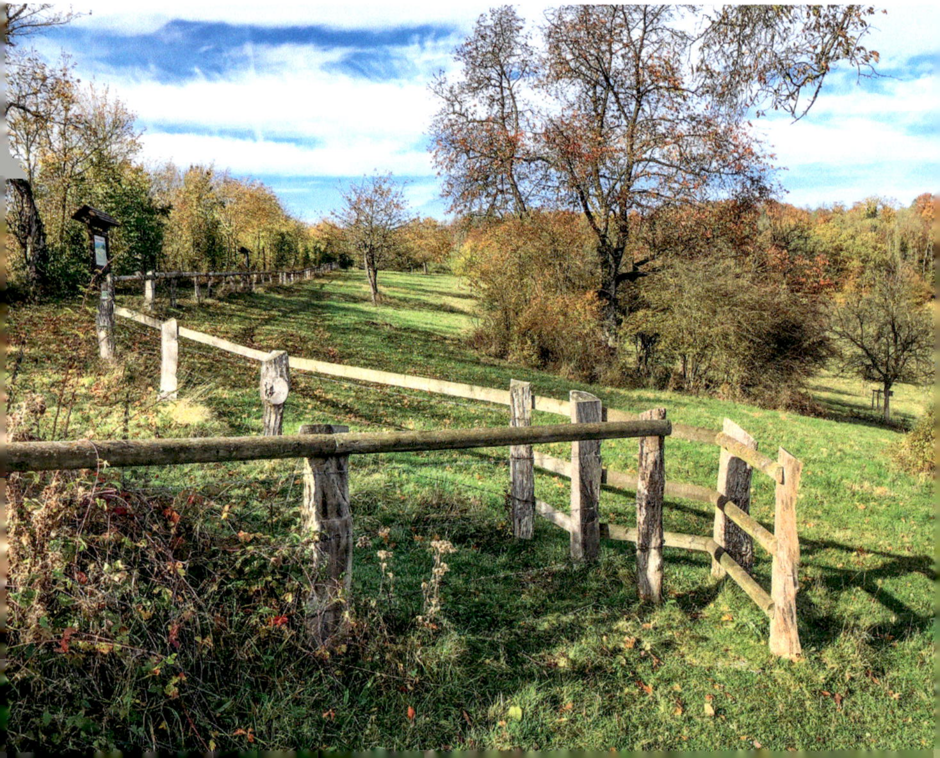

Nach der ehemaligen Gartenanlage am Rammelsberg, vorbei am ehemaligen Backhaus und dem Wohnmobil-Hafen, lasst ihr die Häuser hinter euch und wandert in Richtung WALD UND FLÖßWIESEN 3. Seit dem Ende des 19. Jahrhunderts gibt es im Tal der Brucht die Flößanlage. Das Wasser des Flusses konnte damit aufgestaut und so auf die Wiesen geleitet werden. Durch die gezielte Wässerung wuchs das Gras schneller und kräftiger. Die Wehre könnt ihr noch erkennen, und auch ein paar Gräben sind noch sichtbar.

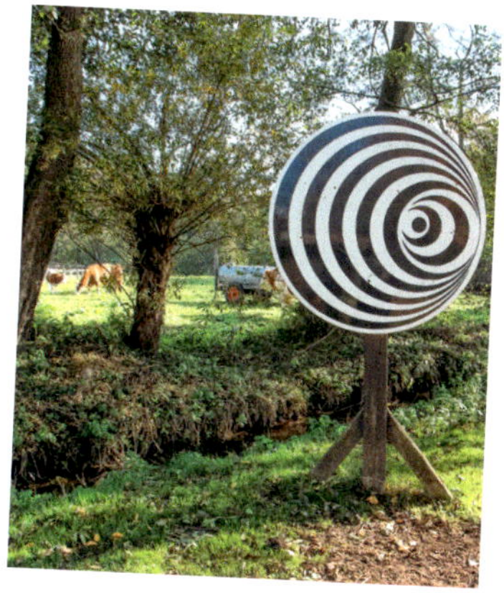
EINE INSTALLATION FÜR DIE SINNE

Bevor ihr die Meinolfstraße überquert, verabschiedet ihr euch von der Brucht, die weiter Richtung Süden läuft. Vor euch liegt weit gestreckt das Süsterfeld. Kaum zu glauben, dass hier mal bis ins 13. Jahrhundert ein ganzes Dorf, nämlich Hemenhusen, stand. Eine Infotafel erklärt euch die Details.

DER ERLEBNISPFAD ZUR ENTFALTUNG DER SINNE IST EIN DREI KILOMETER LANGER ENTDECKERWEG. DIE VERSCHIEDENEN GERÄTE UND INSTALLATIONEN STAMMEN VOM KÜNSTLER HUGO KÜKELHAUS. GERADE FÜR KINDER IST ER SEHR ZU EMPFEHLEN.

Es geht hoch auf den Schmandberg zur STREUOBSTWIESE 4. Der Wanderweg führt euch an brummenden Bienenstöcken vorbei durch ein Gatter direkt quer über die malerische Wiese. Das Bullerbü-Feeling erreicht auf diesem Abschnitt seinen absoluten Höhepunkt: Das liegt natürlich an der pittoresken Wiese selbst, aber auch an ihren flauschigen Bewohnern. Tiere haben hier oben eine lange

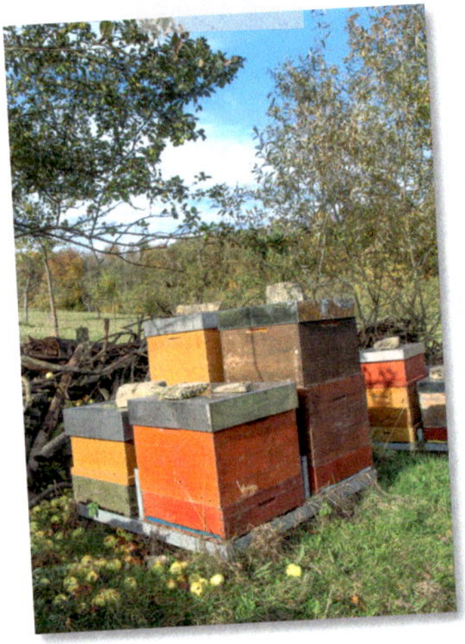

Tradition. Schon in früheren Zeiten diente der Schmandberg als Gemeindewiese, auf der Bürger ihre Tiere weiden lassen konnten. Bis ins 9. Jahrhundert hinein brachten Hirten ihre Schafe, Ziegen, Rinder und auch Schweine auf die Wiesen und Felder. Eine typische Hude-Bewirtschaftung. Obst probieren ist übrigens erlaubt! Das Obst der über 3.000 Bäume wird im Herbst geerntet und in der Edelobstbrennerei zu Obstbrand verarbeitet. Fällt die Ernte gut aus, kommen so an die 2.700 Liter zusammen. Die Geschichte der Brennerei könnt ihr euch im Heimatmuseum anschauen und dort die edlen Tropfen auch erwerben. Honig natürlich auch. Oben am Hang angekommen, habt ihr eine herrliche Aussicht über die hügelige Idylle des Bruchttals. In südlicher Richtung schaut ihr auf die Hinnenburg, die auf einem Bergsporn thront.

Weiter geht es durch einen duftenden Wald, an dessen Ende ihr am Aussichtspunkt Fahlenkämpen einen wunderschönen Blick auf die Muschelkalkschwelle genießen könnt. Entlang des Waldrandes erreicht ihr dann den Strickberg. Und auch von hier habt ihr ein tolles Panorama und könnt sogar wieder schaukelnd auf Bellersen sehen. Wer sich ein Picknick mitgebracht hat, läuft noch wenige Meter weiter bis zur Schutzhütte. Da bietet ein großer Tisch ausreichend Platz. Von hier seid ihr in weniger als einem Kilometer wieder an eurem Ausgangspunkt.

WER DIE EXTRARUNDE DES ERFAHRUNGSWEGS NOCH WANDERN MAG, AUCH VON DORT IST EIN MINIABSTECHER EMPFEHLENSWERT: WEIDESCHWEINE. DER NIEDLICHKEITSFAKTOR IST SEHR HOCH UND BESONDERS FÜR FAMILIEN MIT KINDERN EIN SPANNENDES ERLEBNIS.

Alles, was ihr wissen müsst

Rundtour: sehr familienfreundliche Tour // Hauptroute **nicht kinderwagentauglich** // Erfahrungsweg der Sinne (3 Kilometer) ist **kinderwagentauglich**

Markierung: drei Ähren gesäumt von den Buchstaben »A« und »W« für agrarhistorische Route, ein Kreisel für den Weg der Sinne

Entfernung von: Höxter 18 Kilometer // Bielefeld 72 Kilometer
ÖPNV: ab Brakel Bahnhof Buslinie 585, Haltestelle BK-Bellersen-Wendeplatz
Auto: kostenlose Parkplätze BK-Bellersen // Navi: BK-Bellersen Wendeplatz, Bellersen-Brakel

Einkehr: **Restaurant-Bistro »Kornkammer«**, Strickberg 1, 33034 Brakel-Bellersen, www.feriendorf-naturpur.de/kornkammer

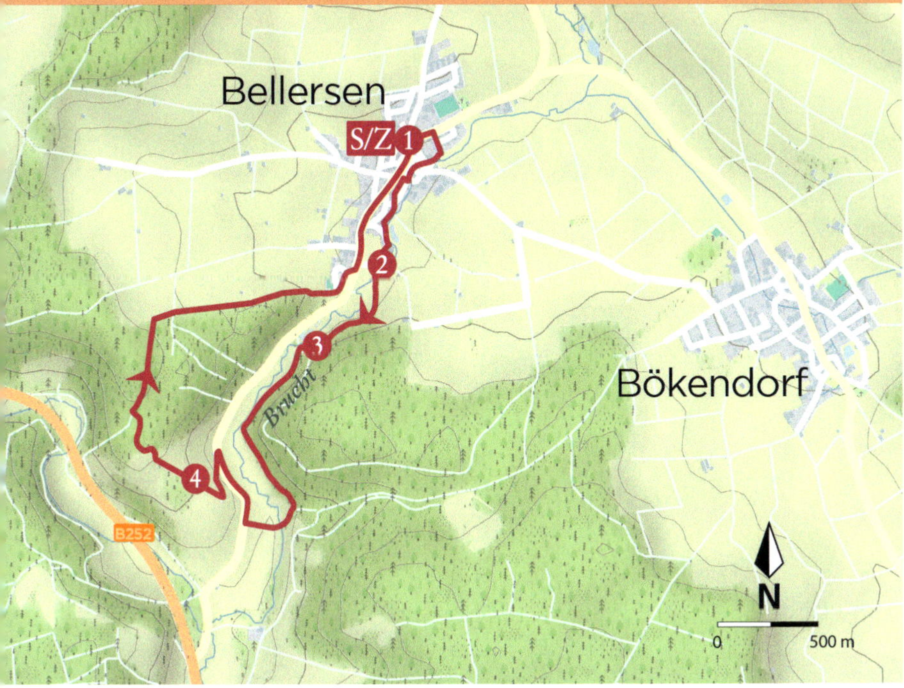

Marienmünster und Schwalenberg

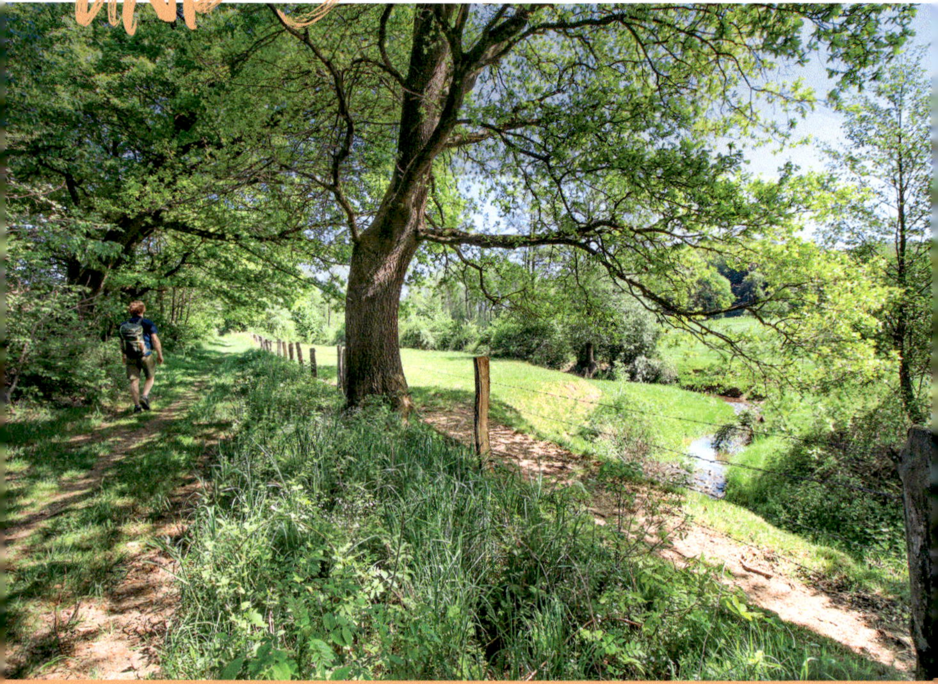

Schwierigkeit: mittel // 25,7 Kilometer // 486 Höhenmeter
Nur für Familien mit wanderfreudigen Kindern geeignet

AUF DEM NIESETALWEG:
ZWISCHEN WALD UND WALLFAHRT, MÄRCHEN UND MALERN, KUNST UND KULTUR

Dichter Wald, wogende Felder, saftige Wiesen, aussichtsreiche Berge, plätschernde Bäche, schmale Pfade – der Niesetalweg hat alles, was ein Wanderherz höherschlagen lässt. On top gibt es noch Kunst, Kultur, Märchen. Da ist es kein Wunder, dass der Deutsche Wanderverein diesen Weg, der das entzückende Malerstädtchen Schwalenberg im Kreis Lippe und die Abtei Marienmünster im Kreis Höxter verbindet, als Qualitätswanderweg ausgezeichnet hat. Dieses Prädikat trägt der Weg wahrlich zu Recht. Es bietet sich an, die Wanderung in zwei Etappen zu laufen. Natürlich können flotte Wanderer die knapp 26 Kilometer in einem Rutsch schaffen. Wenn ihr durchzieht, dann so: Start an der ehemaligen BENEDIKTINERABTEI MARIENMÜNSTER 1 im Uhrzeigersinn; Start in Schwalenberg gegen den Uhrzeigersinn. Warum? Weil ihr auf dem westlichen Streckenverlauf bei der Tal-Querung über den Weiler Born deutlich länger der prallen Sonne ausgesetzt seid. Im östlichen Verlauf der Strecke dagegen kühlt dichter Wald.

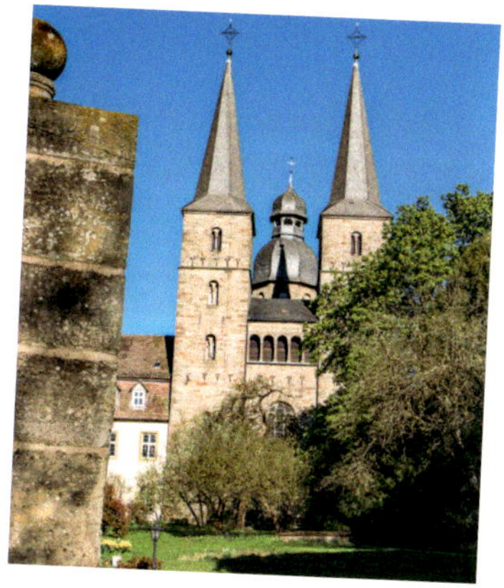
Die Benediktinerabtei

Tag 1: *RICHTUNG SCHWALENBERG // 7,5 KM*

Los geht's am Parkplatz in Marienmünster, direkt zwischen Klostergarten und dem Besucherzentrum »FORUM Abtei«. Die ehemalige Klosteranlage dürft ihr natürlich nicht außer Acht lassen. Die Abteikirche St. Jakobus d. Ä. ist heute die Pfarrkirche von Marienmünster. Geweiht wurde sie schon 1128. Typisch fürs 12. Jahrhundert war die Kirche romanisch geprägt. Aber schaut mal genau hin. Hier vermischen sich deutlich die Stile. Ab 1661 wurde nämlich

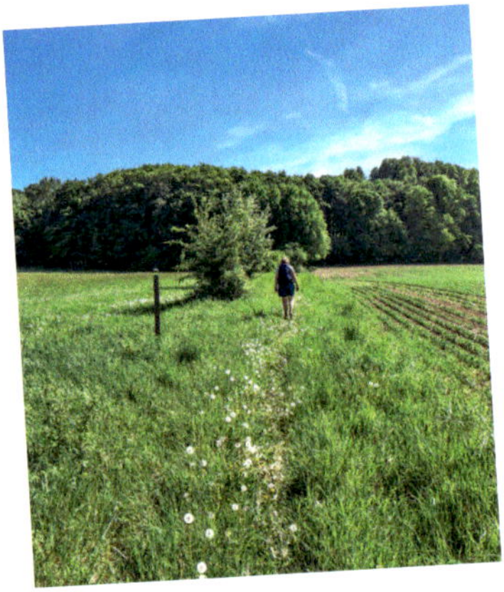

MITTEN DURCHS GRÜNE

kräftig umgebaut. Grund waren mannigfaltige Zerstörungen im Dreißigjährigen Krieg. Und so entstand die barocke Klosteranlage, die auch heute noch sehr gut erhalten ist. Im Innern ist die Barockorgel von 1738 aus der Werkstatt des Lippstädter Meisters J. P. Möller ein Highlight. Sie gehört zu den bedeutendsten Orgeln in ganz Ostwestfalen-Lippe. Wer Orgelmusik mag, sollte unbedingt auch ihrem Klang lauschen. Überhaupt dreht sich auch in den ehemaligen Wirtschaftsgebäuden auf dem Gelände viel um akustischen und optischen Genuss: Konzerte, Ausstellungen, Begegnungen.

TROTZ ALLER WELTLICHEN KULTUR IST MARIENMÜNSTER EIN WALLFAHRTSORT. DIE MARIENSTATUE »MUTTER DER HEILIGEN HOFFNUNG« STEHT ETWAS ABSEITS EURES WANDERWEGES IN DER EHEMALIGEN MERGELKUHLE GEGENÜBER DER ABTEI. WER WEITER IN DIE GESCHICHTE EINTAUCHEN MÖCHTE, BEKOMMT IM BESUCHERZENTRUM JEDE MENGE INFOS.

Ihr quert die Straße vorm »FORUM Abtei« und wandert wenige Meter entlang des Radweges. Vor der Hove-Kapelle führt ein Feldweg in den Wald. Lange wandelt ihr nicht zwischen den alten Bäumen. Es geht panoramareich entlang duftender Felder und schmaler Graspfade gemütlich weiter. Nichts ist zu hören, außer vielleicht ein bellender Meister Reineke: Der Fuchs sucht im Frühjahr lautstark nach einer Partnerin. Ihr dagegen interessiert ihn nicht. Sanft geschwungen über Wiesen und zwischen Feldern geht's auf den kleinen

Weiler Born zu, den zweitkleinsten Ortsteil von Marienmünster. An der Born-Kapelle von 1884 wandert ihr nach links an den wenigen Häusern vorbei. Nur ein paar Schritte. Born ist klein. Quer über die Wiese geht's. Ihr fragt euch wahrscheinlich: Ist das der Weg? Ja. Und es wird noch idyllischer. Eine Brücke taucht aus dem Nirgendwo auf und überspannt wie aus einem Bilderbuch den Bach Niese, den Namenspatron des Wanderweges. Weit im Osten erhebt sich der Köterberg. Hier liegt die Quelle des Bachs, der 26 Kilometer lang bis zur Emmer, einem Nebenfluss der Weser, fließt.
Nun ist Beinarbeit gefordert, es geht stetig weiter hoch, bis ihr oben auf dem Dohlenberg seid und Schwalenberg fast erreicht habt. Bevor ihr nun in das im doppelten Sinne malerische Städtchen hinabsteigt, bietet sich eine Rast an, um das Panorama über das Niesetal und auf Burg Schwalenberg zu genießen.

Ein eindrucksvolles Weserrenaissance-Prachtexemplar, das von einer Bank aus bewundert werden kann

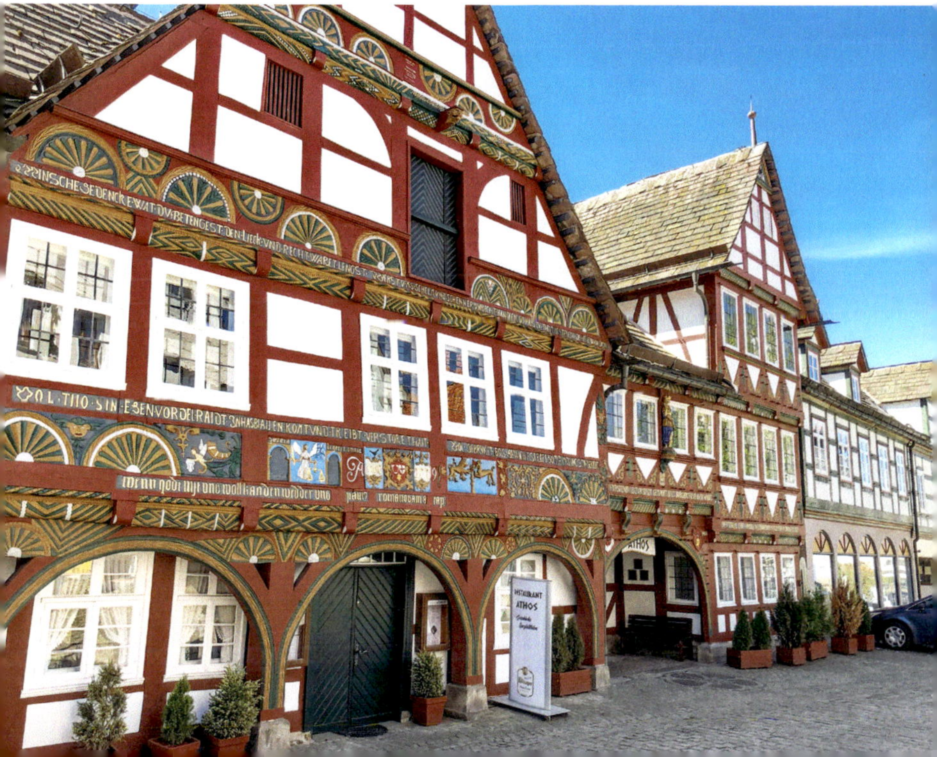

Gegen Ende des 19. Jahrhunderts avancierte das kleine Städtchen zum Mekka der Impressionisten. Wenn ihr durch die engen Gassen schlendert, versteht ihr warum: Pittoreske Motive überfallen euch fast an jeder Ecke: schiefes Fachwerk, gemütliche Cafés, offene Galerien … Besonders beeindruckend ist das Rathaus im Stil der Weserrenaissance. Kein Wunder, dass auch heute noch viele Künstler hier leben und sich inspirieren lassen.

Die Schwalenberger sind offene, herzliche Menschen, die, ob Künstler oder nicht, gern vor ihren unfassbar schönen alten Häusern interessierten Wanderern ein paar Geheimnisse ihrer idyllischen Heimat erzählen. Zum Beispiel das Märchen des VOLKWINBRUNNENS 2, dessen Wasser nach oben zu fließen scheint. Das Märchen geht so: Graf Volkwin stand vor dem Problem, wie er Wasser von der einzigen Quelle, der Magdalenenquelle, ins hoch

Der Erlebnispfad führt euch über die Moorwiesen, hier lernt ihr vieles über Holz

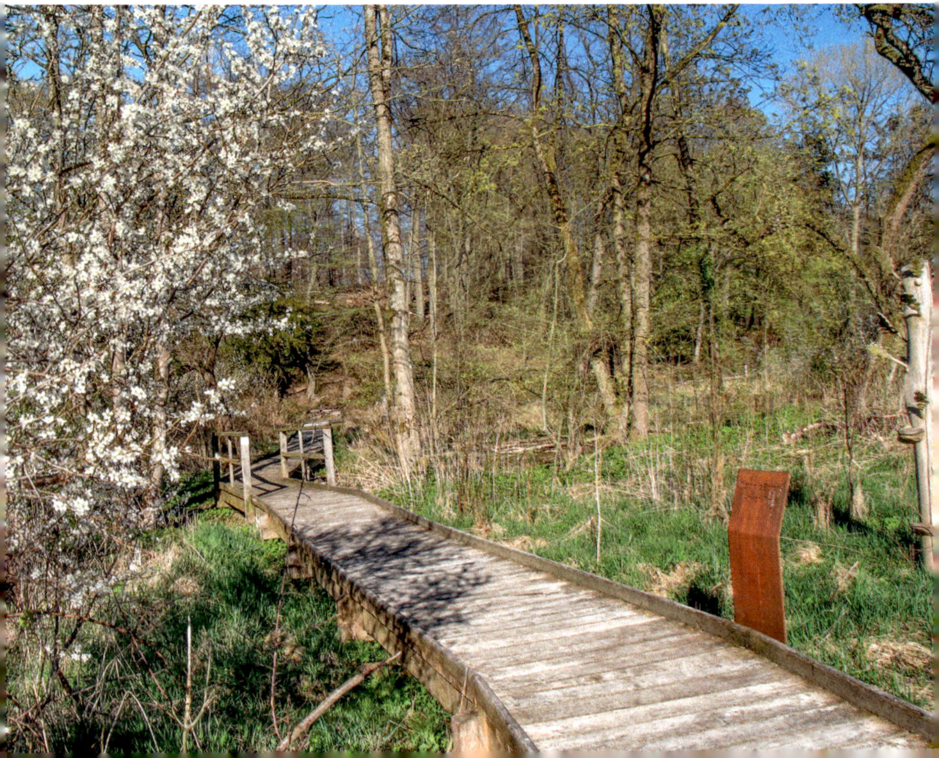

oben am Berg liegende Schwalenberg bekam. Schließlich versprach er zwei Gefangenen Freiheit, wenn es ihnen gelingen sollte, das Wasser nach oben zu leiten. Die Männer waren erfolgreich und damit frei: Das Wasser floss. Wie sie es schafften, haben sie nicht verraten. Die unromantische Erklärung ist: Das nach oben fließende Wasser ist eine optische Täuschung. In Wahrheit liegt die Quelle, wenn auch nur knapp, aber definitiv über dem Ort. Wie auch immer, wegen dieser Sage ist Schwalenberg der Deutschen Märchenstraße angeschlossen.

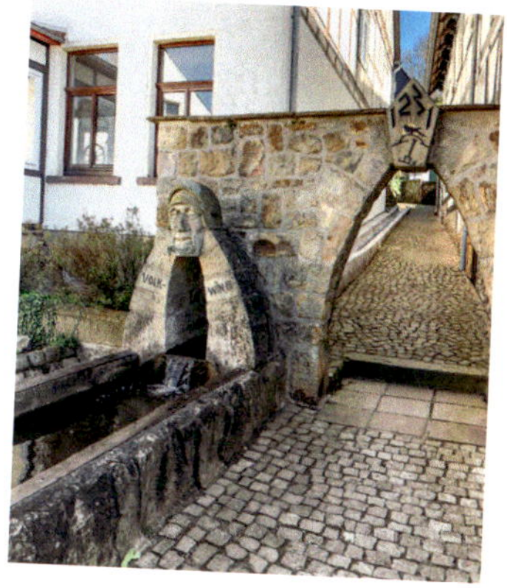

HOCHFLIEßENDES WASSER?

VON OSTERN BIS ENDE OKTOBER HABT IHR IMMER FREITAGS UND SAMSTAGS VON 21 BIS 22 UHR GELEGENHEIT, SCHWALENBERG VON EINER GANZ ANDEREN SEITE ZU ENTDECKEN – UND ZWAR BEIM NACHTWÄCHTER-RUNDGANG IM LATERNENSCHEIN.

TAG 2: *RICHTUNG MARIENMÜNSTER // 17,5 KM*

Mehr als doppelt so lang ist die Route an Tag 2. Wer in Schwalenberg übernachtet hat, war sicher schon auf der BURG SCHWALENBERG 3 und hat die Aussicht ins Tal genossen. Die Höhenburg stammt aus dem 13. Jahrhundert und beherbergt heute Ferienwohnungen und eine Gaststätte mit Café.

Sobald ihr euch von der Aussicht lösen könnt, verlasst ihr Schwalenberg in Richtung Steinbachtal. Unter dichtem Grün wandert ihr am Dohlenberg, bis ihr an der Wanderwegkreuzung steht, von der aus ihr gestern das erste Mal auf die Burg geschaut habt. Hier lauft

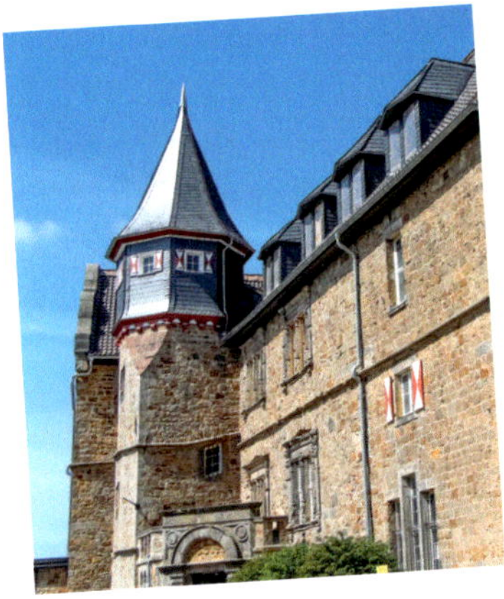

Burg Schwalenberg

ihr aber nun nach links entlang des Burgensteigs. Noch ein Blick hoch zur Burg, eventuell noch einmal auf die Bank setzen – die nächste kommt erst in zwei Kilometern –, dann geht's weiter unter einem kühlen Blätterdach am Rande des Schwalenberger Waldes Richtung Westerberg. Idyllisch wandert ihr östlich von Kollerbeck in der Niedertalaue. Ihr überquert die Niese über die Mittelbrücke durch einen Heckentorbogen, vor dem ihr eine schöne geschützte Rastmöglichkeit habt. Nach knapp einem Kilometer, wenn ihr nochmals den Bach quert, könnt ihr auch euren Füßen eine Abkühlung gönnen und durch das hier sehr flache Bachbett waten. Keine Angst, eine Brücke gibt es auch als Alternative. Schön belaubt lauft ihr entlang der Niese dann weiter, bevor es auf Papenhöfen zugeht und euch kurz, aber intensiv die Mittagssonne aufs Haupt brät. Da kommt der schmale HELLBERG-PFAD 4 gerade recht, der euch am Steilhang des Hellberges entlangführt. Dieser uralte Verbindungsweg ist vielleicht der schönste Abschnitt der ganzen Route: schmal, steile Kante, ein wildromantischer Märchenwald. Ihr habt hier plötzlich das Gefühl, beobachtet zu werden? Stimmt. Die kleinen Spanner lauern zwischen Blättern oberhalb eures Pfades und gehören zu einer Ziegenherde. Sie sind nicht die einzigen Waldbewohner, die euch auf dieser Wanderung begegnen: Rinder, Schafe, klar; wer leise unterwegs ist, sieht auch Rehe und den schon erwähnten Meister Reineke. Im abwechslungsreichen Wald geht es weiter, immer mal wieder ein Feld dazwischen, bis ihr von den Fischteichen der Abtei ebenjene am Horizont erspäht. Das letzte Stück verläuft über einen etwa einen Kilometer langen Holzbohlenweg über die Moorwiesen.

Alles, was ihr wissen müsst

Rundtour: zu empfehlen als Zweitagestour // für alle, die einen abwechslungsreichen Kurzurlaub mit viel Wald brauchen // **nicht kinderwagentauglich**

Markierung: Hügellandschaft mit Aufschrift »Niesetalweg«

Entfernung von: Höxter 17 Kilometer // Bielefeld 66 Kilometer
ÖPNV: ab Höxter, Buslinie R91, Haltestelle Abtei Marienmünster, an Sonn-und Feiertagen kein Busverkehr
Auto: Parkplatz am Besucherzentrum »FORUM Abtei«, Marienmünster // Parkplatz an der Burg Schwalenberg

Einkehr: **Restaurant Klosterkrug**, Abtei 1, 37696 Marienmünster // **Restaurant Burg Schwalenberg** // in Schwalenberg unzählige Einkehrmöglichkeiten // Übernachtung: www.schwalenberger-malkasten.de

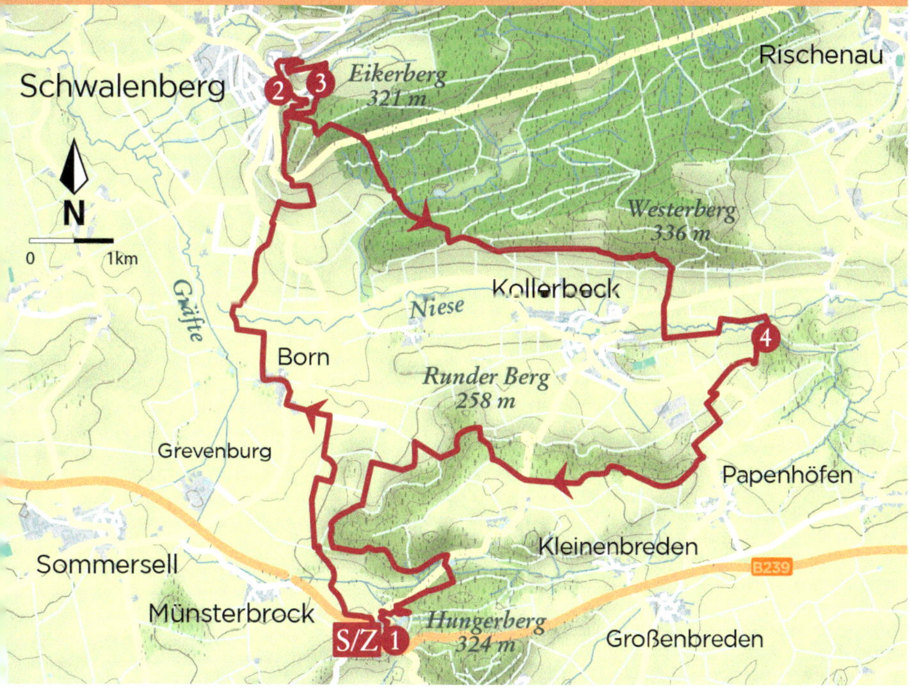

Unterwegs im Dreiländereck

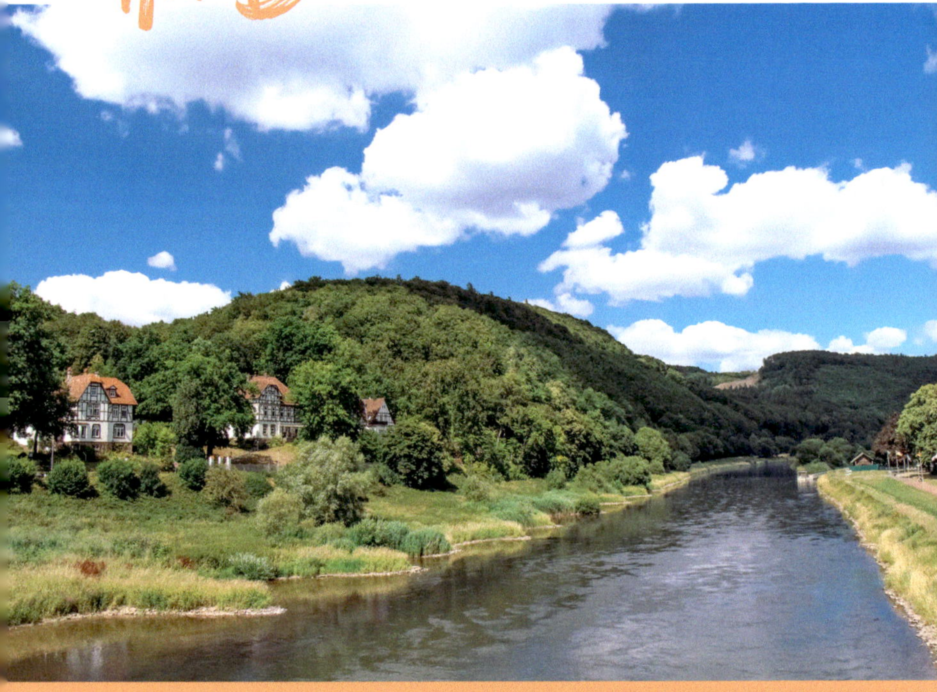

Schwierigkeit: mittel // 8,5 Kilometer // 286 Höhenmeter
Für Familien mit älteren Kindern geeignet

SCHWEBEND AUF DEM SKYWALK:
PANORAMAREICHE TOUR
ZU DEN HESSISCHEN KLIPPEN

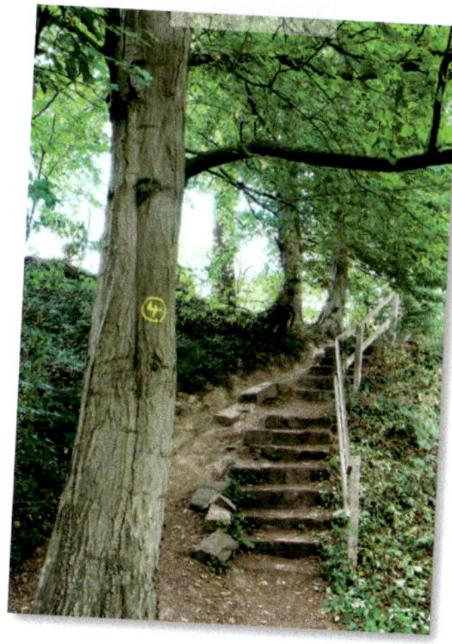

Ein Grand Canyon ist er wohl nicht, aber der ostwestfälische Weser-Skywalk lässt sich wirklich nicht lumpen. Die Aussicht ins Wesertal ist atemberaubend schön, und es erfordert durchaus etwas Mut, sich an den Rand der Plattform zu wagen. Auf dieser Wanderung geht es für euch hoch hinaus in schwindelerregende Höhen, ihr könnt im Dreiländereck mit einem Fuß gleichzeitig in drei Bundesländern stehen, und es erwarten euch majestätische Bäume in zwei herrlichen Naturschutzgebieten, die regelrecht Urwald-Charakter haben. Ganz zum Schluss macht eine Fahrt mit der Gierseilfähre die Tour perfekt.

Es gibt also einiges zu erleben! Da ihr die letzte Fähre um 18 Uhr erwischen solltet, weil ihr ja sicher ohne Umwege über die Weser zurückmöchtet, geht's zeitig los. Ihr wollt doch alle Sehenswürdigkeiten ohne Hektik genießen?!

In Würgassen wandert ihr vom Parkplatz aus in Richtung Naturschutzgebiet Hannoversche Klippen. Es geht hoch in den Wald. Links von euch befindet sich ein Steinbruch, auf der anderen Seite könnt ihr zwischen den mächtigen Baumriesen hindurch einen schönen Blick auf Herstelle mit seiner Burg am Berg werfen: Da ist das Ziel.

DIE HIER BESCHRIEBENE ROUTE IST EIN ZUM DIEMELTALER SCHMETTERLINGSSTEIG GEHÖRENDER RUNDWEG. DER SCHMETTERLINGSSTEIG IST EIN 152 KILOMETER LANGER WANDERWEG: VON BAD KARLSHAFEN BIS DIEMELSTADT. MEHRERE REGIONALE RUNDWEGE ERGÄNZEN DIE EIGENTLICHE HAUPTROUTE. NICHT VERWECHSELN MIT DEM SCHMETTERLINGSPFAD (TOUR 13).

Schon nach wenigen Metern weist euch ein großes Schild zum Skywalk. Ihr seid nun auf dem Holzweg, einem sehr feinen Wald-Erlebnisweg, der euch nicht nur direkt zum SKYWALK 1 führt, sondern euch auch sehr anschaulich das Thema »Wald« näherbringt. Auf zwei Kilometern erfahrt ihr an mehreren Stationen nicht nur viel Wissenswertes, es gibt auch viel zum Anfassen und Ausprobieren.

Der Holzweg endet da, wo der Zugang zum Skywalk beginnt. Das letzte Stückchen lauft ihr auf einem schmalen, mit einem Seil gesicherten Weg bis zur Plattform. Und dann schwebt ihr 80 Meter über der Erde. Wer sich bis an den Rand traut, steht vier Meter vom Fels entfernt in der Luft und hat einen wirklich phänomenalen Blick entlang der Weser bis nach Bad Karlshafen in die eine Richtung und nach Würgassen und Herstelle in die andere – und natürlich gegenüber auf die andere Weserseite, den Naturpark Reinhards-

Wer sich bis an den Rand traut, wird sich von der herrlichen Aussicht nur schwer wieder lösen

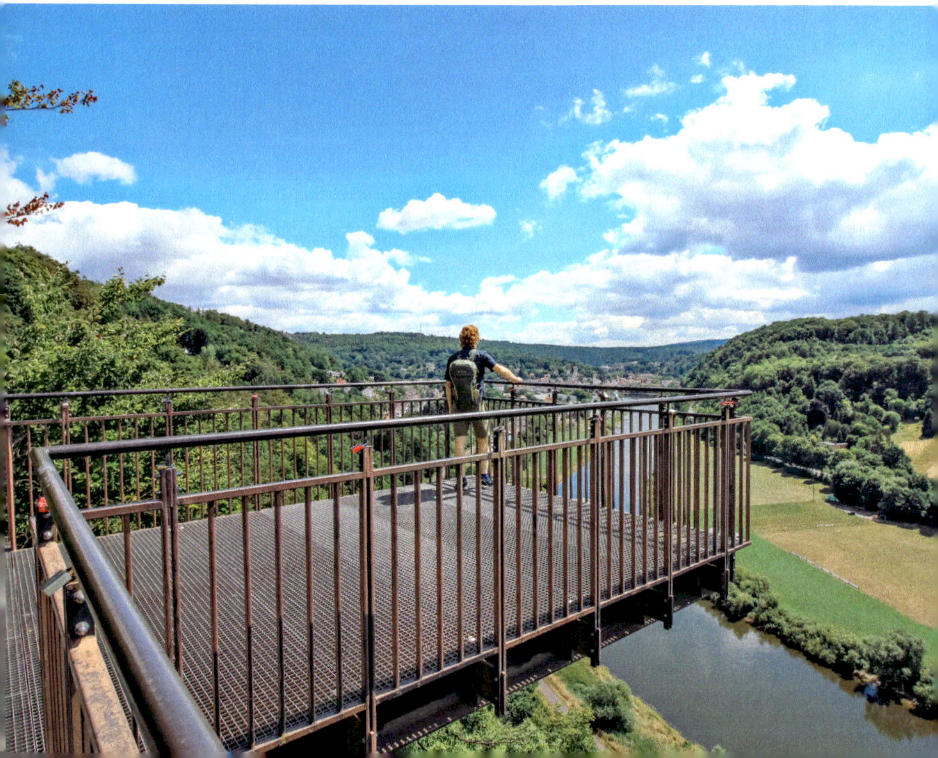

wald, die Hessischen Klippen und durch das Drahtgeflecht nach unten in die Tiefe.

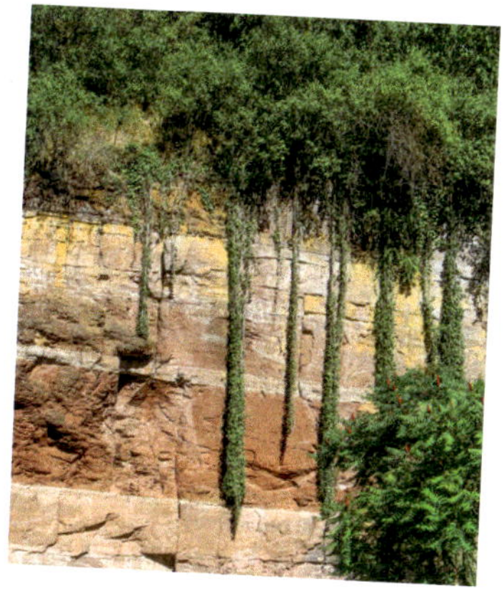

Erkundbare Gesteinsschichten

Apropos Klippen: Die Hannoverschen Klippen sind in dieser Region etwas ganz Besonderes. Es handelt sich nämlich um die einzige große natürliche Felsbildung aus Buntsandstein. Die insgesamt sieben Sandsteinformationen, die zusammen die Hannoverschen Klippen bilden, sind Ausläufer des Mittelgebirges Solling und haben ihren Platz genau zwischen Bad Karlshafen und Würgassen. Auf der siebten Klippe ist seit 2011 der Skywalk mit neun Stahlpfählen im Felsen verankert. Aussichtsplattform war Klippe Sieben übrigens schon davor, nur eben nicht frei schwebend.

Wenn ihr euch sattgeguckt habt, folgt der Abstieg über den Klippensteig. Zurück an der Waldkreuzung weist euch ein Holzschild zum Einstieg in den Abstieg. Bevor ihr euch aufmacht: Nur wenige Meter trennen euch von dem GRENZSTEIN 2, der Nordrhein-Westfalen, Niedersachsen und Hessen verbindet. Gegenüber vom Grenzstein habt ihr auch die Möglichkeit, einen direkten Vergleich zwischen den verschiedenen Buntsandsteinen zu sehen.

Der Klippensteig schlängelt sich rund 500 Meter serpentinenartig nach unten bis zur Weser und ist stellenweise ziemlich steil. Nichts für wackelige Knie oder ganz kleine Kinder! Wer einen Wanderstock hat, sollte ihn auf diese Wanderung mitnehmen, der tut hier nämlich gute Dienste. Dafür ist der Weg durch das Schutzgebiet der Hannoverschen Klippen eine Augenweide und ein kleines Abenteuer. Selbst die Treppenstufen erscheinen in die Natur hineingewachsen zu sein. Unten angekommen, gelangt ihr auf den Weser-Radweg. Wer müde ist, wendet sich nach rechts und ist in zwei Kilometern im Biergar-

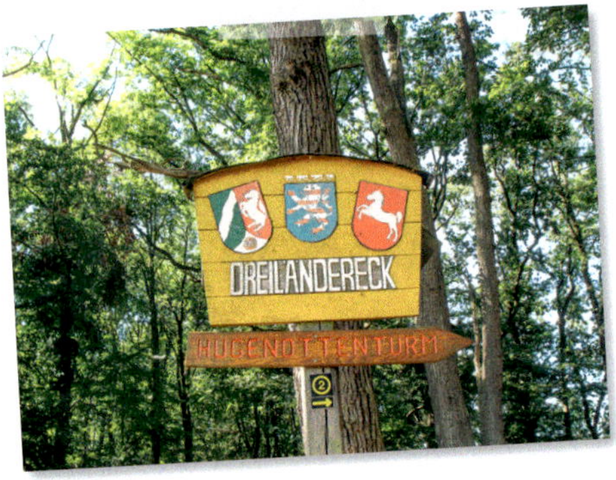

ten. Da der aber nicht abhaut und ein kühles Getränk nach dreimal so vielen Kilometern viel besser schmeckt, geht es nach links über die längere und erlebnisreichere Route über Bad Karlshafen, auch wenn ihr dafür einmal ganz kurz Ostwestfalen-Lippe verlassen müsst. Das Kurstädtchen liegt nämlich in Hessen und hat, wie ihr unschwer erkennen könnt, eine offensichtlich geschichtsträchtige Vergangenheit. Landgraf Carl von Hessen hatte die Stadt als Exulantenstadt im ausgehenden 17. Jahrhundert erbauen lassen, um Hugenotten, also protestantische Glaubensflüchtlinge aus Frankreich, anzusiedeln.

Für Bad Karlshafen solltet ihr euch etwas Zeit lassen. Wer sich für die Geschichte interessiert, findet im sehenswerten Rathaus ein Modell, das zeigt, wie die eigentliche Anlage der Musterstadt aussehen sollte. Wenn ihr noch tiefer in die Historie eintauchen möchtet: Gegenüber vom Rathaus – und äußerst pittoresk getrennt durch den barocken Stadthafen – befindet sich das Hugenottenmuseum.

An der Malzfeldt-Mühle verlasst ihr das kleine Kurstädtchen wieder und überquert die Brücke über der Diemel, die hier die Weser küsst. Auf der anderen Straßenseite geht es steil nach oben in den kühlen Wald der Hessischen Klippen. Und ja, der ist wirklich kühl, denn er ist dicht wie ein Urwald.

Aufpassen bei regnerischem Wetter: Die Plattenstufen sind ziemlich rutschig. Oben erwartet euch der Hugenottenturm, der von einem Sohn der Stadt, dem Kaufmann Johann Josef Davin, der aus einer Hugenottenfamilie stammte, errichtet wurde. Die Freiterrasse des Turms ist begehbar, 100 Stufen über eine Wendeltreppe hoch, und ihr habt eine herrliche Aussicht auf Weser, Diemel und den denkmalgeschützten Ortskern der Kurstadt. Kaum zu glauben, aber als der Turm 1913 errichtet wurde, war der Berg, auf dem er steht, praktisch kahl. Ganz nah am Felsen geht es auf verschlungenen Wegen zum historischen DREILÄNDERECK 3, wo tatsächlich immer schon nur zwei Ländergrenzen aufeinandertrafen: Hessen und Nordrhein-Westfalen; die ursprüngliche Grenze lag in der Mitte der Weser. Seit 1971 ist der heutige Grenzpunkt auf der gegenüberliegenden Seite bei den Hannoverschen Klippen, wohin ihr hoffentlich den kleinen Abstecher gemacht habt. Neben dem historischen Grenzstein steht die Peter-Peter-Hütte, bestens geeignet für eine gemütliche Rast, auch wenn das Wetter kühler wird. Nach der Stärkung wandert ihr auf ostwestfälischem Boden weiter, zuerst durch den erfrischenden Wald und dann an dessen Rand, halb überdeckt von einem Blätter-Baldachin, ganz gemütlich auf Herstelle zu, den östlichsten Ort Nordrhein-Westfalens, der von Karl dem Großen als Winterquartier gegründet wurde.

Burg Herstelle war während der Sachsenkriege das Winterlager von Karl dem Großen

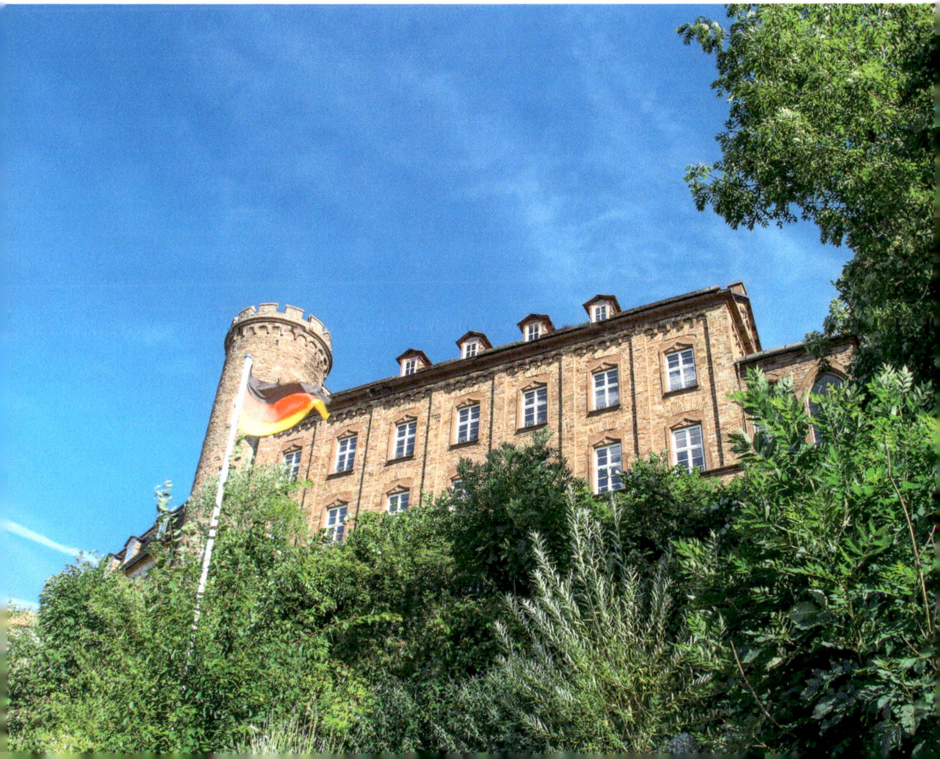

Sehenswert ist die Kirche Sankt Bartholomäus mitten im Ort und die Benediktinerinnen-Abtei vom Heiligen Kreuz oben auf dem Berg, die ihr über einen kurzen, steilen Weg erreicht. Burg Herstelle dagegen ist nur von außen zu bewundern; sie ist in Privatbesitz.

DIE GIERSEILFÄHRE VERKEHRT NUR VON MAI BIS SEPTEMBER/OKTOBER. ERKUNDIGT EUCH AM BESTEN VORAB, OB DIE FÄHRE ABLEGT: BEVERUNGEN.DE/DE/TOURISMUS-FREIZEIT/ENTDECKEN-ERLEBEN/WESERFAEHREN.

Ein letztes feines Highlight erwartet euch ganz am Ende der Tour: die Überfahrt der Weser mit der GIERSEILFÄHRTE 4. Das Besondere dieser Fähre ist, dass sie komplett ohne Motor auskommt. Sie überquert die Weser durch Gieren, das heißt, sie nutzt die Strömung des Wassers und hängt an Seilen, damit sie schön in der Spur bleibt. Sollte die Fähre nicht (mehr) fahren, müsst ihr einen Umweg in Kauf nehmen, um an das andere Weser-Ufer zu kommen: Ihr lauft Richtung Westen, überquert dort nach dem Ortsausgang in Herstelle die Brücke nach rechts und dann entlang des Weser-Radweges zum Parkplatz zurück (ein Umweg von circa drei Kilometern). Angeblich kann man bei niedrigem Pegelstand der Weser einfach durch sie hindurchlaufen. Aber Obacht: Auf eigene Gefahr, die Weser ist ein Fließgewässer, hat stellenweise arge Strömungen. Und ohne Wasserschuhe ist das bestimmt auch kein Vergnügen.

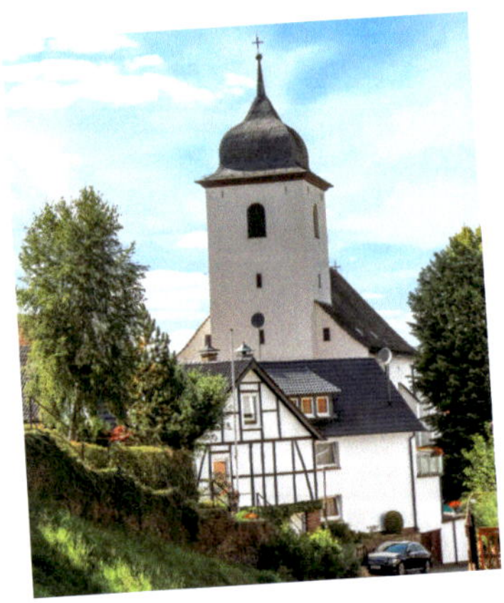

SANKT BARTHOLOMÄUS

Alles, was ihr wissen müsst

Rundtour: abenteuerliche Wanderung und Fährenfahrt // Trittsicherheit stellenweise erforderlich // **nicht kinderwagentauglich**

Markierung: 4 in gelber Schrift oder Diemeltaler Schmetterlingspfad // Markierungen sind etwas dürftig // am besten GPS folgen

Entfernung von: Höxter 19 Kilometer // Bielefeld 100 Kilometer
ÖPNV: ab ZOB Beverungen Buslinie 220, Haltestelle Beverungen-Würgassen, Bürgermeister-Rox-Platz, von dort circa 600 Meter zum Startpunkt der Tour
Auto: kostenloser Wanderparkplatz am Fähranleger

Einkehr: **Landhotel »Alte Linde«**, Würrigser Straße 4, 37688 Beverungen-Würgassen, www.alte-linde.de // **Klostercafé Benediktinerinnen-Abtei vom Heiligen Kreuz,** Carolus-Magnus-Straße 9, 37688 Beverungen-Herstelle

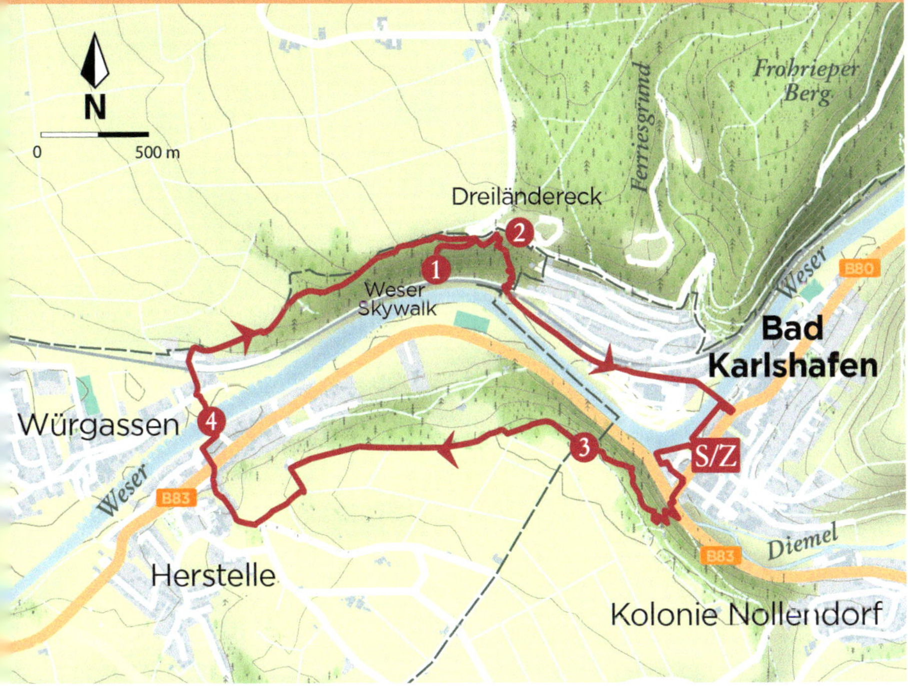

Durch die Warburger Börde

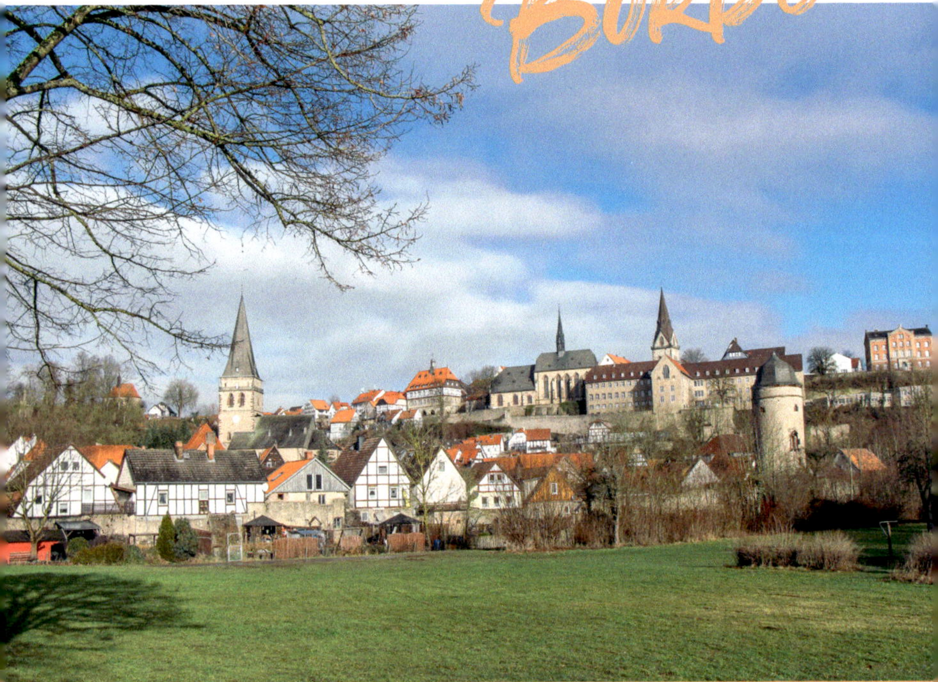

Schwierigkeit: leicht // 18,4 Kilometer // 253 Höhenmeter
Für Familien mit Kindern geeignet

EINE INSEL IM MEER: VON WARBURG AUF DEN DESENBERG BEI DASEBURG

Ganz im Süden von Ostwestfalen-Lippe, zwischen Eggegebirge und westhessischem Bergland, liegt die Warburger Börde. Ein sanft hügeliges Land, kaum Bäume, dafür viele fruchtbare Felder und Wiesen, eine manchmal recht rasante Diemel – und dann ist da noch ein irgendwie sehr plötzlich aus dem Boden 150 Meter in den Himmel sprießender Kegel. Dieser Desenberg ragt wie eine Insel aus dem ansonsten ruhigen Feldermeer und ist tatsächlich ein erloschener Vulkan. Nie ausgebrochen, ist seine Spitze noch intakt, was ihm die glatte Kegelform verleiht. Wer hier wandert, tut das gemächlich und in Ruhe, ohne große Aufregung und ohne große Anstrengung – bis zum Fuße des Desenbergs. Die Erklimmung des Kegels erfordert dann doch etwas Puste. Viel Panorama und Genuss für Augen, Herz und Seele erwartet euch auf dieser eher gemütlichen Feld- und Wiesenwanderung.

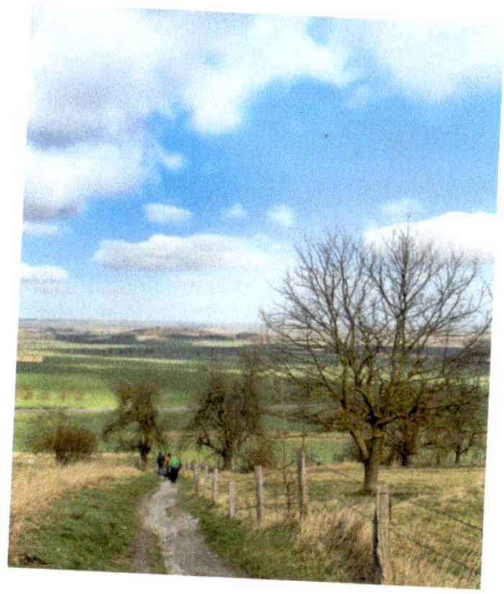

Blick aufs Feldermeer

Start- und Endpunkt der Tour ist die vom Schutzpatron Nepomuk bewachte Brücke am Neutor der ehemaligen Reichs- und Hansestadt Warburg, von der die Börde ihren Namen hat. Das kleine 1.000-jährige Bergstädtchen empfängt euch mit einem äußerst pittoresken Anblick. Das mittelalterliche Stadtbild gehört zu den schönsten in ganz Ostwestfalen-Lippe. Warburg hat den Spitznamen »Rothenburg Westfalens«. Und ja, die schmucke Stadtsilhouette erinnert eher an etwas südlichere Gefilde Deutschlands. Es lohnt unbedingt, einen Stadtrundgang einzuplanen, um die Stadtmauer, die Stadttürme und die hübschen Fachwerk- und Steinhäuser zu bewundern, die sich dicht an dicht auf dem Bergrücken aneinander-

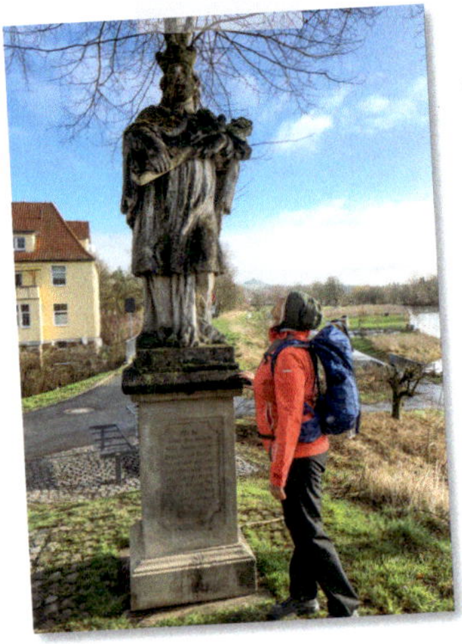

schmiegen. Auch das geteilte Rathaus »Zwischen den Städten« von 1568 sollte bewundert werden, das auf der Grenze zwischen historischer Altstadt und der kurioserweise ebenso historischen Neustadt steht. Die beiden haben nur einen Altersunterschied von knapp 200 Jahren. Ob zum Anfang eurer Wanderung oder besser noch, wenn ihr sie hier beendet: Auslassen solltet ihr den Stadtkern auf keinen Fall.

Vom Parkplatz aus überquert ihr die Calenberger Straße und folgt der hier breiten und noch recht gemächlichen Diemel flussaufwärts. Der 110 Kilometer lange Zufluss der Weser begleitet euch die meiste Zeit auf eurer Wanderung, mal links von euch, mal rechts, manchmal seht ihr die Diemel allerdings nicht, weil sie sich in einer Schleife versteckt.

Schon gleich zu Beginn der Wanderung, auf der Brücke am Neutor, wird der Blick von der »Insel« am Horizont eingefangen. Da geht's hoch! Kinderwagenschieber können auch wunderbar mitlaufen, denn die meiste Zeit seid ihr auf asphaltierten Wirtschaftswegen unterwegs. Auf den Desenberg selbst braucht es für die Schieber zwar etwas kräftigere Arme, es ist aber machbar. Nur ganz hoch bis zur Ruine geht es mit dem Kinderwagen nicht, die letzten Treppenstufen sind einfach zu hoch, zu uneben. Dafür gibt es am Fuße der Treppen aber eine schöne Relax-Liege, auf der man in die Ferne blickend mit dem Nesthäkchen im Arm auf den Rest der Familie warten kann, die von der Ruine aus den kompletten 360-Grad-Blick in alle Himmelsrichtungen genießt. Der restaurierte Bergfried kann bestiegen werden: Spätestens hier oben merkt ihr schnell, warum die Warburger Börde den Spitznamen »Kornkammer Westfalens« hat. Äcker und Wiesen, wohin das Auge blickt, nur unterbrochen durch kleine

Ansiedlungen, die das Feldermeer mit bunten Klecksen hier und da variiert: im Westen das Eggegebirge, im Norden das Brakeler Bergland, im Osten der Solling und im Süden das Hessische Bergland. Da wundert es nicht, dass der Platz hier oben als ein idealer Standort für eine Burg auserkoren wurde.

DIE WARBURGER LIEBEN GESELLIGKEIT UND IHRE FEIERABENDMÄRKTE. VON FRÜHLING BIS HERBST WIRD DAS GEMÜSE, OBST UND GETREIDE VON DEN FRUCHTBAREN LÖSSLEHMBÖDEN IN DER BÖRDE ZU WAHREN KÖSTLICHKEITEN ZUBEREITET, UND DANN WIRD BEI LIVEMUSIK ABENDS GEMEINSAM GEGESSEN, GESCHNACKT UND GEFEIERT. TERMINE FÜR FEIERABENDMÄRKTE: WWW.WARBURG.DE.

Schon von Weitem sichtbar fängt der Vulkankegel den Blick magnetisch ein

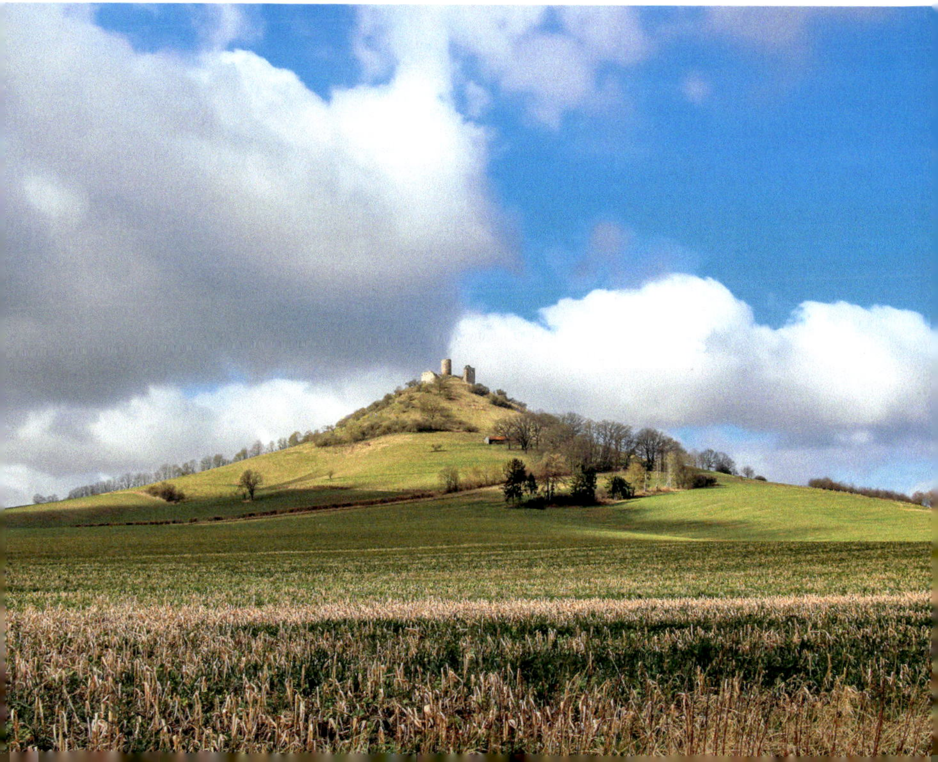

Aber zurück zum Anfang eurer Wanderung. Gleich nach der Brücke fällt ein komplett in Naturschiefer eingedecktes Fachwerkgebäude mit prächtigen Holzverkleidungen im Schweizer Stil ins Auge: Der ehemalige BAHNHOF WARBURG-ALTSTADT 1, der um 1880 eröffnet wurde, durfte nicht einmal 100 Jahre seinen Dienst tun. Schon 1977 wurde er stillgelegt. Heute ist das Gebäude ein Wohnhaus mit Ferienwohnungen.

Ihr passiert eine Reithalle, dann den Campingplatz Eversburg, bis ihr auf die Bundesstraße B7 stoßt. Auf die andere Seite gelangt ihr durch den kurzen Tunnel. Im winzigen Ortsteil Dalheim angekommen, lohnt eine Einkehr im Dahlheimer Kaffeegarten. Der Kuchen ist selbst gemacht: ein Gedicht. Erkundigt euch unbedingt vorher nach den Öffnungszeiten. Ist der Garten geschlossen oder schon alles aufgefuttert, habt ihr hoffentlich ein Sandwich dabei?! Kurz nachdem

Aussicht von der Brücke am Neutor:
Ganz gemütlich plätschert die Diemel ihres Weges

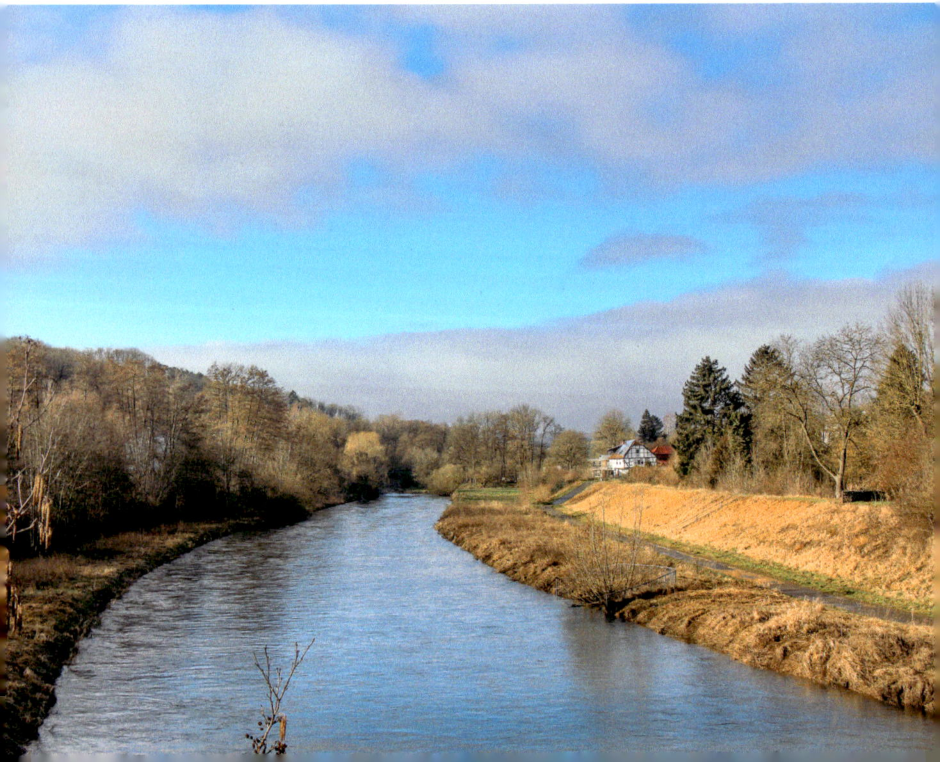

ihr das Gestüt Gut Dalheim passiert habt, überquert ihr die Diemel. Direkt auf der anderen Brückenseite steht am Ufer eine Bank. Bei plätscherndem Wasserlauf schmeckt Mitgebrachtes doppelt gut. Gemütlich geht es dann weiter durch das Diemeltal bis zur DIEMELMÜHLE 2. Mühlen gab es in der fruchtbaren Börde reichlich. Mehr zur Mühlengeschichte erfahrt ihr am Ende der Wanderung am Flussbegegnungspunkt.

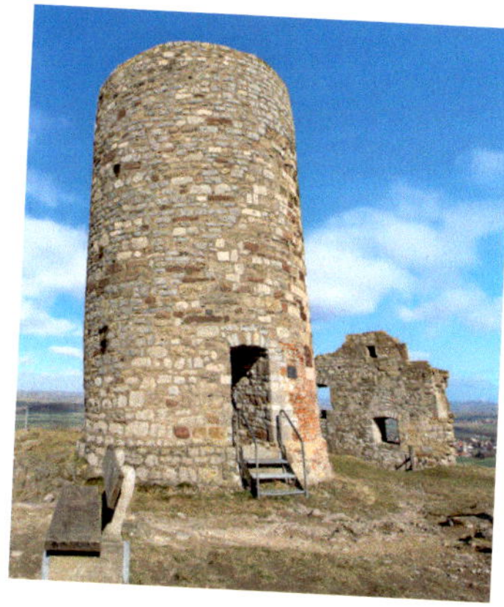

Bergfried mit Weitblick

Je näher der Kegel rückt, desto schwerer wird es euch fallen, in irgendeine andere Richtung zu schauen als zu dieser unwirklichen Erhebung inmitten des platten Landes. Der glatte Basaltkegel hat schon Generationen vor euch fasziniert. Da verwundert es kaum, dass sich Legenden und Sagen um den ehemaligen Vulkan ranken und er schon in grauer Vorzeit als Kultstätte verehrt wurde. So soll ein furchterregender Drache den Desenberg lange Zeit besetzt gehalten haben. Das Untier galt als unbezwingbar, bis ein tapferer sächsischer Ritter sich aufmachte, den Drachen zu überlisten. Der unerschrockene Kerl hielt dem Drachen seinen spiegelnden Schild entgegen. Das Ungetüm erschrak dermaßen über das Antlitz, das ihm entgegenschaute, dass es einen Moment unaufmerksam war. So setzte es sich selbst mit seiner eigenen furchterregenden Gestalt außer Gefecht. Der pfiffige Sachse jedenfalls wusste den schwachen Moment zu nutzen und erschlug den Drachen kurzerhand mit seinem Schwert. Das Wappen des Adelsgeschlechts Vom Spiegel zu Desenberg, der Besitzer der BURGRUINE 3 samt der umgebenen Natur, ziert sowohl eine Rittermaske als auch drei Spiegel. Hartnäckig hält sich übrigens noch eine zweite Sage, nämlich die, dass

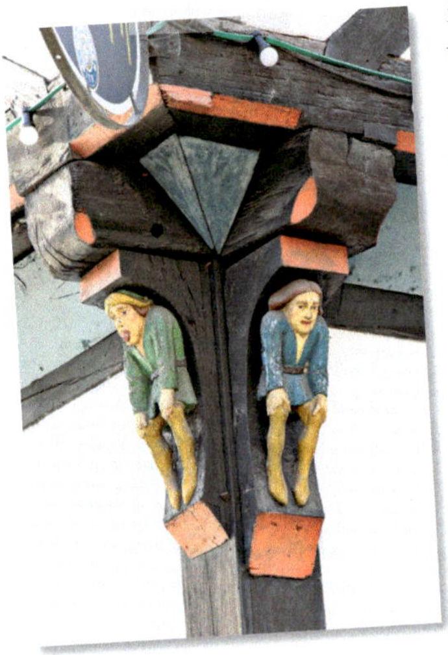

in einer geheimen Kammer inmitten des Vulkans Karl der Große auf einen günstigen Zeitpunkt für seine Wiederauferstehung wartet, und zwar mitsamt seinem treuen Gefolge.

Sage hin oder her, Fakt ist, der Desenberg war im Laufe der Geschichte hart umkämpft. Meistens nicht sonderlich erfolgreich, da ja jede feindliche Annäherung schon von Weitem zu sehen war. Trotzdem hat es ab und zu geklappt. Anfang des 13. Jahrhunderts wurde die Burganlage dann massiv zerstört, und ab Mitte des 16. Jahrhunderts verfiel sie zusehends. 1991 wurde der Bergfried restauriert und Wanderern zugänglich gemacht.

Zurück geht es entweder ein Stück desselben Weges, nur dass ihr euch dann an der Abzweigung Desenbergstraße/Klingenburger Straße nach rechts wendet. Alternativ könnt ihr auch eine Abkürzung wählen. Auf Höhe der Bank, etwa bei der Hälfte des Abstiegs, führt ein kleiner, steiler Patt hinunter. Beide Wege treffen kurz vorm Schießstand wieder aufeinander.

Bald erreicht ihr die BRAUEREI KOHLSCHEIN 4, in der seit 1721 das Warburger Bier gebraut wird. Ein Wegweiser zeigt euch, dass es noch 250 Meter bis zum Biergarten sind. Na, das klingt doch ideal für eine Rast. Schaut am besten vor der Wanderung, ob der Biergarten aufhat. Ab hier verläuft parallel und etwas oberhalb der Straße ein Pfad. Wer mit Kinderwagen unterwegs ist, bleibt auf dem Asphalt.

Entlang der Diemel, diesmal links von euch, geht es vorbei am Wasserspielplatz zurück nach Warburg. Das Städtchen hat übrigens eine feine Kaffeehauskultur, die weit über die Stadtgrenzen hinaus bekannt ist. Wer also einen süßen Zahn hat und selbst gemachte Butterkuchen – und Pralinen – liebt, der wird hier (p)fündig.

Alles, was ihr wissen müsst

Rundtour: langer, gemütlicher Tagesspaziergang // **kinderwagentauglich** bis kurz vor die Ruine

Markierung: keine Markierungen vorhanden // der Beschreibung im Text oder einfach dem GPS folgen

Entfernung von: Höxter 43 Kilometer // Bielefeld 95 Kilometer
ÖPNV: Bahnhof Warburg (Westfalen), 34414 Warburg
Auto: kostenloser Parkplatz, Volkmarser Weg, 34414 Warburg; direkt in der Altstadt sind die Parkplätze nicht kostenlos

Einkehr: **Dahlheimer Kaffeegarten**, Zur Uhlenburg 16, 34414 Warburg // **Biergarten Kuhlemühle der Warburger Brauerei** (Fr–So), Kuhlemühler Weg, 34414 Warburg, www.biergarten-kuhlemuehle.de// **Café Blome**, Sternstraße 39, 34414 Warburg

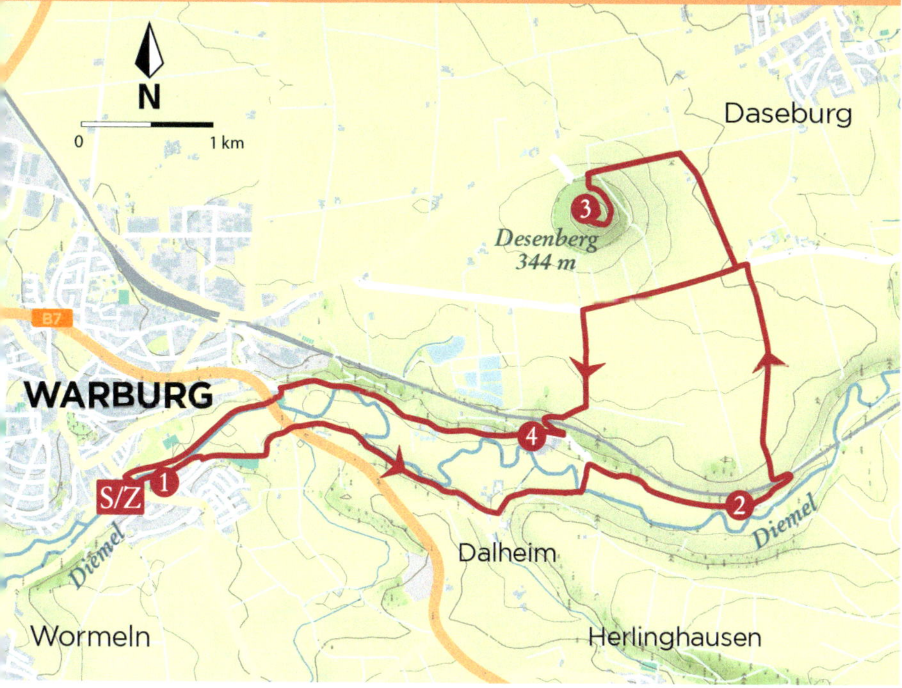

Zwischen Rheder und Gehrden

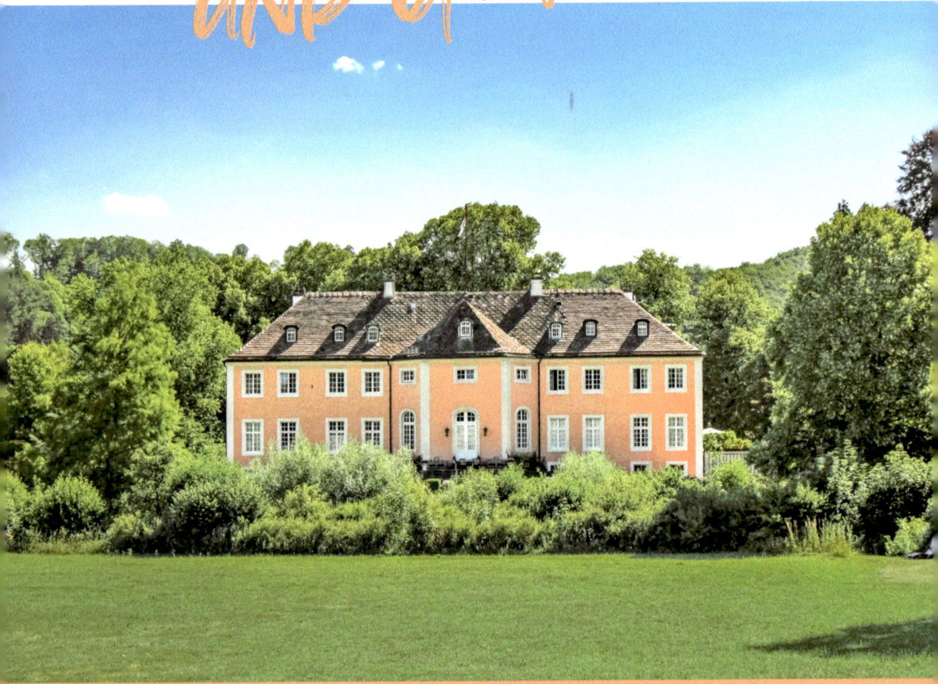

Schwierigkeit: mittel // 15,3 Kilometer // 177 Höhenmeter

Für Familien mit älteren Kindern zu empfehlen

BIER, BAROCK UND BRAKELER BERGE:
VON SCHLOSS ZU SCHLOSS DURCHS NETHETAL

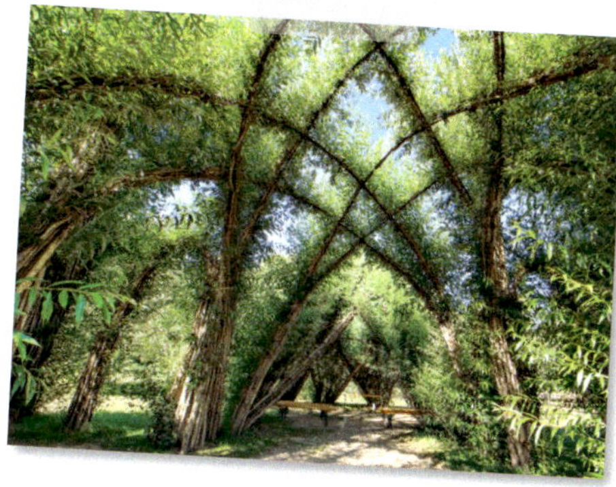

Wer kennt das nicht, das irgendwie zwiespältige Gefühl von Ehrfurcht und Bewunderung, wenn man, selbst ganz klein mit Kopf im Nacken, den Blick in ein gefühlt kilometerentferntes Gewölbe einer Kathedrale lenkt? Zehn Meter hoch, deutlich kleiner, aber nicht weniger beeindruckend als das steinerne Vorbild lockt die Weidenkathedrale dazu, den Blick in den Himmel zu heben. Das Vorbild des WEIDENPALAIS 1 im Schlossgarten Rheder ist das Westwerk Corvey in Höxter, ein einzigartiges Bauwerk aus karolingischer Zeit und UNESCO-Welterbe. Das Pendant aus geflochtenen Ästen wurde 2012 vom dem Schweizer Künstler Marcel Kalberer mit tatkräftiger Unterstützung von 300 Freiwilligen geschaffen. Das Palais liegt direkt am Wegesrand des Brakeler Rundwanderwegs Nummer 2 und ist bestimmt das außergewöhnlichste Bauwerk an diesem Wanderweg – aber längst nicht das einzige.

Schon direkt am Parkplatz kommen Fans barocker Architektur auf ihre Kosten. Die Pfarrkirche St. Katharina ist von außen recht schlicht. Es lohnt, einen Blick ins reich verzierte Innere zu werfen. Die Kirche wurde 1716 von J. C. Schlaun erbaut. Nur wenige Meter entfernt findet sich die Handschrift des Meisters ein zweites Mal: an der Vorburg des Rhederer Schlosses. Durch den Torbogen habt ihr vom Innenhof Zugang zum Husarenmuseum und einen Blick auf den herrschaftlichen Sitz, der sich gleich vom Landschaftspark aus noch malerischer präsentiert. Ebenfalls in der Vorburg untergebracht und unschwer zu erkennen, ist die Privat-Brauerei Rheder, die Gräflich von Mengersen'sche Dampfbrauerei, wo seit über 300 Jahren ein köstlicher Gerstensaft gebraut wird.

Einmal rechts um das Nord-Oktogon, einen der achteckigen Türme der Vorburg, herum, und ihr erreicht das Weidenpalais.

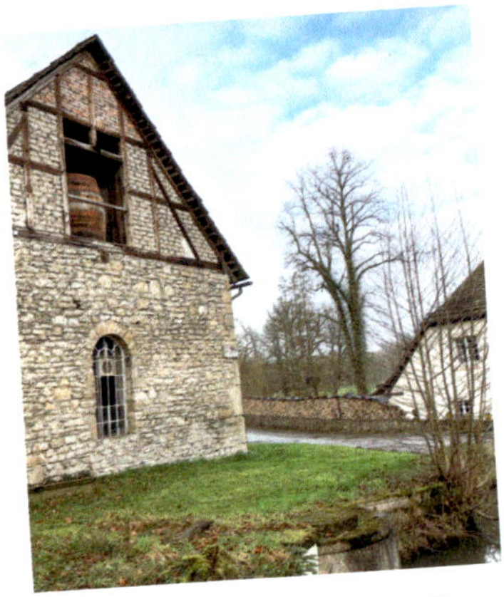

Im Bierkeller reift das Bier

IN DEN WARMEN MONATEN HAT DAS ZUR BRAUEREI GEHÖRENDE CAFÉ GEÖFFNET UND BIETET NEBEN BIER KÖSTLICHE KUCHEN MIT BLICK AUF DAS HIGHLIGHT DES PARKS.

Dann aber wollen die Waden erst einmal arbeiten: Ihr überquert die Nethe und steuert geradewegs auf den Bierkeller zu, wo das noch junge Bier auf seine Reife wartet. Im Rahmen einer Brauereiführung kann der Keller besichtigt werden. In Begleitung der Nethe spaziert ihr nun in den Landschaftspark am Fuße des Naturschutzgebiets Sieseberg. Von hier habt ihr, wie angekündigt, einen herrlichen Blick auf die Westseite des Schlosses. Besonders im Frühjahr werden die Botaniker unter euch ihre helle Freude haben: Angefangen mit dem Märzenbecher protzt die Auenlandschaft mit Lerchensporn, Wiesenschaumkraut und duftendem Bärlauch. Achtet auf herumliegende Baumriesen! An einigen hat die Künstlerin Jenny Holzer Inschriften zum Nachdenken hinterlassen.

Am Ende des Parks geht es den gemütlich ansteigenden Weg zwischen den Waldgebieten Mähne und Sünderholz sowie den Feldern des Dollenkamps hinauf. Im Sommer strahlt die ganze Landschaft wie ein impressionistisches Gemälde: kräftige Blau-, Grün- und Goldtöne gespickt mit rot-pinkfarbenen Akzenten von Himbeeren, Rotem Holunder und Weidenröschen. Ein optischer Hochgenuss ist der weite Blick über die Felder in den Brakeler Talkessel bis zu den Rändern des angrenzenden Weserberglandes: Das hügelige Bergland breitet sich in seiner ganzen Pracht vor euch aus.

Ihr überquert die kreuzende Landstraße und seid nun wieder umgeben von dichtem Grün. Es geht bergauf. Fast oben angekommen, erwartet euch die erste Sitzgelegenheit seit dem Landschaftspark (in den Sommermonaten im Blättergrün versteckt). Ab jetzt kommen in regelmäßigen Abständen Rastgelegenheiten.

Dann geht es schon wieder sanft bergab durch das Mittelholz, vorbei an der Schutzhütte Eichental. Kurz vorm Schießstand habt ihr einen freien Blick auf den ehemaligen Hudewald, bevor ihr nach dem Sportplatz das Feriendorf Gehrden durchquert. Der HUDEWALD 2 hat der Wiese über 50 Naturdenkmäler in Form von knorrigen Eichen beschert, die besonders im Herbst und Winter ihren Auftritt haben. Ein Zugang zum Obstlehrpfad schließt sich an. Brakel und Umgebung sind bekannt für ihre vielfältigen Obstwiesen. Der Obstbaumlehrpfad zeigt über 50 Sorten, einige davon Originale aus der Region wie der Brakeler Apfel.

Nicht nur Obstbäume säumen den Weg, man kann hier auch neugierige Pferde kennenlernen

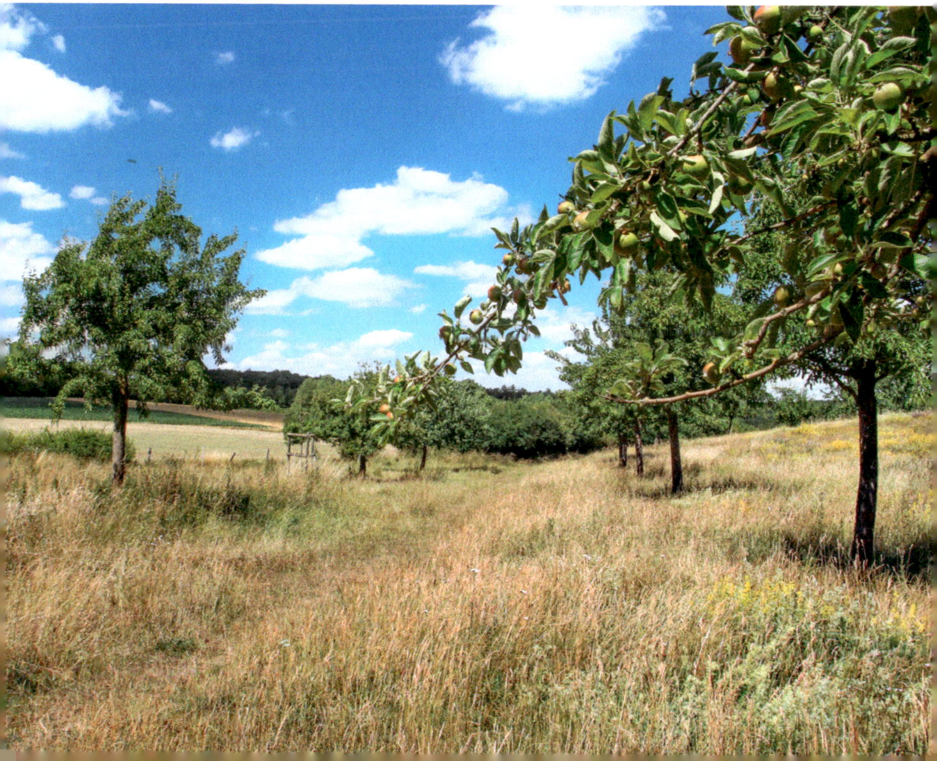

HUDEWÄLDER WAREN FLÄCHEN, AUF DENEN LANDLOSE BÜRGER IHR VIEH WEIDEN LASSEN DURFTEN. DA DIE TIERE DEN JUNGEN BAUMBESTAND FRASSEN, HATTEN EINZELNE EXEMPLARE PLATZ UND KRAFT, SICH ZU GROSSEN SOLITÄREN ZU ENTWICKELN.

Ihr lasst das Feriendorf hinter euch, stoßt auf den Rotheweg, biegt dann von der Straße Am Ring in die Marktstraße, bis die Öse euren Weg kreuzt. Ihr folgt dem Flüsschen auf den Gewässerlehrpfad, der Teil eines barrierefreien Wanderwegs ist. Vorbei an der ehemaligen Klostermühle aus dem Jahr 1708, geht es danach ein paar Stufen hoch und geradeaus in Richtung ST. PETER UND PAUL 3. Die ehemalige Klosterkirche stammt aus dem 12. Jahrhundert und ist heute die Pfarrkirche Gehrdens. Sie hat einige Kunstschätze zu bieten. Zum Beispiel das historische Glockengeläut, das aus neun Glocken besteht und das größte seiner Art in Westfalen ist. Interessant ist auch die Mixtur aus romanischer Architektur und barocker Ausstattung. Neben der Kirche führt eine steinerne Treppe hoch in den Park, der euch bis zum Schloss Gehrden führt, das bis zur Säkularisation im Jahr 1810 ein Benediktinerinnenkloster war. Heute ist hier ein Hotel untergebracht. Da ihr nun die Hälfte eurer Wanderung geschafft habt, bietet sich eine Einkehr im Hotel-Biergarten an. Mitten im Park steht die äußerst imposante Zwölf-Apostellinde, die tatsächlich aus zwölf Linden besteht. Wann sie gepflanzt wurde, ist ungewiss. Sie ist zwischen 400 und 800 Jahre alt. Zurück an der Öse, überquert ihr die gleichnamige Brücke, und nun müssen eure Waden

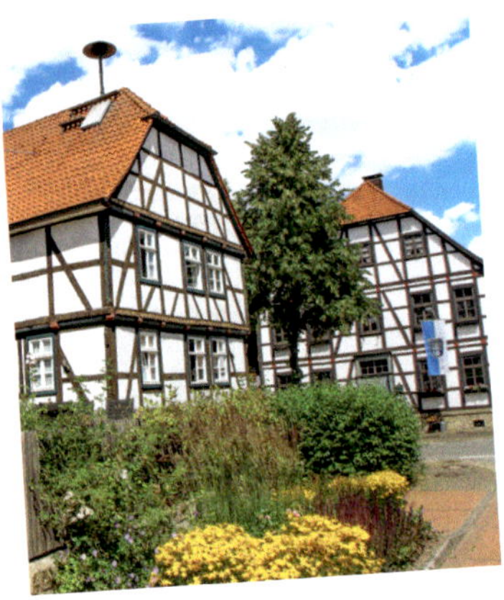

Malerische Fachwerkidylle

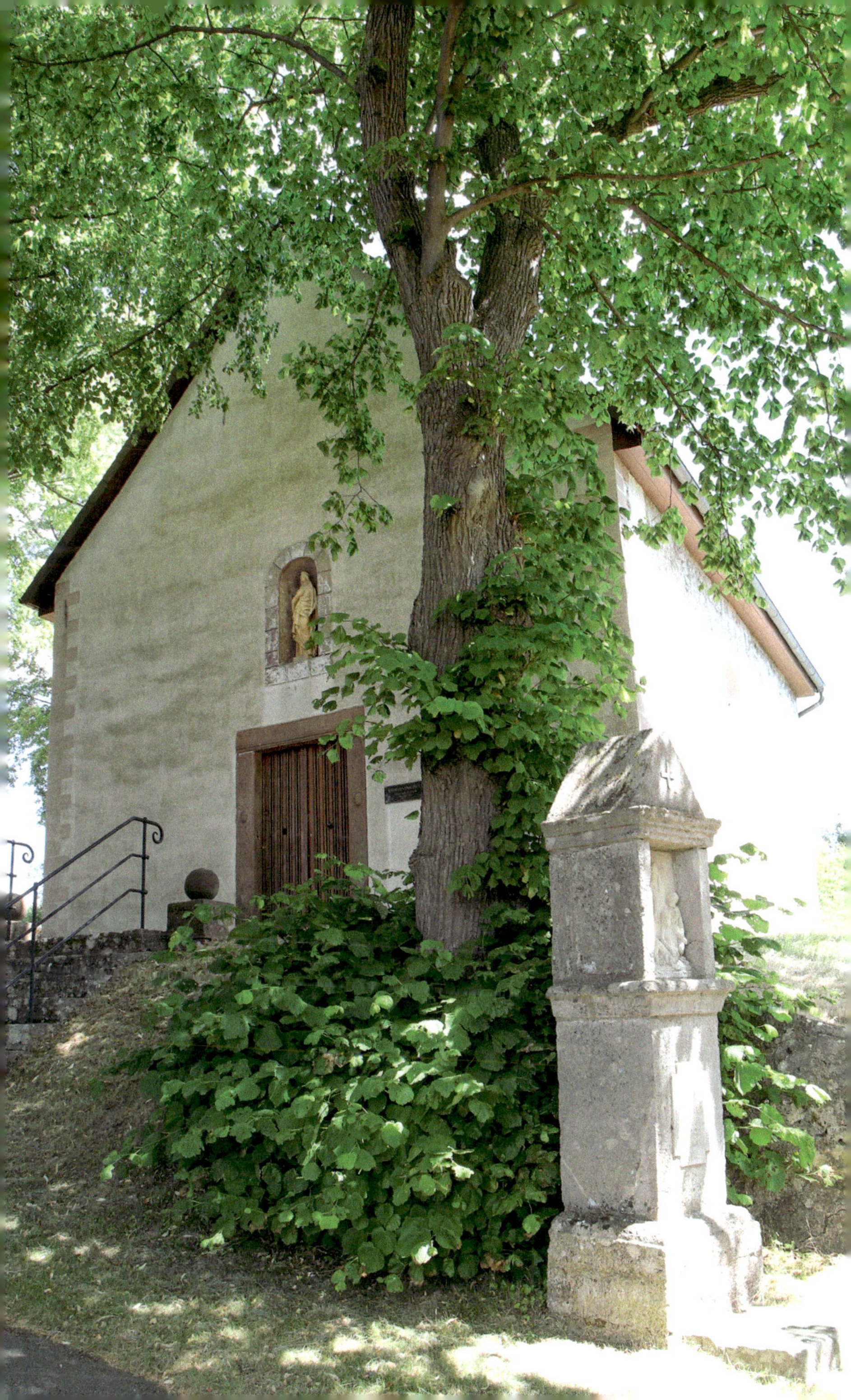

wieder ordentlich ran. Es geht den Rosenberg hinauf zur KATHARINENKAPELLE 4 von 1668. Der Blick von hier oben ist wieder phantastisch: im Westen das Eggegebirge, die Ortschaften Altenheerse und Dringenberg, im Osten Siddessen.
Links vom Hochkreuz verläuft ein kleiner Pfad durch ein Zickzackgatter auf ein Weidegelände. Hier wird's nun abenteuerlich: Entlang des Obstbaumlehrpfades wandert ihr quer über die Wiese, die ihr euch mit frei laufenden Pferden teilt. Wem es da etwas mulmig wird: keine Panik! Immer ruhig Blut und den Weg langsam und ohne Hektik fortsetzen. Am Ende der Weide geht es leicht bergab durch das wunderschöne Tiefental nach Siddessen. Kurz bevor der Weg eine Kurve andeutet, führt ein schmaler Pfad in ein Wäldchen. Hier war mal ein Baumlehrpfad, Reste davon sind noch zu erkennen. In jedem Fall ist der Weg im Schatten eine willkommene Abkühlung. Im Dorf Siddensen ist das eigentliche Highlight nicht die Kirche, sondern das barocke Portal der ehemaligen Kapelle von 1668 am Zugang zum Kirchplatz. Es ist das älteste Baudenkmal des Dorfes. Ihr verlasst Siddensen auf dem Klinkenhahn in Begleitung der Öse, die in der Talsenke in die Nethe fließt. Letztere führt euch nun zurück in Richtung Rheder, zunächst auf einem Rad- und Wanderweg, dann wieder durch das Naturschutzgebiet Sieseberg.

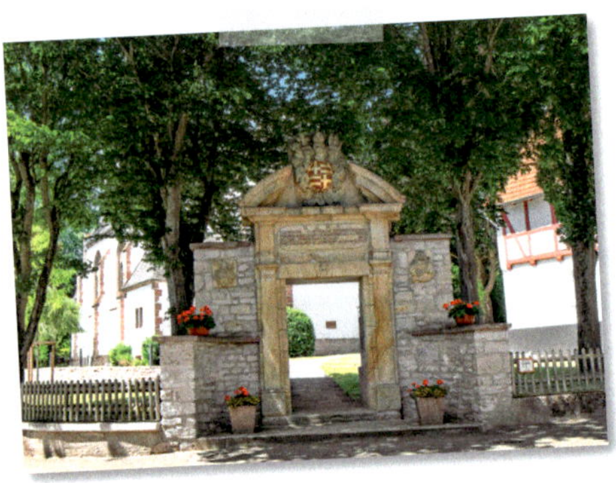

Zurück am Bierkeller gelangt ihr nun entweder durch den Landschaftspark über die Katharinenbrücke zu eurem Ausgangspunkt zurück. Oder ihr lasst im Biergarten mit einem prickelnd kalten Getränk und Blick auf das Weidenpalais die schöne Wanderung Revue passieren. Wie ihr euch auch entscheidet, beide Rückwege führen am Barockgarten vorbei, den ihr abschließend noch durchstreifen solltet.

Alles, was ihr wissen müsst

Rundtour: hügelige Tour für Barock- und Gerstensaft-Fans // etwas Kondition erforderlich // **nicht kinderwagentauglich**

Markierung: weiße Treppengiebel des Brakeler Rathauses und eine 2 auf schwarzem Hintergrund // dürftige Beschilderung // am besten GPS folgen

Entfernung von: Höxter 23 Kilometer // Bielefeld 83 Kilometer
ÖPNV: ab Brakel Bahnhof Buslinie R55, 552 oder 550, Haltestelle Rheder, Kirche
Auto: Kirche Rheder, Johann-Conrad-Schlaun-Straße, 33034 Brakel-Rheder

Einkehr: **Parkscheune am Weidenpalais**, Parkweg, 33034 Brakel-Rheder, www.schlossbrauerei-rheder.de // **Restaurant Brasserie Schloß Gehrden**, Schlossstraße 6, 33034 Brakel-Gehrden, www.schloss-gehrden.de

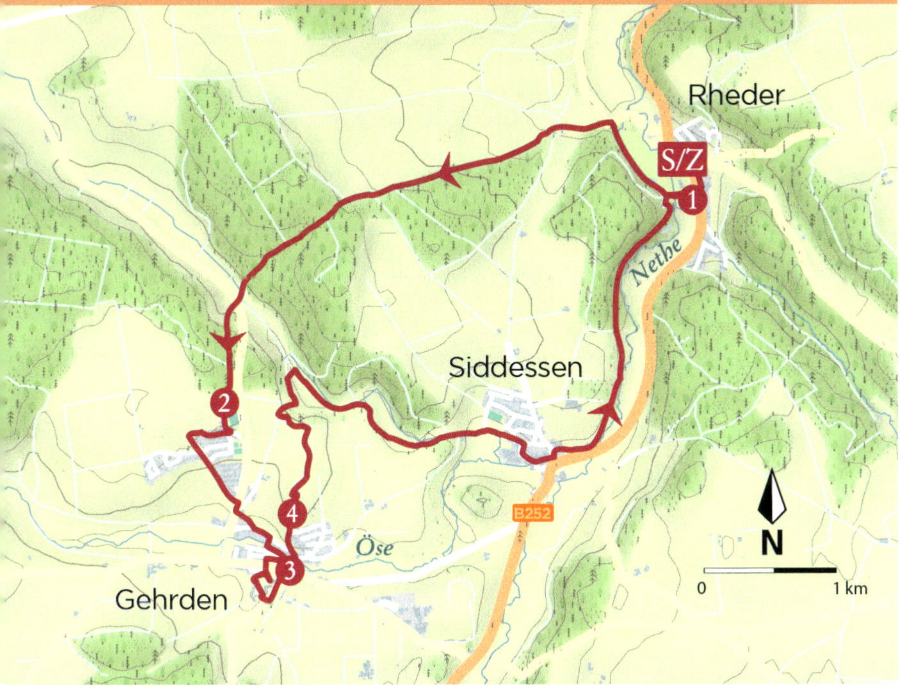

Rund um Willebadessen

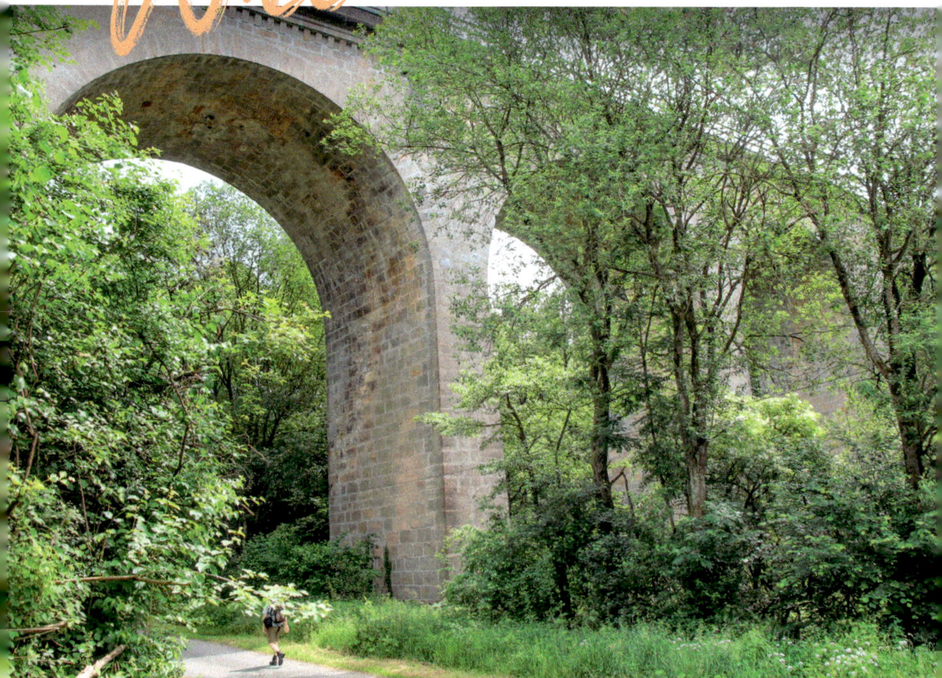

Schwierigkeit: leicht // 12,5 Kilometer // 240 Höhenmeter
Für Familien mit Kindern zu empfehlen

DAS GROSSE FLATTERN:
UNTERWEGS IM SCHMETTERLINGSPARADIES
AUF DEM HITGENHEIERWEG

Rund um Willebadessen gibt es viele wunderbare Wanderwege. Einer der schönsten Rundwege hier ist der Hitgenheierweg, übersetzt: der Weg der Ziegenhüter. Er führt euch einmal um den Luftkurort herum. Wenn ihr mit dem Auto anreist, startet die Runde mit einem ganz besonderen Teilstück, dem knapp vier Kilometer langen SCHMETTERLINGSPFAD 1. Der Name ist Programm. Besonders von Mai bis August wimmelt es hier nur so vor kleinen, farbenfrohen Flattermännern, die emsig Blüte um Blüte umkreisen. Wer mit der Bahn anreist, kann sich ein bisschen länger auf diesen Abschnitt freuen, denn der Bahnhof liegt zwar direkt an der Wanderstrecke, aber auf der anderen Seite des Ortes.

Gleich am Wanderparkplatz geht es auf einem schmalen Pfad die Muschelkalkhänge hoch und dann weiter entlang des ebenso schmalen Kamms. Schon auf den ersten Metern ist der Alltag passé und eine Art Instant-Urlaubsfeeling stellt sich ein. Es duftet aromatisch, süß und würzig, dass man erwartet, hinter der nächsten Biegung liegt das Mittelmeer. Es summt, es brummt, es zirpt und raschelt. Bunte Blumen recken sich der Sonne entgegen, und fröhlich bunte Flügel flattern, es kreucht und fleucht an jeder Ecke – man könnte meinen, man sei irgendwo ganz weit im Süden, so mediterran wirkt die Umgebung. Und es stimmt: Die Artenvielfalt bei Flora und Fauna, besonders der mit mindestens sechs Beinen, ist bei diesen paradiesischen Lebensbedingungen ungewöhnlich hoch. Allein über 50 verschiedene Tagfalterarten wurden hier an den Kalkrasenhängen bereits nachgewiesen.

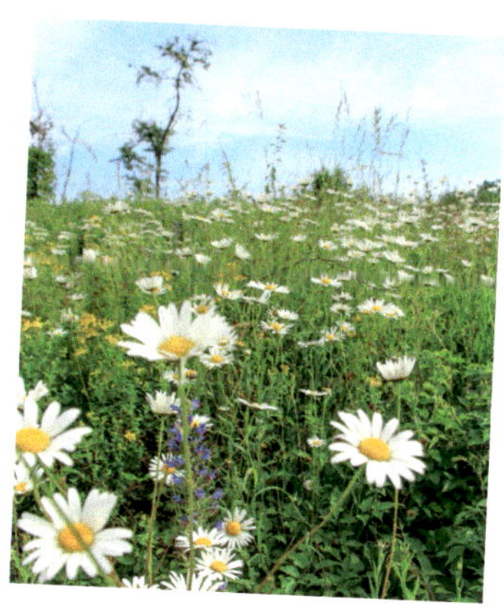

ENDLOSES BLÜTENMEER

DIE STRECKE KANN ZU JEDER JAHRESZEIT GEWANDERT WERDEN, ES GIBT IMMER WAS ZU SEHEN UND ZU ENTDECKEN, ABER AM SCHÖNSTEN IST DIESE ROUTE EINDEUTIG IN DEN WARMEN SOMMERMONATEN, IN DENEN DER SCHMETTERLINGSPFAD SEINEM NAMEN GERECHT WIRD UND SEINE WIRKLICH SCHÖNSTE MEDITERRANE SEITE ZEIGT.

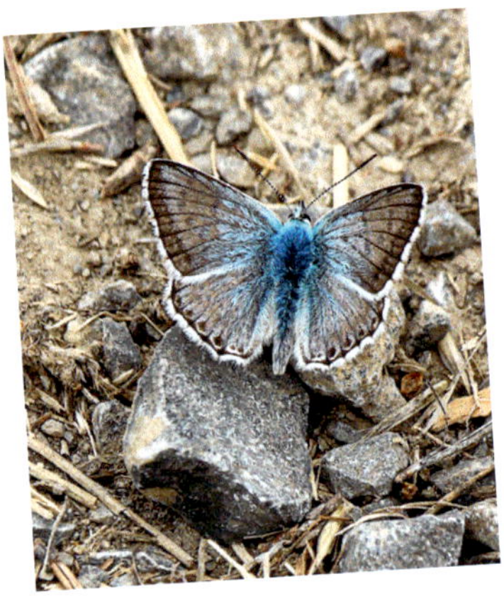

KREUZENZIAN-AMEISENBLÄULING

Ihr folgt den Flattermännern leicht bergauf Richtung Norden. Bänke und auch ein gemütliches Waldsofa, von dem aus ihr die Aussicht auf Willebadessen genießen könnt, laden ein, hier einfach liegen zu bleiben und den Alltag mal komplett zu vergessen. Es fällt schwer, wieder aufzustehen. Aber weiter geht's. Ihr kommt an einen Grasweg, auf dem ihr wie auf einem weichen Hochflorteppich nach rund 2,5 Kilometern den höchsten Punkt der Wanderung erreicht habt. Hier im Naturschutzgebiet Kalktriften lebt der Star unter den Flattermännern: der Kreuzenzian-Ameisenbläuling. Der Grund, warum der kleine Kerl hier so gern lebt, ist der in Mitteleuropa selten gewordene Kreuzenzian, der hier an den Kalktriften von Willebadessen einen idealen Lebensraum gefunden hat. Tatsächlich gibt es heutzutage beide, also sowohl den bläulichen Falter als auch seine Lebensgrundlage, den Enzian, nirgendwo so häufig wie hier – und an wenigen anderen Orten im Kreis Höxter. Die Chancen, dass ihr selbst einen Bläuling entdeckt, stehen sehr gut – am besten sind sie von Juni bis Mitte Juli: Dann müsst ihr eigentlich einfach

stehen bleiben, Kamera im Anschlag, nicht bewegen, kurz warten: Zack, ist das Foto vom Bläuling im Kasten.
Zwischen Feldern und entlang von Waldsäumen geht es auf den Sengenberg weiter mit einem sagenhaften Blick auf Willebadessen. Schafe dösen hier friedlich vor sich hin, dicke Heuballen trocknen in der Sonne, und natürlich flattert es hier fröhlich weiter. Ein bisschen wie der Zeit entrückt wandert ihr an dichten Hecken vorbei, die immer mal wieder unterbrochen sind von Bänken zum Rasten oder von Tafeln mit Infos zu Bewohnern dieses besonderen Lebensraumes.
Ihr habt die Kalktriften passiert. Es geht bergab. Einmal über die Eggestraße. Eine kleine Brücke bringt euch über die Nethe und führt euch weiter entlang eines Nethezulaufs gemütlich über einen schmalen Graspfad. Entlang der Apfelallee müsst ihr ein bisschen aufpassen, hier ist relativ viel Radverkehr. Am Wanderparkplatz

Mediteranes Ambiente kann Willebadessen: Da werden alle Sinne angesprochen

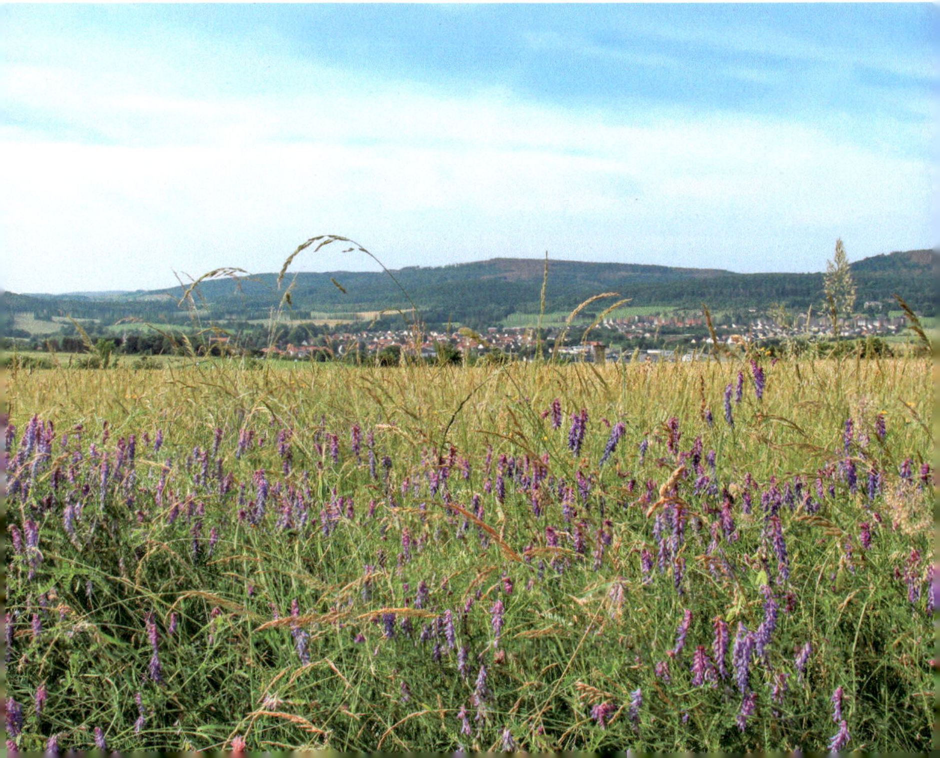

verlasst ihr den Radweg dann wieder und werdet wohltuend durch das dichte Grün abgekühlt. Bei der EGGEQUELLE 2, auch Mineral- oder Dr.-Wahl-Quelle genannt, ist eine Rast obligatorisch. Der kleine Platz ist nicht nur sehr idyllisch mit seinem plätschernden Bachlauf und schattigen Blätterdach. Das sulfathaltige Wasser der Quelle ist frisch, eiskalt und köstlich. Füllt auf jeden Fall eure Wasserflaschen auf – vielleicht nehmt ihr euch noch eine zweite mit, bevor es weitergeht. Besseres Wasser bekommt ihr so schnell nicht wieder. Das nur einen halben Kilometer entfernte Wildgehege ist ansonsten auch ein guter Grund für eine Rast, besonders, wenn ihr mit Kindern unterwegs seid. Außer Mufflons, Rot- und Damwild und süßen Frischlingen gibt es weitere Attraktionen wie eine riesige Schaukel und einen großen Picknicktisch, an dem locker eine ganze Großfamilie Platz findet. Der Eintritt ist kostenlos.

Steile Stufen führen hoch zur 1697 erbauten Vituskapelle, hier gibt es ein herrliches Panorama

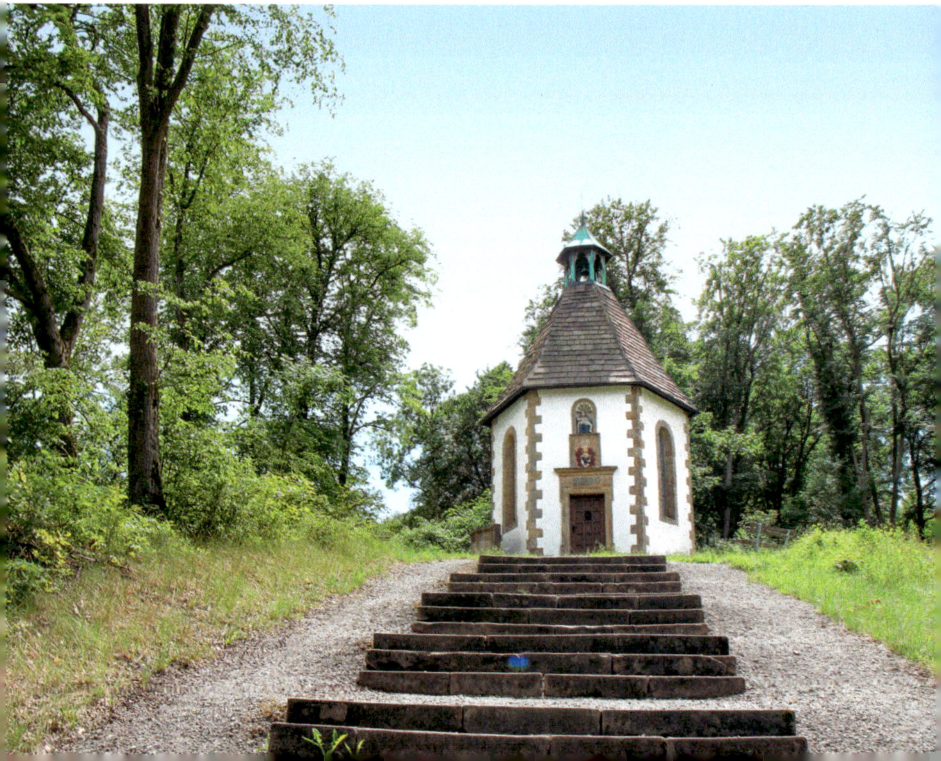

NEBEN DEN HEIMISCHEN TIEREN, DIE IHR HIER BEWUNDERN KÖNNT, VERLÄUFT HINTER DEM GEHEGE UNABHÄNGIG VOM HITGENHEIERWEG EIN KURZER, SCHÖNER RUNDWEG: DER »GEWÄSSERÖKOLOGISCHE ERLEBNISPFAD«.

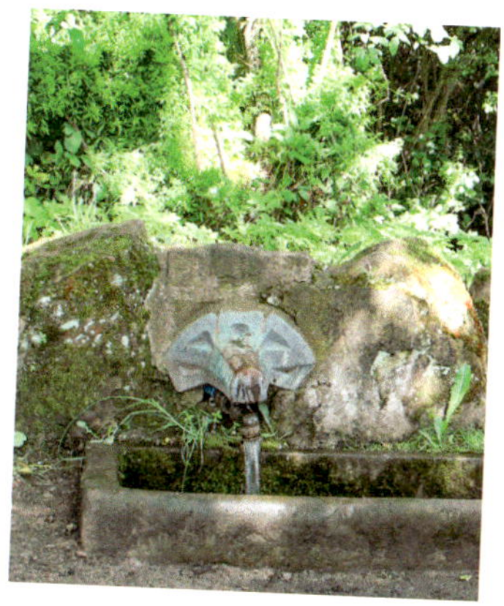

ERFRISCHEND UND KÖSTLICH

Wer direkt weiterlaufen möchte, biegt nach links in Richtung Wanderparkplatz ab. Jetzt müsst ihr ein wenig aufpassen, denn hier ist die Beschilderung etwas karg. Direkt am Wanderparkplatz lauft ihr nach rechts in den Pfad, der überdacht ist mit dem Bogen, auf dem »Erlebnispfad« steht, und kommt auf schmalen Waldpfaden an einen Fischteich – und eine kleine Schutzhütte. Wenn ihr aus dem Wald heraustretet, liegt die Bahnhofsrückseite vor euch. Einmal rundherum, die Bahnhofstraße entlang, und ihr steht vor der Bahnhofsvorderseite. Klar, wer mit der Bahn anreist, startet die Tour von hier. Dann nehmt ihr die nächste Möglichkeit links hoch in den Wald auf den Hexenberg. Nach einigen Metern erreicht ihr eine Aussichtsplattform und habt wieder einen schönen Blick auf Willebadessen. Aus dem Wald heraus geht es auf einen asphaltierten Weg. Nach etwa einem Kilometer biegt ihr um eine Spitzkurve, und es taucht – wie aus dem Nichts – ein gigantisches Viadukt auf.

ACHTUNG: AN EXTREM HEISSEN SOMMERTAGEN, WENN ES LANGE NICHT GEREGNET HAT, KANN ES SEIN, DASS DIE QUELLE KEIN WASSER FÜHRT. AUSREICHEND WASSER MITZUNEHMEN IST DESHALB EIN MUSS.

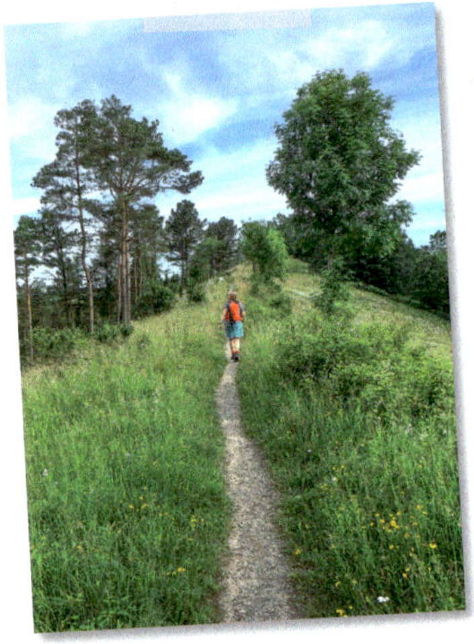

Am Rand der Feriénhaussiedlung entlang durch einen Tunnel aus Wellblech unter der Eggestraße her und weiter neben Feldern, Teichen und einer Herde Schafe, die friedlich vor sich hin mampfend in der Schwüle des Tages den Schatten sucht, wandert ihr etwa zwei Kilometer in Richtung SKULPTURENPARK 3. Euer Wanderweg verläuft nun eigentlich nach rechts. Aber hier sei ein Abstecher dringend empfohlen: Durch die Allee lauft ihr geradewegs auf die barocke Anlage des 1149 gegründeten ehemaligen Benediktinerklosters mit Schlosspark zu. Besonders hübsch: der Äbtissinnengarten. Das Café Herzstück mitten in der Anlage lockt mit verführerischem Kaffee- und Kuchenduft.
Zurück auf der Route am Skulpturengarten führt euch der Weg an einer Pferdekoppel vorbei, durch eine im Wind rauschende Allee, moderat ansteigend in den Wald. Dort bleibt ihr am Waldrand knapp einen halben Kilometer bis zur VITUSKAPELLE 4 von 1687, die hoch oben auf dem Klusberg thront. Von der Vituskapelle leitet euch ein von majestätischen Kastanien gesäumter Grasweg entlang an 13 Kreuzstationen, die 1859 errichtet wurden, bis zum Friedhof.

BESONDERE SPEKTAKEL SIND DIE FRONLEICHNAM- UND VITUS-PROZESSION ZUR VITUSKAPELLE IM JUNI: TAUSENDE BLUMEN SCHMÜCKEN DEN WEG WIE EIN TEPPICH.

Dann überquert ihr die Nethe abermals und lauft das letzte Stück die Fölsener Straße entlang. Euer Kurzurlaub ist zu Ende: Ihr seid wieder am Parkplatz.

Alles, was ihr wissen müsst

Rundtour: besonders zwischen Mai und August wie ein mediterraner Kurzurlaub, weil hier die Namensgeber des Schmetterlingspfades am aktivsten sind // tolle Wanderung für Familien // **nicht kinderwagentauglich**

Markierung: weißer Kreis auf schwarzem Grund (Hitgenheierweg) // Stiel mit Blatt (Schmetterlingspfad)

Entfernung von: Höxter 37 Kilometer // Bielefeld 75 Kilometer
ÖPNV: Bahnhof Willebadessen (die Tour startet dann von hier)
Auto: kostenfreier Parkplatz am Schleusenberg

Einkehr: **Hotel-Restaurant »Der Jägerhof«**, Am Jägerpfad 4–6, 34439 Willebadessen, www.jaegerhof-willebadessen.de // **Café Herzstück**, Klosterhof 1, 34439 Willebadessen, www.cafe-herzstueck.eu

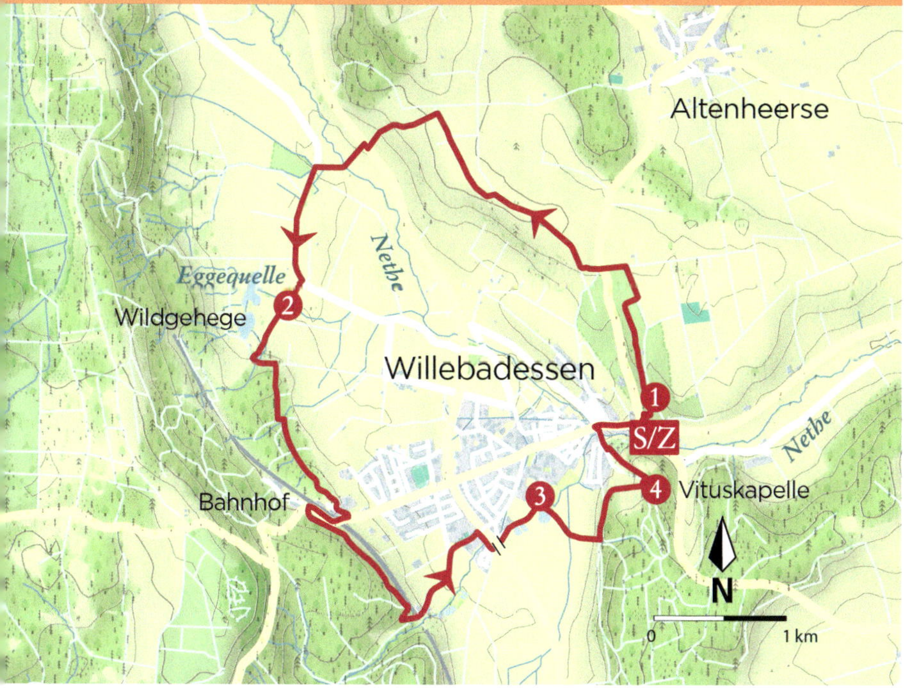

Rund um Lichtenau-Kleinenberg

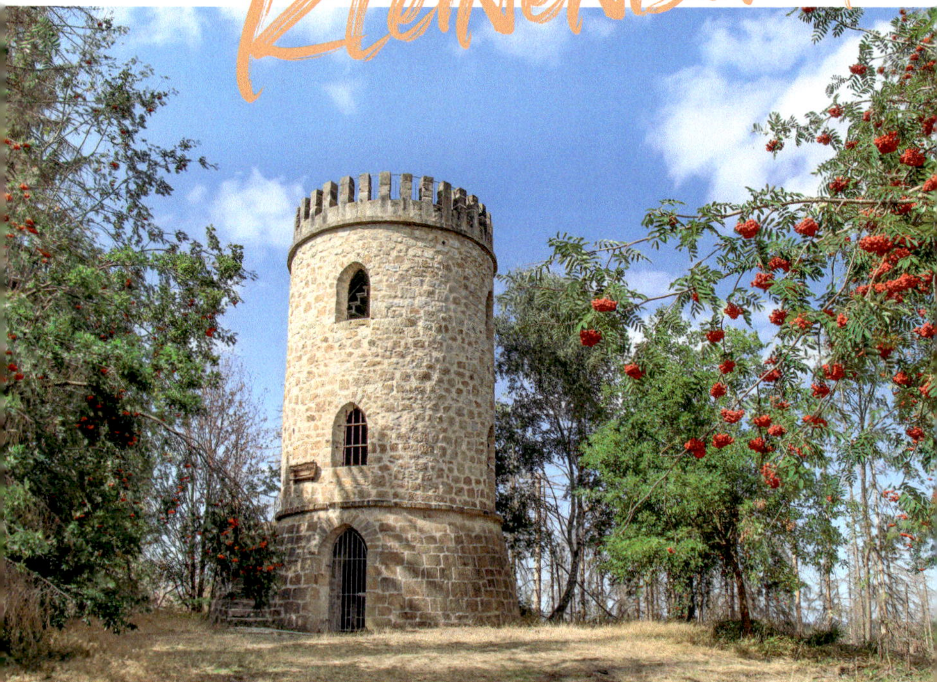

Schwierigkeit: mittel // 19,8 Kilometer // 321 Höhenmeter
Für Familien mit Kindern nicht geeignet

NAH AM ABGRUND: AUF DEN SPUREN DER WILDERER

Es ist noch nicht lange her, da war Kleinenberg umgeben von Wald, in dem sich vor vielen Jahren dramatische Szenen abgespielt haben: In der Egge wurden Götter verehrt, ein Tunnel gesprengt, Menschen brutal ermordet, aber auch heiß geliebt. Auf dem Wilderer-Wanderweg spaziert ihr von einer bewegenden Geschichte in die nächste. Heute allerdings mit vielen Panoramablicken und nicht mehr durch dichten Wald. Der ist Klima und Käfern zum Opfer gefallen. Trotzdem: Dieser Weg hat nach wie vor eine starke Anziehungskraft. Vielleicht sind es die Schicksale am Wegesrand, vielleicht die Natur, die sich hier ganz neu erfinden muss, was eben auch dramatisch ist. Mitten im Ortskern, hinter der Pfarrkirche Sankt Cyriakus, direkt an der Bushaltestelle und dem Pilgercafé mit Herberge geht es los.

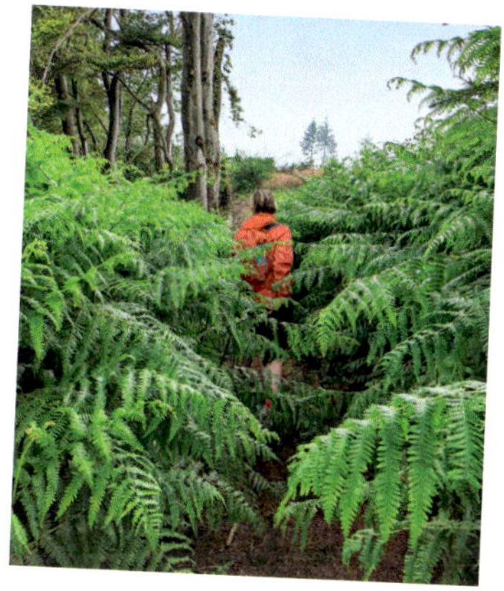
Durch den Farn-Dschungel

DAS GEMEINDEHAUS BIRGT IM INNERN EINEN SCHATZ: AN DER WESTSEITE DES GEBÄUDES KÖNNT IHR EINEN BLICK INS INNERE WERFEN UND SO DIE VIER WUNDERSCHÖNEN GLASFENSTER IN VOLLER PRACHT SEHEN. SIE ERZÄHLEN DAS SCHICKSAL VON KLEINENBERG UND SEINEM WALD.

Vorbei an der Pfarrkirche erreicht ihr die Marienkapelle, eine barocke Wallfahrtskirche von circa 1750, die ganz der Verehrung der »Helferin vom Kleinen Berge«, der Muttergottes, gewidmet ist. Direkt gegenüber gelangt ihr über die Kreuzweg-Allee geradewegs an den Muttergottesbrunnen.

Zwischen wogenden Feldern und Gärten geht es hinauf auf den oberen Kleinenberg, vorbei an den Schönthaler Fischteichen. Viel ist vom Wald, der hier einst stand, nicht übrig. Die ausgetrockneten Bäume mussten abgeholzt werden. Das zwingt zum Nachdenken.
Und es macht die Beschilderung etwas rar. Wieder umgeben von Bäumen, könnt ihr leicht die Abzweigung zu einem der spektakulärsten Highlights dieser Region verpassen: die Klippen der ALTEN EISENBAHN 1. 1846 startete ein Großprojekt: Eine Eisenbahnlinie sollte von Paderborn über Warburg nach Kassel führen; durch die Egge hindurch. Es brauchte also einen Tunnel. Und so wurde gesprengt, was das Zeug hielt. Die Legende sagt, dass aufgrund permanenter Wassereinbrüchen die Natur schließlich über den Menschen siegte und das Projekt deshalb eingestellt werden musste. Stimmt nicht. Probleme gab es, keine Frage. Die geologische Beschaffenheit war für den Tunnelbau nicht optimal. Aber der Grund für das Ende der Bauarbeiten war, dass die Bahnlinie schlicht pleite war. Das ganze Projekt war eine finanzielle Katastrophe und wurde schließlich gestoppt. Tunneleingänge wurden gesprengt, die Natur nahm sich zurück, was ihr gestohlen worden war, und die Schlucht füllte sich mit Wasser.
Die Alte Eisenbahn geriet in Vergessenheit, und es entstand ein einzigartiges Biotop, das aber 2016 in den Fokus eines Forscherteams rückte: Tunnel, Schächte, Werkzeuge und sogar eine Schenke wurden wiederentdeckt. Ein schmaler Pfad führt nah am Abgrund entlang: Das ist nicht ungefährlich, also schön aufpassen! Etwas weiter oben ist ein Geländer angebracht, von hier kann man die Felsen am besten sehen – und fällt nicht so schnell runter. Es geht immerhin 20 Meter hinunter in die felsige Tiefe. Auf den nächsten 800 Metern wird anhand von Infotafeln die beeindruckende Geschichte des Tunnelbaus erzählt.

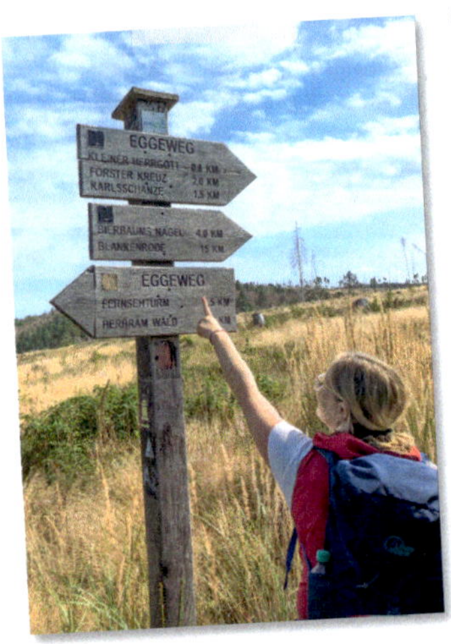

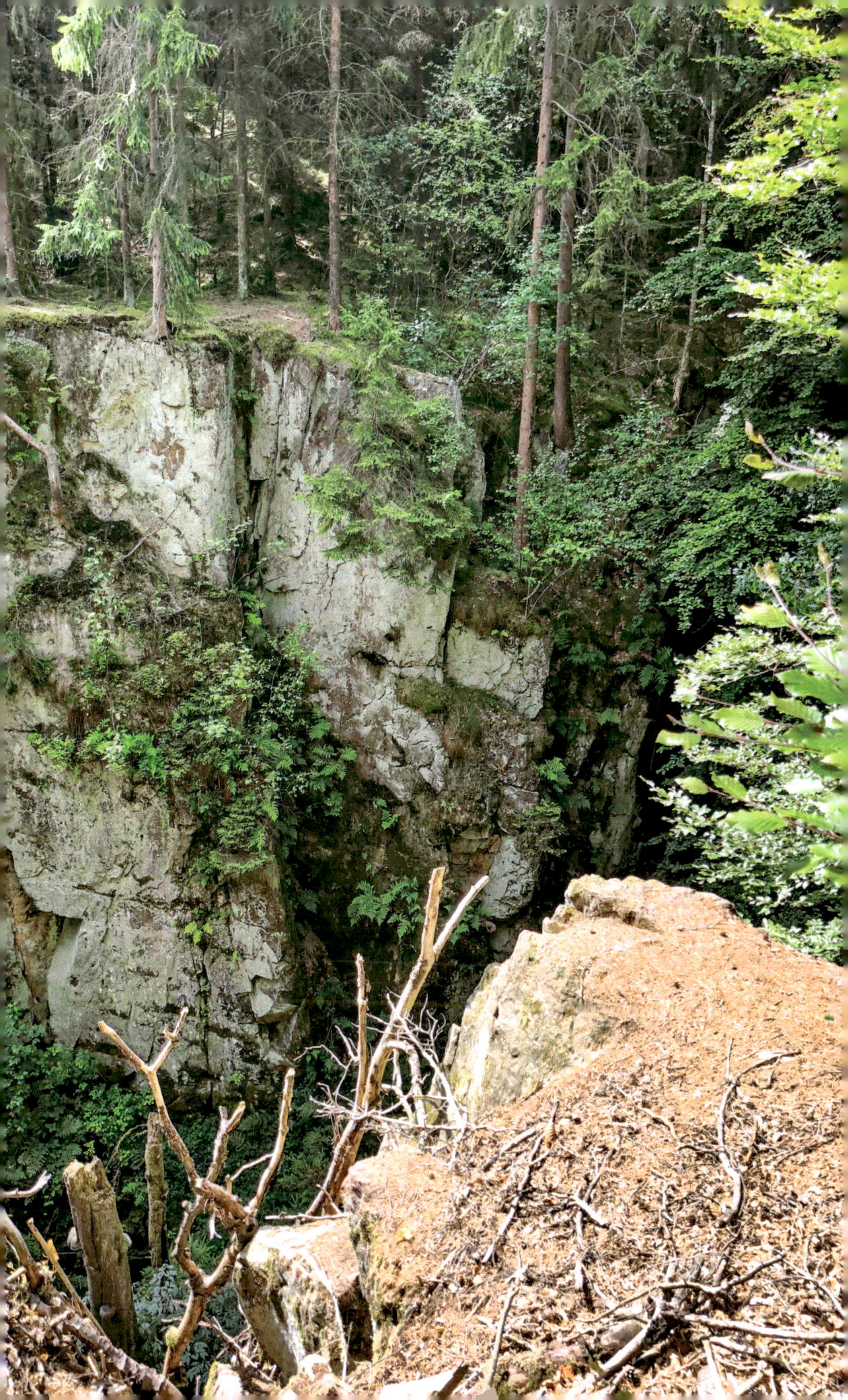

Am Ende des Infopfads steht eine Schutzhütte mit Picknickmöglichkeit. Hier gelangt ihr auf den Eggeweg, dem ihr nun für elf Kilometer folgt. Der Eggeweg gehört zu den Hermannshöhen (siehe Route 6), auf dem viele Hütten mit Hör-Modulen ausgestattet sind, die Wissenswertes zur Geschichte des Ortes erzählen. So auch diese Hütte. Hört einfach mal rein. Auf dem folgenden Abschnitt des Eggewegs haben Gräser, Heidekräuter und Beerensträucher die Natur schon ein gutes Stück zurückerobert. Brombeeren klaubend, wandert ihr auf den engen, schmalen Pfaden. Eine Baumgruppe fällt ins Auge, inmitten derer steht der Kleine Herrgott: ein dreiteiliges Steinmal. Es wird vermutet, dass sich hier einst eine germanische Opferstätte befand, deutlich größer als das Denkmal, das heute noch steht. Karl der Große soll hier ein Kreuz errichtet haben. Die Sachsen, die Irmin in der nahen Iburg bei Bad Driburg verehrten, haben

Dieses mehr als mannshohe Bienenhotel ist eher eine ganze Hotelanlage mit Wellnessbereich

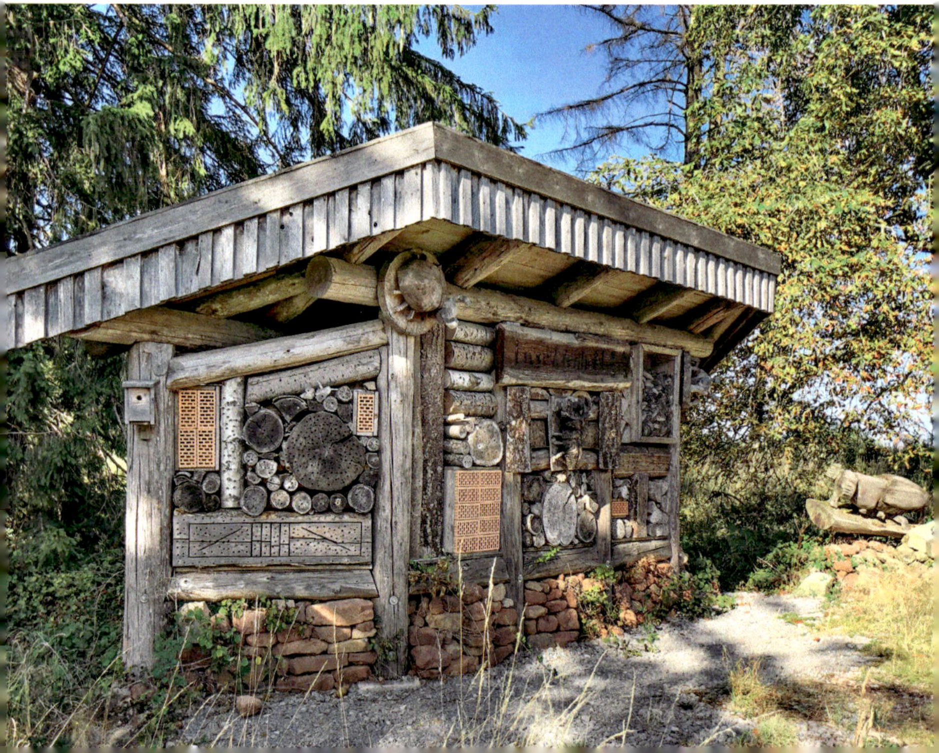

sich darüber lustig gemacht und es verächtlich den kleinen Herrgott genannt. Auf dem nächsten Abschnitt passiert ihr ein steinernes Mal am Wegesrand. Es erinnert an die Ermordung des Forstgehilfen Steinsträter. Wenig später ein zweites Mahnmal: das Försterkreuz mit der Inschrift »H. hat zweimal auf mich geschossen«. Mit diesen Worten hatte Förster Gies, im Sterben liegend, in seinem eigenen Blut eine Notiz hinterlassen. Im Frühjahr 1880 waren die beiden Männer bei dem Versuch, Wilderer zu stellen, von ebenjenen brutal erschossen worden. Nach so viel Mord und Totschlag geht es leichteren Fußes weiter einen sehr schmalen Fußpatt hoch zu den TEUTONIAKLIPPEN 2. Der Patt führt euch auf den Osthang des Eggegebirges durch einen herrlichen Farn-Dschungel, abermals nah am Abgrund entlang oberhalb einer ehemaligen Eisenerzgrube. Ab und zu könnt ihr ein paar weite Blicke durch das Astgewirr erhaschen und auf die Ortschaft Borlinghausen schauen – und in der Ferne die Warburger Börde mit dem Desenberg erblicken. Weniger dramatisch führt euch die Route zu BIERBAUMS NAGEL 3. Der Bau des Aussichtsturms wurde 1849 vom Gutsherrn Julius Bierbaum in Auftrag gegeben. Der Grund dafür war romantischer Natur. Er machte damit seiner aus Kassel stammenden Gattin ein Geschenk, die sehr unter schrecklichem Heimweh nach ihrer Heimatstadt Kassel litt. Vom Turm aus konnte sie bei schönem Wetter bis in ihre Heimat schauen. Das ist mal Liebe, oder? Mit dem Bauauftrag tat Bierbaum noch ein weiteres Gutes. Er gab den Menschen Arbeit. Und damit Lohn. Der Bau war also quasi auch eine Arbeitsbeschaffungsmaßnahme, denn wirklich

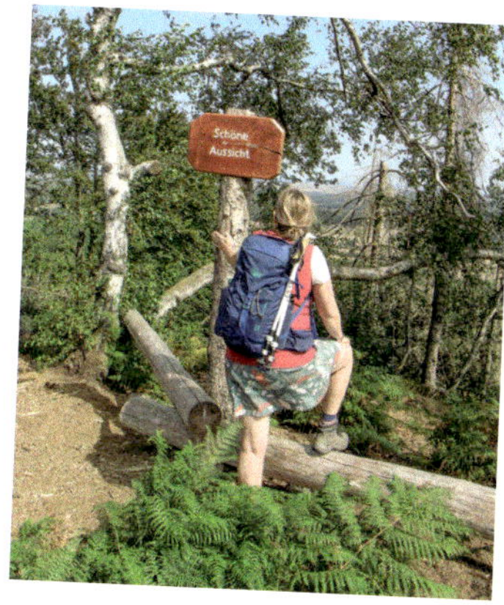

Teutoniaklippen: Ziemlich steil

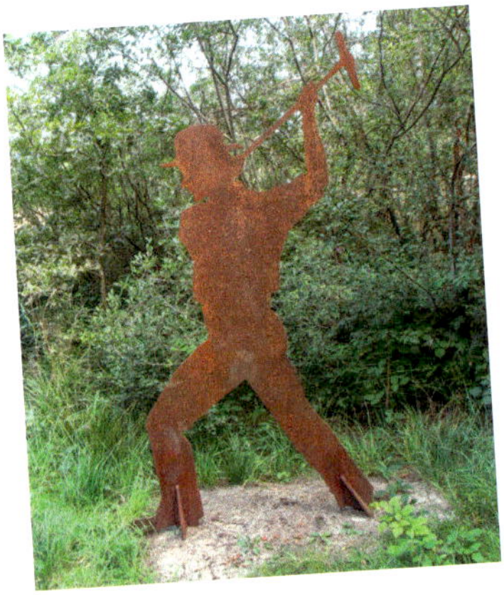

SKULPTUR ZUM TUNNELBAU

notwendig war er nicht. Aber zum Glück steht er da, malerisch auf dem Plateau. Ihr könnt nämlich hinaufsteigen, oben sehr weit schauen und am Fuße des Turms verdientermaßen pausieren. Es gibt ausreichend Sitzgelegenheiten.Gestärkt wandert ihr weiter, und nachdem ihr die Bundesstraße überquert habt, wird es schnell wieder still. Der Weg, erst noch breit, wird schmaler und schmaler. Die Sonne brät aufs Haupt, auch hier Brombeeren noch und nöcher. Und dann kommt, wie aus dem Nichts, ein kleines, unscheinbares Schild, etwa bei Kilometer 14,2. Hier nun befinden sich unter euch ein paar beeindruckende Monolithen: die Hardehauser Klippen. Darunter der beeindruckende OPFERSTEIN 4. Der Weg ist sehr steil, sehr verwurzelt und bei nassem Boden extrem rutschig. Wer also hinabsteigen möchte, sollte dies mit äußerster Vorsicht tun. Wanderstöcke zum Abstützen sind hier wirklich hilfreich. Den Opferstein erkennt ihr sofort, er ist der größte, und in den Felsvorsprüngen stecken Opfergaben und Nachrichten mit Wünschen, Danksagungen und allem, was eben wichtig ist.
Der Wilderer-Weg verläuft nun gemächlich zurück nach Kleinenberg. Das ist auch gut so, denn so viele Wegesrandgeschichten müssen erst einmal verarbeitet werden. Ach, da war doch noch eine: die Bülheimer Großmutter. 500 Meter vorm Ort lädt wieder eins dieser bescheidenen Schilder zu einem Abstecher ein: zehn Meter in den Wald zu einem etwa 2,30 Meter hohen Hinkelstein. Der Legende nach wurde hier eine Oma beim Holzsammeln in einen Stein verwandelt. Nun aber Schluss.

Alles, was ihr wissen müsst

Rundtour: lange, anspruchsvolle Tour // spannende Wanderung für alle, die etwas Nervenkitzel suchen // **nicht kinderwagentauglich**

Markierung: weißer Hirsch im Fadenkreuz auf grünem Grund // Beschilderung rar gesät // am besten nach GPS laufen

Entfernung von: Paderborn 24 Kilometer // Bielefeld 72 Kilometer
ÖPNV: ab Paderborn oder Warburg Schnellbus S 85/S 86, Haltestelle Li-Kleinenberg, Post
Auto: kostenloser Wanderparkplatz am Pilgercafé

Einkehr: **Pilgercafé & Herberge**, Goldstraße 1a, 33165 Lichtenau-Kleinenberg, www.pilgercafe-kleinenberg.de

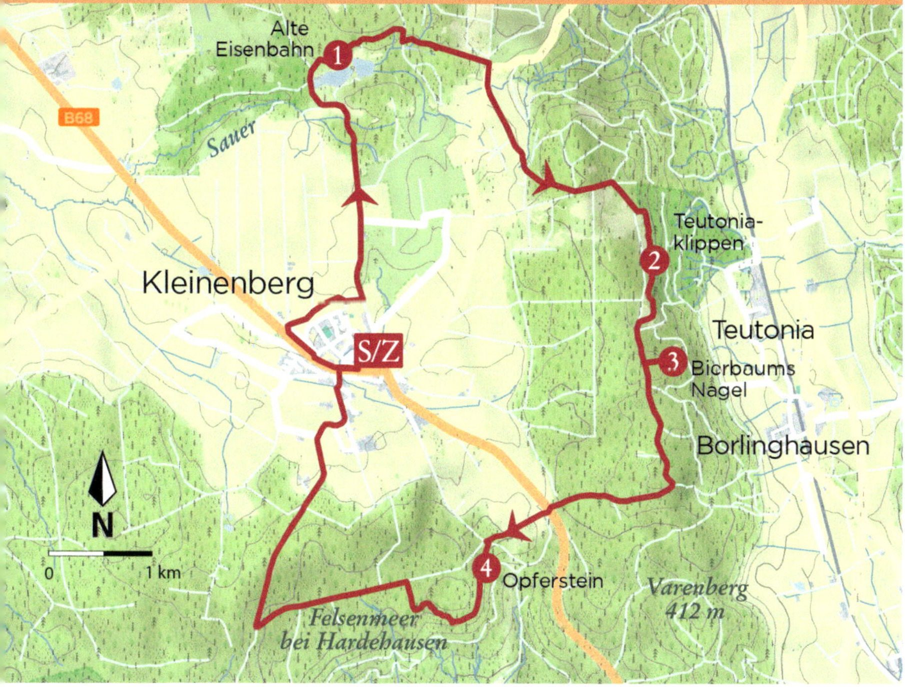

Pilgern im Paderborner Süden

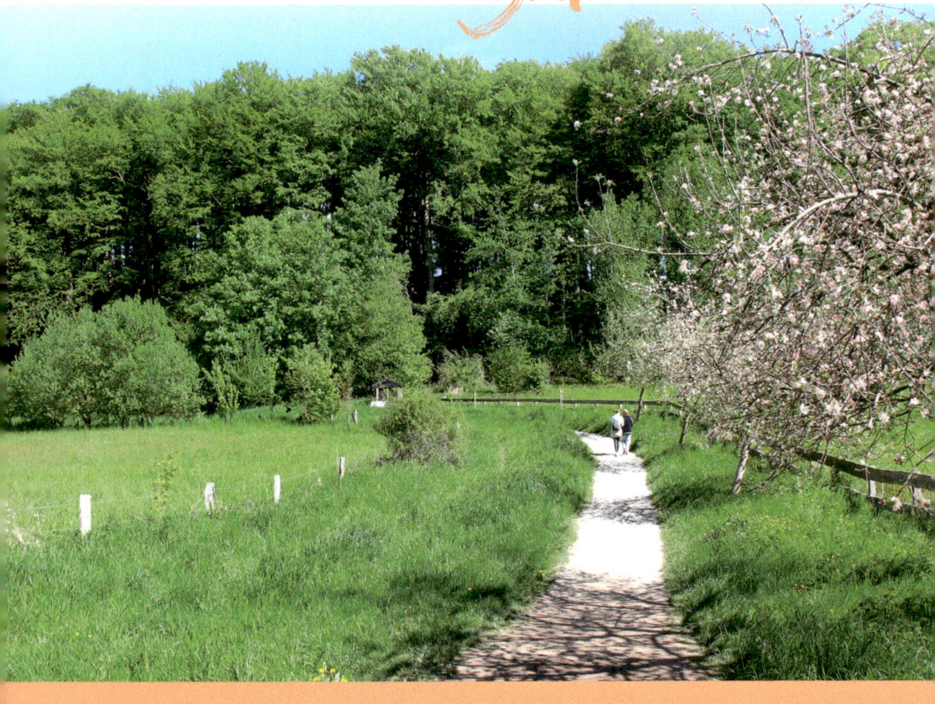

Schwierigkeit: mittel // 20,7 Kilometer // 384 Höhenmeter

Für Familien mit Kindern geeignet

AUF DEM ALTEN PILGERWEG:
VOM HAXTERGRUND ÜBERS ALTENAUTAL
ZUR PADERBORNER HOCHEBENE

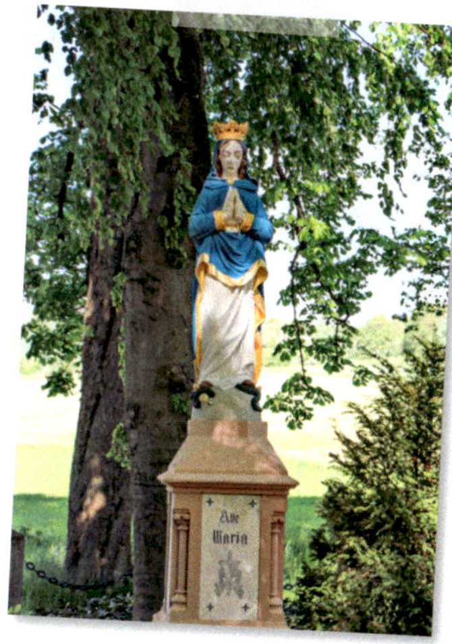

Südlich von Paderborn verläuft ein Teil der alten »Via Regia«, einer seit dem Mittelalter bekannten Heer- und Handelsstraße. Die Paderborner Fürstbischöfe und Kaufleute nutzten sie, um nach Frankfurt am Main zu fahren. Die heutige Metropole war damals außer Messestadt auch Reichskrönungsstadt. Ab dem 17. Jahrhundert nannte man die Via Regia deshalb auch »Frankfurter Weg«. Genutzt wurde sie aber auch von Gläubigen, die auf ihr zur Kapelle »Zur Hilligen Seele«, einem Wallfahrtsort zur Kreuzverehrung, pilgerten. Dieser »Alte Pilgerweg« ist heute ein schöner und sehr abwechslungsreicher Rundwanderweg, der auch zwei Abkürzungsvarianten bietet.

Pilgern ist ja seit jeher eine ganz besondere Art des Wanderns. Quasi Wandern mit Hintergedanken, meist spirituellen. Zumindest war das in früheren Zeiten so: Man wollte sich besinnen auf seinen Glauben, vielleicht auch Buße tun. Der Weg war das Ziel. Auch der Wallfahrtsort selbst als eine heilige Stätte war der Grund, um sich auf den Weg zu machen. War man endlich angekommen, hoffte man, eine geistige Vertiefung seines Glaubens erreicht, ein Gelübde erfüllt oder einfach Frieden gefunden zu haben.

Heute braucht ihr zum Pilgern nicht unbedingt eine religiöse Überzeugung, sondern einfach nur den Wunsch, Abstand vom Alltag zu bekommen. Pilgerwege sind meist mehrere Tagesrouten lang, denn je mehr man läuft, desto weiter entfernt man sich vom Alltag und allem, was einen da einengt. Gut Ding will eben Weile haben. Der Alte Pilgerweg ist da vergleichsweise kurz, aber trotzdem könnt ihr hier schön abschalten und euch besinnen. Wenn ihr nicht so genau wisst, worüber ihr während des Pilgerns sinnieren könntet, helfen euch zehn »Gedankenpunkte« am Wegesrand: Tafeln mit mal nachdenklichen, mal spirituellen Texten. Oder ihr lasst die Gedanken einfach baumeln; der Weg ist schön und abwechslungsreich, es gibt einiges zu sehen, da sortiert sich das Hirn wie von selbst.

Los geht's am Parkplatz Waldklang im Haxtergrund, einem 160 Hektar großen Waldpark. Ihr folgt dem Wanderschild mit der kleinen Kapelle (ja, das ist die »Hillige Seele«), die ihr später noch in echt sehen werdet, und lauft entgegen dem Uhrzeiger in Richtung Waldschule. Hier biegt ihr nach rechts ab und überquert eine kleine Holzbrücke. Es geht entlang einer idyllischen Obstwiese, die von einer Herde Schafe bewacht wird, sanft ansteigend in den Wald.

Schon nach zwei Kilometern erreicht ihr die MARIENSTATUE AM »STERN« 1. Der Stern war früher ein Knotenpunkt von verschiedenen Pilger- und Wirtschaftswegen. Die Maria als Himmelskönigin hat Carl von Droste zu Hülshoff, Neffe der berühmten Annette von Droste-Hülshoff, zusammen mit seiner Frau Pierrine

Die leuchtendgelben Rapsfelder sind ein echter Augenschmaus. Eins schöner als das andere

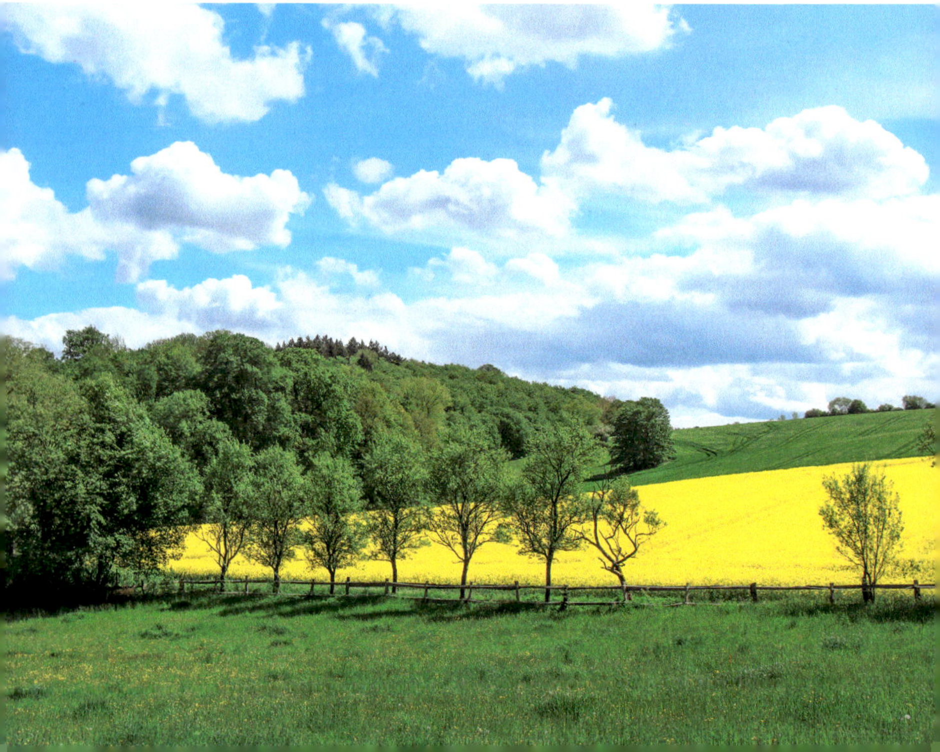

1882 aufgestellt als Erinnerung an die Marienerscheinung in Lourdes. Unter Marias Fuß windet sich eine Schlange, Sinnbild dafür, dass Maria über dem Bösen, dem Teufel, steht. Wie der sich allerdings zu wehren suchte, werdet ihr im weiteren Verlauf der Wanderung sehen. Marias Blick schaut in Richtung der Hilligen Seele, die noch ein paar Stunden vor euch liegt.

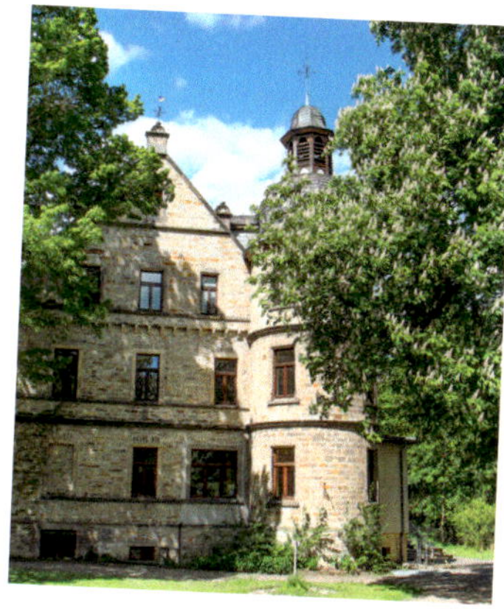

SCHLOSS HAMBORN

Ihr wandert gemütlich mit weitem Blick über im Frühjahr leuchtend gelbe, fast blendende Rapsfelder und erreicht bald eine kleine Siedlung. Kurz bevor ihr nun SCHLOSS HAMBORN 2 erreicht, weist ein Schild auf eine Querverbindung, die die Route auf zehn Kilometer abkürzen würde. Kinderwagenschieber sollten diese nutzen, denn der Rest der Runde wird nun bald auf vier Rädern schwierig. Die Hauptroute geht weiter geradeaus, am Café »Alte Schule« vorbei, wo ihr euch natürlich stärken könnt, in Richtung des Schlosses Hamborn, das, wie übrigens das gesamte Areal samt Café, Schule, Altenheim und diversen Werkstätten, einem gemeinnützigen Verein gehört.

Direkt gegenüber vom Schloss führt auf der anderen Straßenseite eine steile Treppe in den Wald. Nun geht es erst über Waldwege, dann asphaltiert, ganz kurz, nur wenige Meter, an einer Landstraße entlang und dann wieder in den Wald hinein. Nach knapp 1,5 Kilometern habt ihr wieder Gelegenheit, die Wanderung abzukürzen. Biegt ihr nach rechts ab, folgt ihr der langen Hauptroute. Landschaftlich sehr abwechslungsreich und hervorragend ausgeschildert, geht es nun knapp sechs Kilometer bis zum nächsten Etappenziel, dem Kapellenhof, wo ihr auf die KLUSKAPELLE ST. LUCIA 3 stoßt.

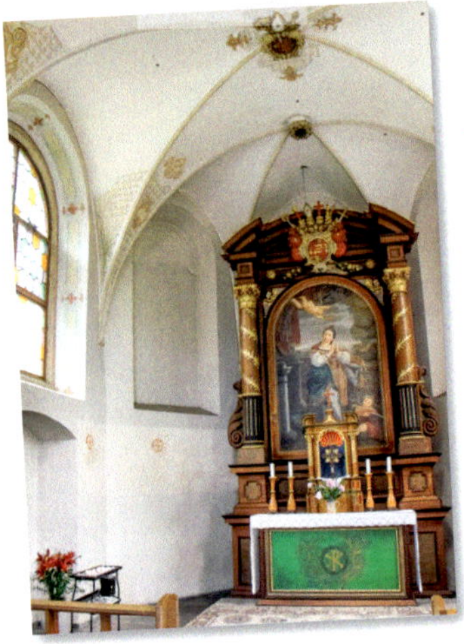

KURZ VOR ST. LUCIA HAT MAN VOM TEUFELSTEIN AUS EINEN TOLLEN BLICK ÜBER DAS ALTENAUTAL. DER SAGE NACH HAT HIER LUZIFER PERSÖNLICH EINEN MISSIONAR RÜGEN WOLLEN, ALS DIESER GERADE EINEN HEIDEN ZUM CHRISTLICHEN GLAUBEN BEKEHRTE. DAS PASSTE DEM TEUFEL NICHT, UND ER WARF ERBOST EINEN FELSBROCKEN AUF DIE BEIDEN. DER NAMENSGEBENDE STEIN LIEGT HIER NOCH HEUTE.

Um zur Kapelle zu kommen, die der heiligen Lucia gewidmet ist und 1677 vom Fürstbischof Ferdinand von Fürstenberg errichtet wurde, macht ihr an einer Gabelung einen kleinen Abstecher vom eigentlichen Pilgerweg, zu dem ihr nach dem Besuch der Kapelle zurückkehrt. Die heilige Lucia ist auch Nichtkatholiken durch das Schwedische Lichterfest und ihren Kopfschmuck aus brennenden Kerzen bekannt. In der Kluskapelle kann man ein Bild von ihr bewundern. Den Kerzen-Kopfschmuck trägt sie hier allerdings nicht. Die kleine Kapelle mit dem kleinen Barockaltar ist äußerst sehenswert. Ihr gegenüber befindet sich das Café Zum Kapellenhof. Knapp über die Hälfte des Rundwegs ist geschafft – Zeit für eine Pause.
Es geht den kurzen Abstecher wieder zurück zur Gabelung, und ihr haltet euch rechts entlang eines Grasweges und lauft 1,5 Kilometer durch das Bilkental. Wieder im Wald, erreicht ihr nach weiteren 1,5 Kilometern den FriedWald Borchen-Nonnenbusch mit mehreren Rastmöglichkeiten, einer Schutzhütte und einem kleinen Andachtsplatz. Wenn ihr aus dem Wald herauskommt, blickt ihr schon von Weitem auf Dörenhagen, wo sich unter einer Ansammlung riesiger Linden die KAPELLE »ZUR HILLIGEN SEELE« (4) befindet. Seit mehr

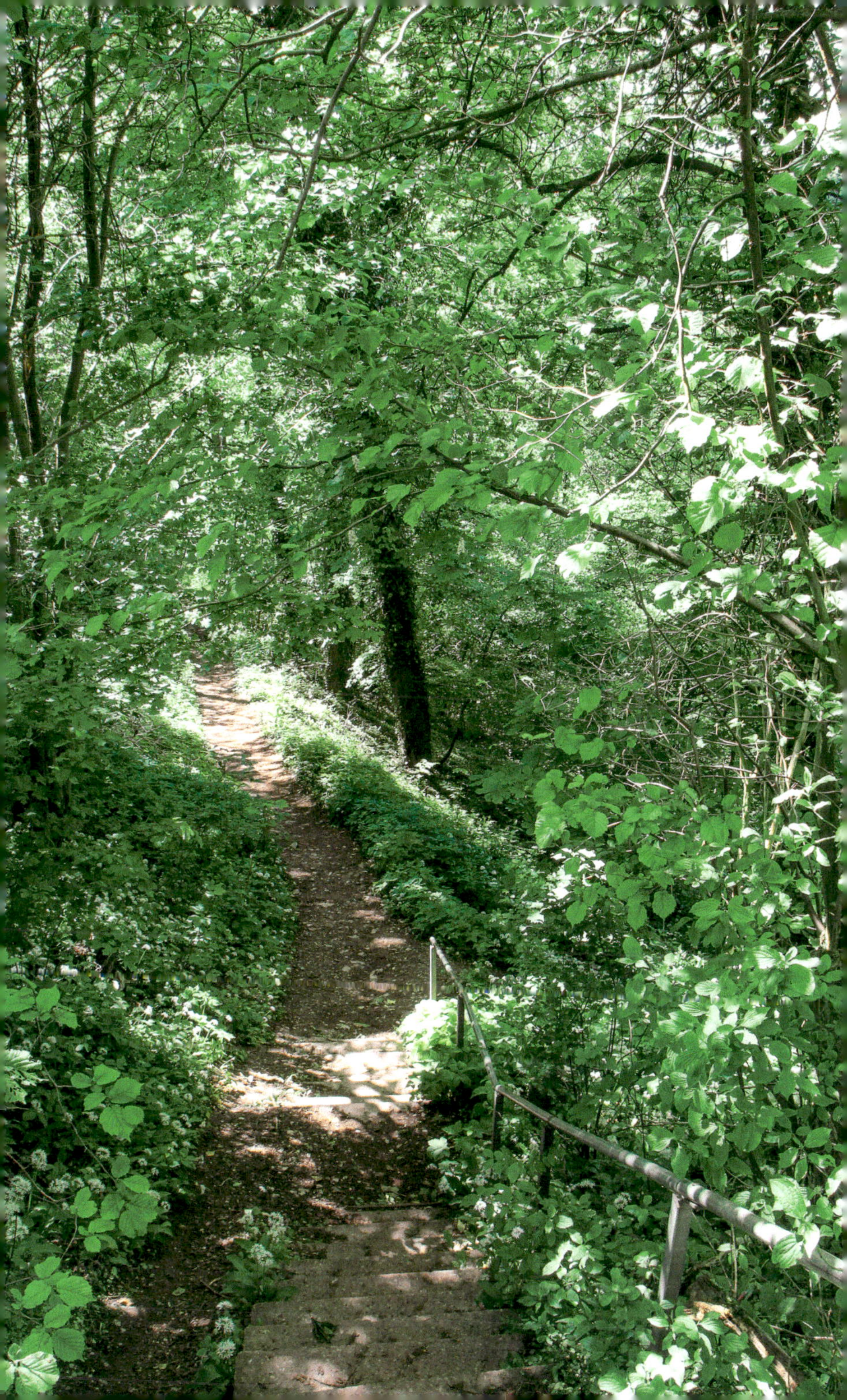

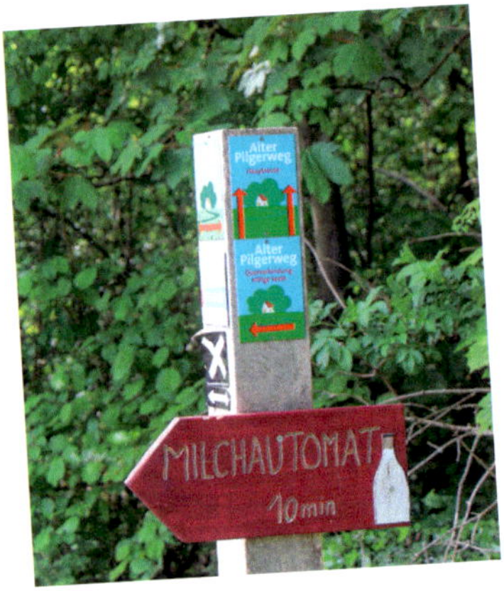

Zwei mögliche Abkürzungen

als 1.000 Jahren ist die Kapelle schon ein Wallfahrtsziel für Pilger. Das kleine Gotteshaus gehört zu den ältesten Kreuzheiligtümern in Westfalen. Ursprünglich befand sich in der Hilligen Seele ein Kupferkreuz, das der Legende nach ein Holzpartikel, also ein Stückchen von dem Kreuz beinhalten sollte, an dem Jesus gestorben war. Dieses Kreuz wurde allerdings im Dreißigjährigen Krieg zerstört. Eine Nachbildung wurde in den 1970er Jahren gestohlen. Das aktuelle Kreuz ist eine weitere Nachbildung, das auch ein Kreuzpartikel beinhalten soll. Ein paar Legenden ranken sich um die Hillige Seele, zum Beispiel die, dass der ebenfalls heilige Meinolf, ein Patensohn Karl des Großen, hier eine Seele vom Himmel hat herabsteigen sehen. Von der Kapelle geht es zurück auf den Pilgerweg, der nach knapp fünf Kilometern wieder zum Ausgangspunkt Haxtergrund führt. Aber erst einmal wendet ihr euch nach rechts immer sanft bergab Richtung Tal durch eine beeindruckende Allee aus uralten Kastanien, die teilweise so eng stehen, dass man meint, man befände sich in einem Tunnel. Am Ende geht es ein Stückchen auf asphaltiertem Weg und gleich wieder in den Wald den Berg hinauf, bis ihr nach einer weiteren Schutzhütte auf die Paderborner Hochebene gelangt. Am Stapelsberg wirkt die Landschaft rau und karg, mit enorm vielen Windrädern, aber weitem Blick bis zum Horizont. Kurz wird es nach der Hochebene noch mal etwas waldig, bevor ihr wieder auf den Startpunkt, dem Parkplatz Waldklang Bistro, schaut. Beseelt und voller Eindrücke von eurer tollen Pilgerreise könnt ihr nun die Heimreise antreten.

Alles, was ihr wissen müsst

Rundtour: lange Tageswanderung // **kinderwagentauglich** auf der kürzesten Route // Abkürzungsvarianten auf 15 und 10 Kilometer

Markierung: in beide Richtungen beschildert // Wanderzeichen: kleine Kapelle vor Wäldchen und blauem Himmel

Entfernung von: Paderborn 6 Kilometer // Bielefeld 54 Kilometer
ÖPNV: ab Paderborn Hbf. Buslinie 46, Haltestelle Haxtergrund V
Auto: Parkplätze am Haxtergrund Weyher und Haxtergrund Vereinshaus, beide sind kostenlos

Einkehr: **Gaststätte Weyher**, Haxtergrund 8, 33100 Paderborn, www.gasthof-weyher.de // **Waldklang Bistro,** Haxtergrund 18, 33100 Paderborn, www.waldklang-bistro.de // **Kapellenhof Lohmann**, Zur Kapelle 5, 33178 Borchen, www.kapellenhof.net

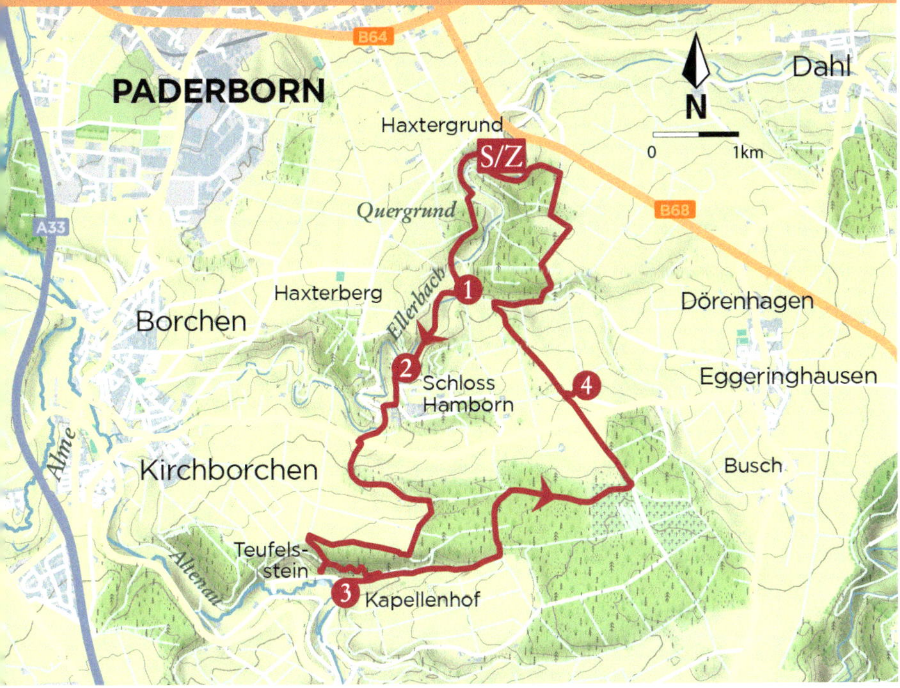

Panoramatour um Neuenbeken

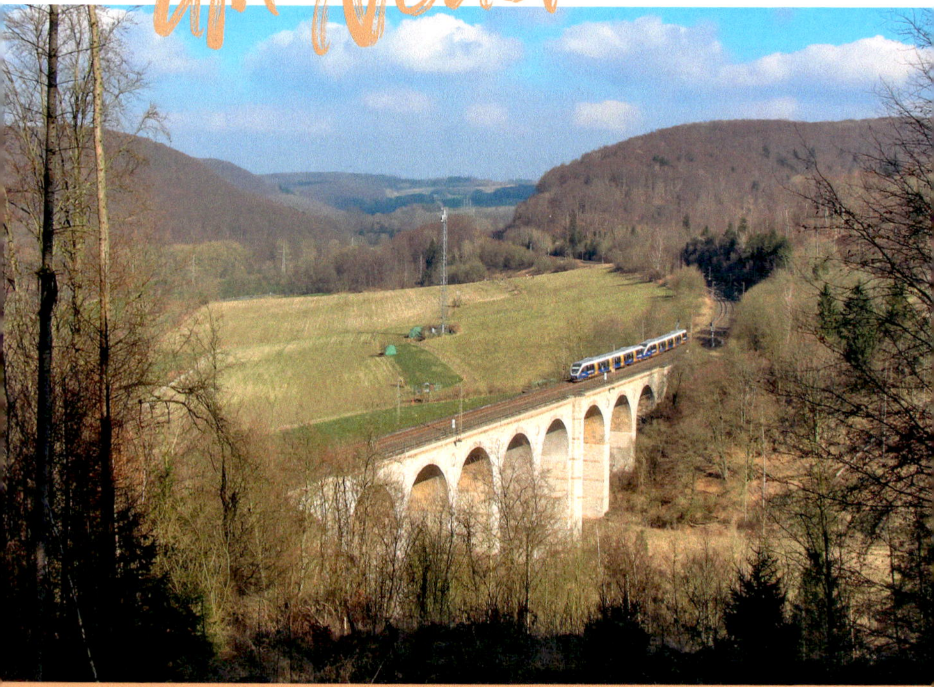

Schwierigkeit: mittel // 21,5 Kilometer // 480 Höhenmeter
Für Familien mit Kindern geeignet

TRAINSPOTTING, TUNNEL UND FERNSICHTEN: UNTERWEGS AUF DEM PADERBORNER HÖHENWEG

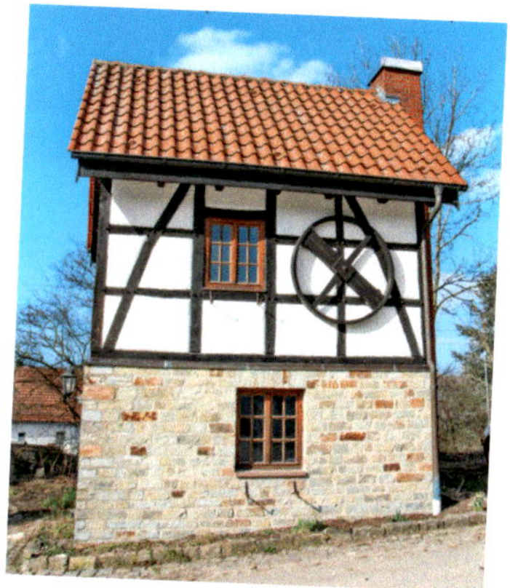

Ein Backhaus

Verschlungene Wege, flechtenüberzogene Kalkhänge, rauschende Laubbäume, malerische Talblicke, ein imposantes Eisenbahn-Viadukt: Zwischen Senne, Bad Lippspringe und Teutoburger Wald könnt ihr im malerischen Beketal nicht nur traumhaft wandern. Aufregende Geschichten haben sich im Laufe der Zeit in den dichten Buchenwäldern und bunten Tälern ereignet. Ihr bekommt ein wohlig-schauriges Kontrastprogramm zur Schönheit des Weges – mit dunklem Tunnel, kaltem Pestfriedhof und einem grausamen Mord. Nehmt euch auf diesem vom Deutschen Wanderverband zertifizierten Qualitätsweg ausreichend Proviant mit, es gibt zwischendurch keine Möglichkeit, einzukehren, aber viele Picknickmöglichkeiten. Mitten in der Natur schmeckt es ja sowieso am besten.

DIE TOUR KÖNNT IHR GUT IN ZWEI ETAPPEN AUFTEILEN: ZWISCHEN DEM KLEINEN VIADUKT UND DER GLASHÜTTE UHDEN VERLÄUFT EINE BLAU GEKENNZEICHNETE QUERVERBINDUNG, DIE DIE STRECKE IN EINE NORD- UND EINE SÜDRUNDE TRENNT. ÜBERNACHTEN KÖNNT IHR IM MISSIONSHAUS, DAS IN UNMITTELBARER NÄHE DER QUERVERBINDUNG LIEGT.

TAG 1: *DIE NORDROUTE // 14 KM*

Ihr startet am Missionshaus der »Schwestern vom Kostbaren Blut«. Der in Südafrika gegründete Orden mit dem schwerwiegenden Namen

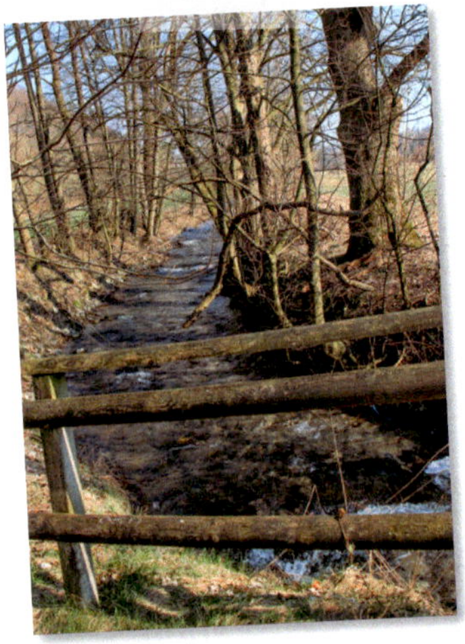

ist seit 1914 in Neuenbeken ansässig. Wanderer sind herzlich willkommen, können hier einkehren und übernachten. Außerdem leihen die Schwestern euch auch gern ein Ohr.

Vom Parkplatz aus überquert ihr die Bekebrücke. Und sofort wird der Höhenweg seinem Namen gerecht: Es geht in Serpentinen steil aufwärts. Neben der Markierung für den Höhenweg macht ein großes Schild auf den Waldlehrpfad und das Neuenbekener Baumhaus neugierig. Beide sind nicht Teil der Route, aber einen Abstecher wert. Hier erhalten die Kinder der umgebenen Schulen Waldunterricht.

Parallel zum Horner Hellweg wandert ihr auf einem weichen Waldweg den Ziegenberg hoch. Ihr werdet bald für eure Mühen belohnt, denn nach der Schranke habt ihr den AUSSICHTSPUNKT PAPENBERG 1 auf 290 Metern erreicht: einmal durchatmen und bequem auf einem Waldsofa liegend auf Neuenbeken, Benhausen und die Hellwegebene bis zu den Kirchturmspitzen Paderborns schauen.

Idyllisch führt euch der Höhenweg um den Papenberg herum, bis euch am Hanstein ein Schild auf ein merkwürdiges Loch aufmerksam macht: Einige Meter abseits des Weges befindet sich eine Doline, ein natürlicher Erdfall, typisch für Karstlandschaften wie die Paderborner Hochebene. In früheren Zeiten wurde dieser als Fillerkuhle genutzt und war deutlich größer als heute zu erahnen. Hier wurden Tierkadaver entsorgt, bis die Erde 1945 erneut in sich zusammenfiel.

Durch den romantischen Lippspringer Wald geht es friedlich weiter, bis ihr an das nächste schöne Fleckchen mit grauseliger Geschichte kommt: Ihr erreicht das Waldgebiet »Beim Grauten Guot« (großer Gott), im Volksmund auch »Eiserner Gott« genannt. Umrahmt von Eschen und Kastanien steht Hindahls Kreuz, 1886 von Bernhard

Hindahl gestiftet, um an ein junges Mädchen zu erinnern, das hier brutal ermordet worden war. Die hohen Bäume, so die Legende, beschützen die Seele des Mädchens.

EINE MIT 40 METERN RECHT BREITE DOLINE LIEGT ETWA 500 METER ABSEITS DES WANDERWEGS: ANGEBLICH HANDELT ES SICH BEI DER GROSSEN BRICHKUHLE UM DEN FUSSABDRUCK EINES TRAURIGEN RIESEN.

Ihr wandert rechts weiter entlang eines Schotterweges, den ihr nach etwa 700 Metern verlasst. Eine Hütte lädt zur Pause ein. Noch schöner rastet ihr allerdings am Fuße des Hansteins. Dort wartet eine Picknickbank vor der beeindruckenden Kulisse des alten Steinbruchs, wo ihr die einzelnen Schichten des Kalksteins gut erkennen könnt.

Zwischen Bäumen erhascht ihr herrliche Ausblicke in das schöne Paderborner Land

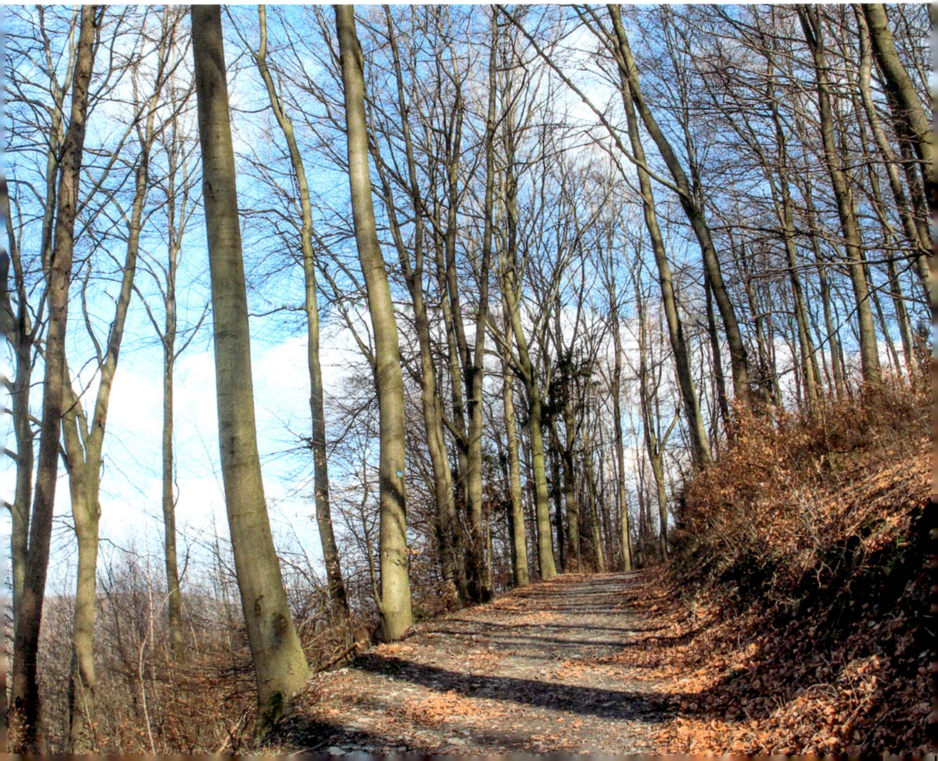

AN DER AUSSICHTSPLATTFORM KÖNNT IHR DIREKT MIT DER SÜDROUTE ANSCHLIESSEN (ORANGEFARBENE SCHILDER), DIE TOUR ALSO IN EINEM STÜCK WANDERN. WER DAS VORHAT, SOLLTE AM BESTEN AUF DEM WANDERPARKPLATZ IM DUNETAL PARKEN.

Gestärkt folgt ihr der Beke, kreuzt eine Landstraße und steht dann vor einem circa 100 Meter langen Tunnel. Schon abenteuerlich, aber das Licht am Ende des Tunnels ist in Sichtweite. Auf der anderen Seite angekommen, schlagen gleich die Herzen der Eisenbahnfans höher: Das KLEINE VIADUKT 2, zwischen 1851 und 1853 erbaut, ist mit seinen zwölf Bogen das Highlight dieser Wanderung. Zum Trainspotting kraxelt ihr auf der anderen Talseite einen halben Kilometer die Serpentinen hoch zur Aussichtsplattform Parnacken.

Zeugnis der Glasherstellung und Vergangenheit: Ein Glasofen vor der Uhdenhütte

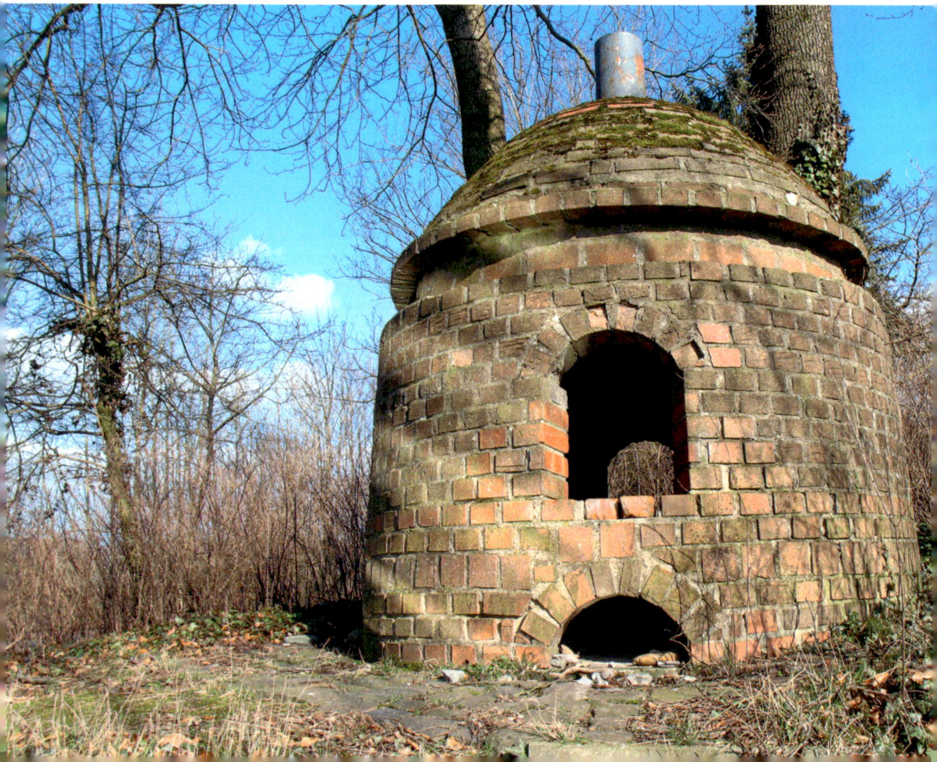

Die hölzerne Plattform bietet euch nicht nur einen grandiosen Blick auf die 230 Meter lange Eisenbahnbrücke und das Beketal, sondern auch einen großen Picknicktisch.
Über die blau gekennzeichnete Querverbindung geht es zurück zum Missionshaus parallel zur Bahntrasse. Kurz bevor ihr unter den Bahngleisen durchwandert, passiert ihr die Glashütte Uhden. Die Hütte war von 1829 bis 1911 in Betrieb. Erhalten sind die zehneckige Hütte, das Backhaus, ein Ofen – und ein Mausoleum.

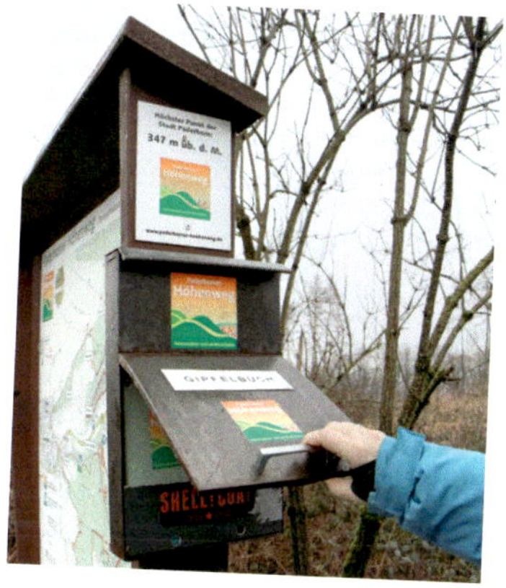

IM GIPFELBUCH BITTE EINTRAGEN!

TAG 2: *DIE SÜDROUTE // 11 KM*

Ausgeruht folgt ihr am nächsten Tag zunächst wieder den blauen Wegweisern bis zum Parnacken. Dann übernehmen die orangefarbenen Schilder, die euch aber nun geradeaus und eher gemütlich und mit einem grandiosen Ausblick auf das Dunetal in einen herrlichen Buchenwald führen. Ganz wichtig: Solange ihr am Hang wandert, dreht euch ab und zu mal um: Der Blick über das Tal auf das Viadukt ist richtig klasse, und noch malerischer wird es, wenn Züge es passieren – was sie regelmäßig tun.
Auf 347 Metern erreicht ihr Paderborns höchsten Berg, den einmal ein Fichtenwald bedeckte. Kein Everest, aber ein solides ostwestfälisches Panorama, ein Gipfelkreuz, das die Hügelkuppe als höchsten Punkt markiert und wo – ganz stilecht – auch ein Gipfelbuch ausliegt, in dem ihr eure Gedanken zur Erklimmung des »Berges« verewigen könnt. Weiter geht es auf abwechslungsreichen Wegen,

immer im oder nah am Wald entlang, vorbei an der Karl-Hagemeier-Hütte und um den Krayenberg herum, bis euch ein Pfad direkt bis vor ein sonderbares Naturdenkmal führt. DIE BUCHE MIT DEN ZWEI BEINEN 3 wird ihrem Namen gerecht. Durch eine Laune der Natur sind zwei Buchen ab einer Höhe von drei Metern zusammengewachsen und teilen sich eine Krone, quasi wie siamesische Zwillinge. Wenige Meter dahinter befindet sich eine kleine Hütte, ohne Panoramablick, dafür windgeschützt. In der kalten Jahreszeit eignet sich die Hütte bestens, um sich mit mitgebrachtem Tee aufzuwärmen.

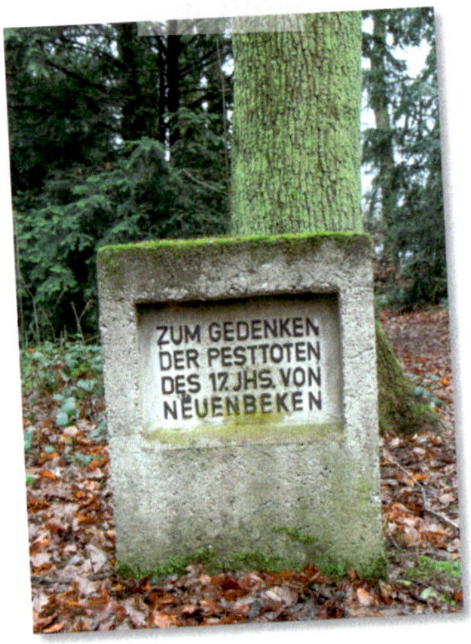

Im Dunklen des Mittelholzes des Neuenbekener Waldes liegt der PESTFRIEDHOF 4. Zur Zeit des Dreißigjährigen Krieges, also vor rund 400 Jahren, wütete auch in Neuenbeken der Schwarze Tod und nahm sich so viele Leben, wie er kriegen konnte. Die Opfer mussten schnell verscharrt werden, weit weg vom Leben, das versuchte, der Pest zu trotzen. Hier oben im Wald war ein idealer Ort. Ein 4,50 Meter hohes Eichenkreuz, verwitterte Grabsteine, eine Tafel erinnern an die armen Seelen. Die Stille hier hat etwas Schauriges, gerade an einem trüben, kalten Tag. Man kann sich einbilden, dass selbst die Vögel hier nicht fröhlich singen. Trotzdem: Es schwingt ganz leise auch etwas Friedliches in dieser Stille mit. Eine schmale Bank lädt ein, sich zu besinnen.

Sowieso geht eure Wanderoute nun friedlich und idyllisch voran. Noch einmal unter der Eisenbahnbrücke her, und schon steht ihr wieder vorm Missionshaus, wo ihr euch leckeren Kuchen verdient habt. Am besten erkundigt ihr euch vorab nach den Öffnungszeiten des Cafés. Ihr findet sie direkt am Eingang zum Missionshaus.

Alles, was ihr wissen müsst

Rundtour: als Zweitagestour empfohlen // lange aussichtsreiche Panoramatour mit einigen Anstiegen für Gipfelstürmer // **nicht kinderwagentauglich**

Markierung: Hügellandschaft auf orangefarbenem (Hauptroute) oder blauem Grund (Querverbindung)

Entfernung von: Paderborn 8 Kilometer // Bielefeld 60 Kilometer
ÖPNV: ab Paderborn Stadtbus 8, Haltestelle Klostergarten // ab Altenbeken oder Bad Lippspring Buslinie 452, Haltestelle Klostergarten für Ausgangspunkt »Missionshaus« // Haltestelle Kleiner Viadukt für den Ausgangspunkt »Dunetal«
Auto: Parken am Missionshaus / Gästehaus Franz Pfanner // Wanderparkplatz Dune 1, 33184 Altenbeken

Einkehr: Gästehaus Franz Pfanner, Alte Amtsstraße 64, 33100 Paderborn-Neuenbeken, www.missionshausneuenbeken.de

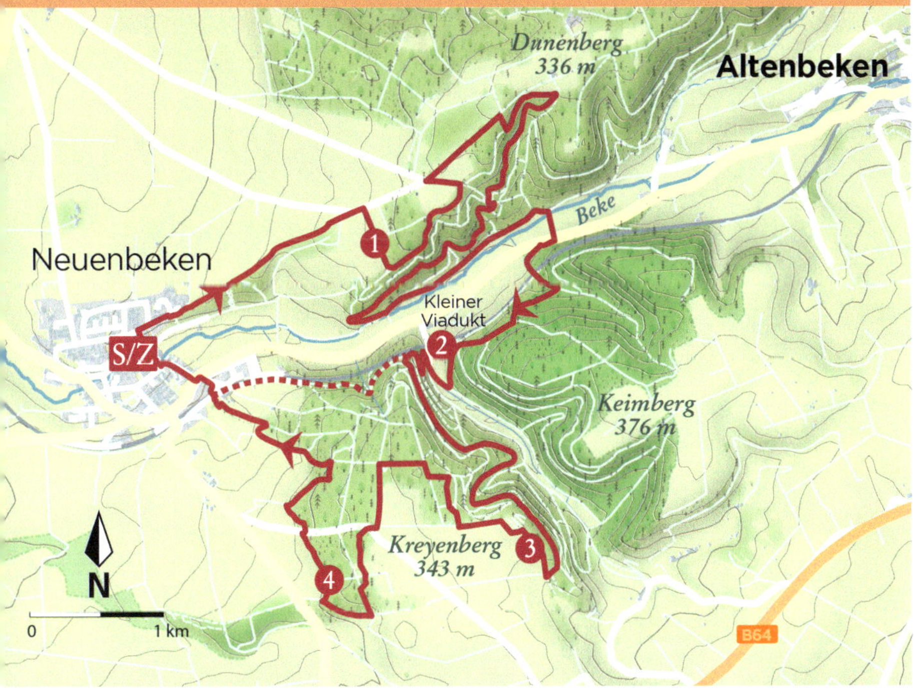

Zwischen Büren und Wewelsburg

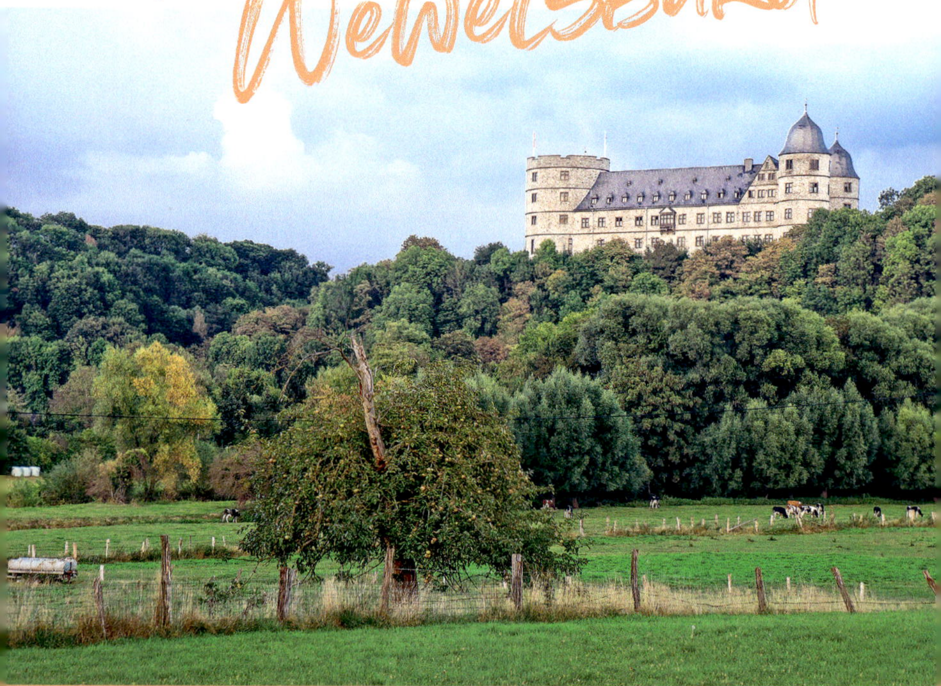

Schwierigkeit: mittel // 27,8 Kilometer // 542 Höhenmeter

Für Familien mit älteren Kindern geeignet

PARADIESISCH, PRÄCHTIG, PITTORESK: ENTLANG DES JESUITENPFADS AUF DEN SPUREN DES LETZTEN BÜRENER EDELHERRN

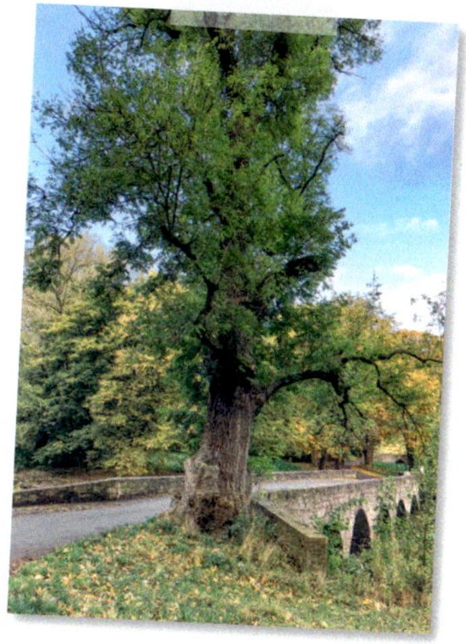

Bodenständig, schnörkellos, ehrlich – das sind Vokabeln, die gern auf die Menschen in Ostwestfalen-Lippe angewandt werden. Prunkvoll, prächtig oder gar pompös – nein. Eher Gummistiefel als Lackschuh. Ausnahmen des gern zitierten ostwestfälischen Understatements finden sich südlich von Paderborn. Dort, sanft eingebettet zwischen Alme und Afte, liegt das Bürener Land, ein idyllisches Wanderparadies mit ein paar herausragenden architektonischen Schätzen und viel Landschaft für stramme Waden und Seele-baumeln-Lassen.
Los geht eure Tour, die ihr am besten auf zwei Tage ausdehnt, auf dem Bürener Marktplatz. Hier könnt ihr euch noch mit Proviant eindecken oder einen Kaffee am Wasserspiel genießen, die nächste Einkehrmöglichkeit gibt es erst an der Wewelsburg.

LUST AUF EINE CHALLENGE AM WEGESRAND? IM GOEKEN BACKEN STADTCAFÉ AM MARKTPLATZ BEKOMMT IHR FÜR DREI EURO EINE JESUITENPFAD-STARTKARTE. AN SECHS STATIONEN GILT ES, ZAHLEN- UND BUCHSTABENCODES ZU ENTDECKEN. HINWEISE, WIE IHR DIE ZEICHEN FINDEN KÖNNT, GIBT ES GRATIS DAZU. WER ALS ERSTER ALLE GEFUNDEN HAT, GEWINNT! WAS GENAU, ÜBERLEGT IHR EUCH SELBST ODER FREUT EUCH EINFACH AM ENTDECKEN.

TAG 1: *AUF DIE WEWELSBURG // 13,9 KM*

Gleich an der Burgstraße stoppt euch die imposante BAROCKKIRCHE MARIA IMMACULATA (1), noch bevor ihr Fahrt aufgenommen habt. Von außen schon enorm beeindruckend, offenbart

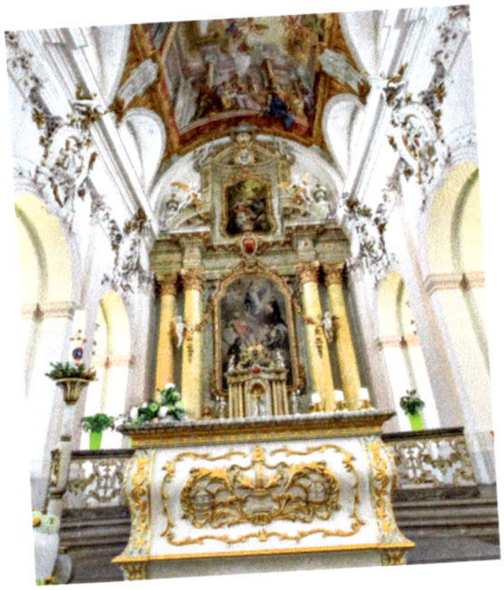

Überwältigende Pracht

sie erst im Inneren ihre wahre Pracht. Fast demütig verschlägt es einem die Sprache! So viel Spätbarock und Rokoko! Das Auge weiß kaum, wo es zuerst hinschauen soll. Erbaut zwischen 1754 und 1773, folgt die Ausstattung dem damaligen Zeitgeschmack: In jeder noch so kleinen Ecke gibt es etwas zu bewundern, wo noch ein Engel hinpasst, da ist auch einer. Die damalige sehr gläubige Bevölkerung hat die Symbolik der Bildnisse, die Attribute der Heiligen gut verstanden. Heute braucht ihr wohl in den meisten Fällen eine Dolmetscherin dafür. Oder ihr genießt einfach die kaum fassbare Schönheit.

ABSOLUT EMPFEHLENSWERT: ES GIBT SOWOHL FÜR MARIA IMMACULATA ALS AUCH FÜR DEN BESUCH DER BEIDEN MÜHLEN ÄUSSERST SPANNENDE UND KURZWEILIGE FÜHRUNGEN, BEI DENEN IHR GERADEZU IN DIE GESCHICHTE EINTAUCHEN KÖNNT UND DABEI LERNT, DIE SYMBOLIK ZU LESEN. ANMELDEN KÖNNT IHR EUCH ÜBER WWW.BUEREN.DE.

Im Volksmund wird das Gotteshaus Jesuitenkirche genannt: Direkt neben der Kirche befindet sich das ehemalige Jesuitenkolleg. Auf diesem Platz stand bis 1716 eine Burg. Moritz von Büren wurde hier geboren, ein lang ersehnter Stammhalter und der letzte Bürener Edelherr. Sein Vater, Joachim von Büren, ein überzeugter Calvinist, verstarb früh. Nach dessen Tod wandte sich die Familie dem katholischen Glauben zu. Joachim wird sich im Grab wohl umgedreht haben. Aber

Moritz ging noch weiter: Sein Herz schlug zeitlebens für den Missionsorden der Jesuiten, dem er nach jahrzehntelanger Bewerbung schließlich beitreten durfte. Der Preis dafür war hoch: Moritz bestimmte in seinem Testament, dass auf dem Platz der Burg ein Jesuitenkolleg errichtet werden solle und daneben eine Kirche. Beider Fertigstellung erlebte er nicht mehr. Dafür aber den erbitterten, Jahrzehnte währenden Erbstreit, den die im Testament nicht berücksichtigte Familie erfolglos gegen die von Moritz auserkorenen Erben führte.
Wenn ihr euch sattgesehen habt, führt euch die Burgstraße in den recht steilen Spielenweg und dann aus Büren hinaus. An der Weggabelung biegt ihr in den Hirschweg: Der höchste Punkt ist fast erreicht. Durchschnaufen, den weiten Talblick genießen, und dann geht es in den Bürener Stadtwald. Nach etwa 600 Metern erreicht ihr eine kleine Abzweigung zum Steinbruch, in dem ihr hautnah

Links die Mittelmühle, rechts die deutlich kleinere Bohrmühle

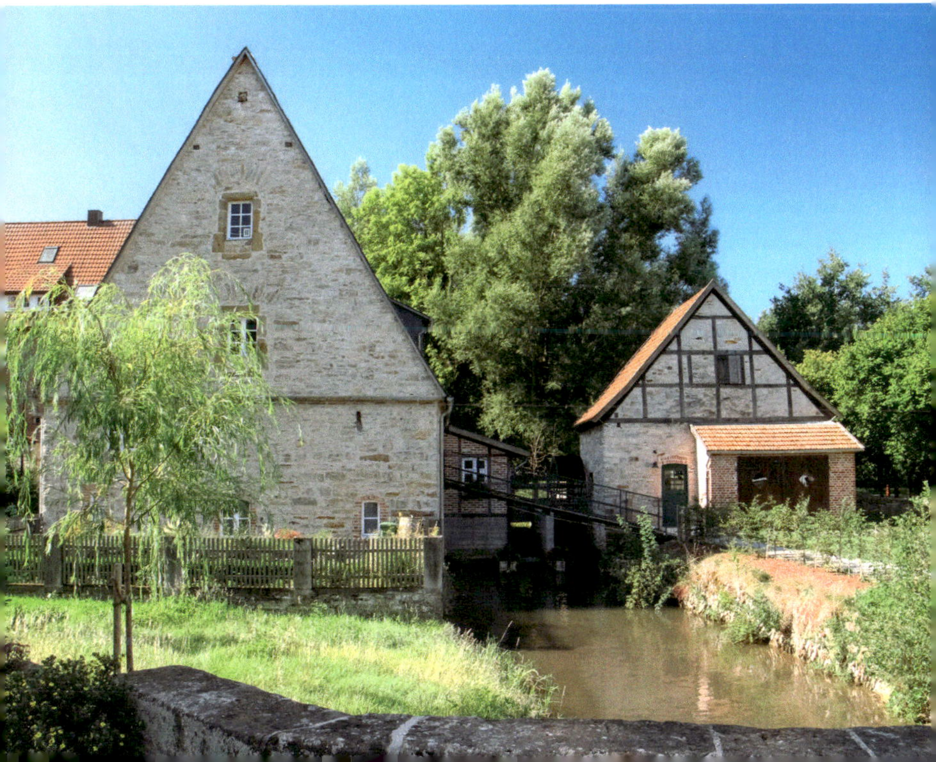

die verschiedenen kalkhaltigen Gesteinsschichten erkunden könnt, und direkt nebenan befindet sich auch die Bürener Waldschule, die sich gut für eine Rast eignet.

Weiter geht es über breite Wege, dann auf schmalen Graspfaden vorbei an im Sommer tiefschwarzen Brombeeren bis zu einer Weggabelung. Nun wird's wurzelig. Schmal. Verwunschen. Ihr wurschtelt euch durch dichte Blättertunnel. Dann kreuzt ihr die L 754, und auf der anderen Seite führt euch der Ahdener Talweg zur WEWELSBURG 2. Markant auf einem Bergsporn thront Deutschlands einzige Dreiecksburg in komplett geschlossener Bauweise von Weitem sichtbar über dem Almetal. Friedlich ist es im kühlen dreieckigen Innenhof. Das war nicht immer so. Die Burg wurde zwischen 1603 und 1609 im Stil der Weserrenaissance ursprünglich als Schloss erbaut. Auch davor stand auf dem Bergsporn schon eine Burg.

Kaum zu erkennen, aber gut ausgeschildert: Verwunschen schlängelt sich der Weg durch den Blättertunnel

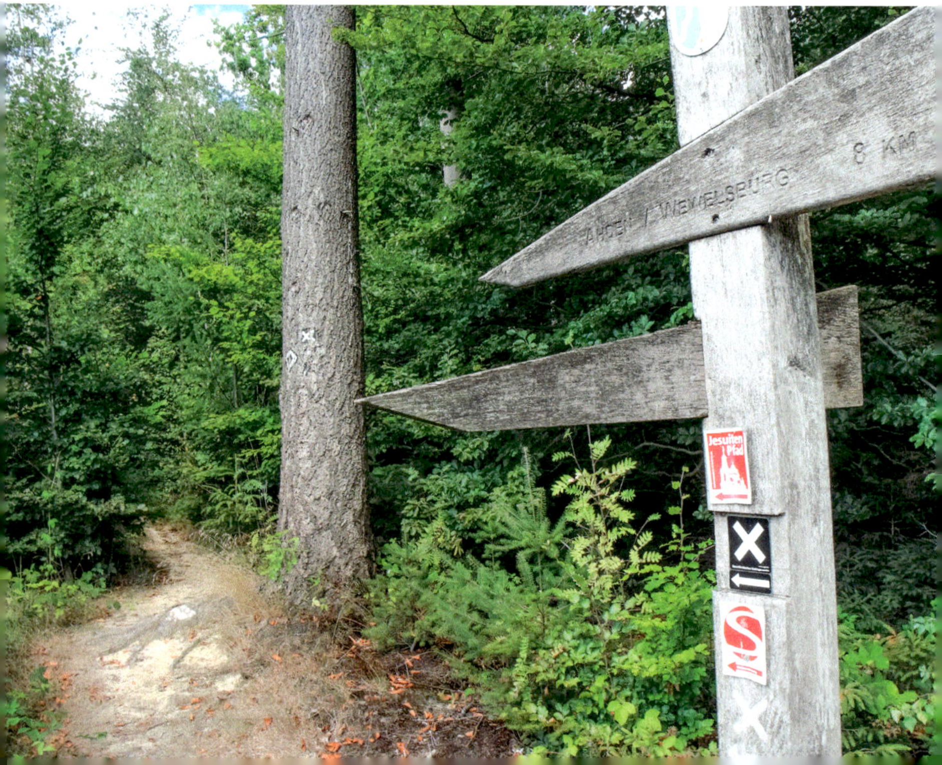

Die Geschichte beider Burgen ist blutig. Besonders grausam war die Zeit zwischen 1934 und 1945, als die Nationalsozialisten die Burg zu einem Hotspot ihrer Ideologie machen wollten. Damit der Terror dieser Zeit nicht vergessen wird, befinden sich heute in der Burg das Kreismuseum mit einer Dauerausstellung des Historischen Museums und im Burghof eine Gedenkstätte. Schaut euch das an.

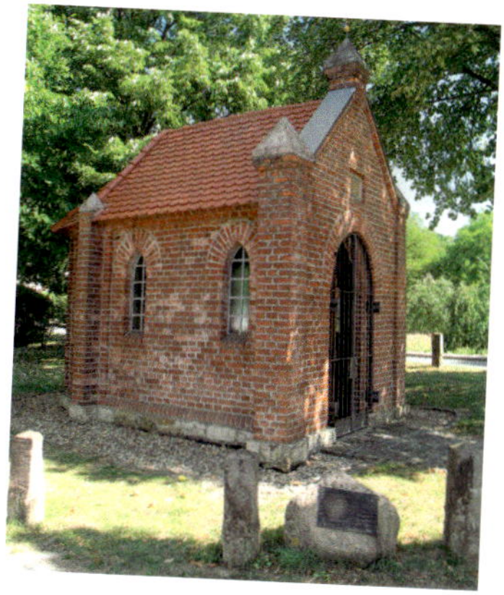

Ein Blick ins Innere lohnt

Tag 2: *DURCH DAS ALMETAL // 14 KM*

Gut gestärkt vom reichhaltigen Burg-Frühstück werden die Wanderschuhe frühmorgens wieder geschnürt. Es geht den steilen Pfad zurück, über den ihr gekommen seid. Etwa auf der Hälfte des Abstiegs biegt ihr aber diesmal scharf nach links ab und überquert am Fuß des Berges die Steinbrücke in Richtung des schmucken Ortsteils Ahden in Begleitung der Alme durch das gleichnamige Tal.

Wer der Kluskapelle Ahden einen Besuch abstatten möchte, unternimmt einen Abstecher direkt nach der Querung der Kreisstraße, etwa 180 Meter nach rechts. Die Kapelle zählt zu den ältesten Gebäuden Ahdens, allerdings nur historisch. Sie wurde nämlich mehrfach neu aufgebaut. So wie sie hier steht, stammt sie aus dem Jahr 1933. Es geht leichten Fußes entlang ausgedehnter Wiesen und Felder weiter. Kurz bevor ihr den Ortsteil Brenken erreicht, ragen bizarre Reste einer alten Wasserburg aus der Landschaft – die Ruine Brenken. Als Niederburg auf der Brede bekannt, war sie einst der Stammsitz der Familie zu Brenken und stammt wahrscheinlich aus dem 11. Jahrhundert.

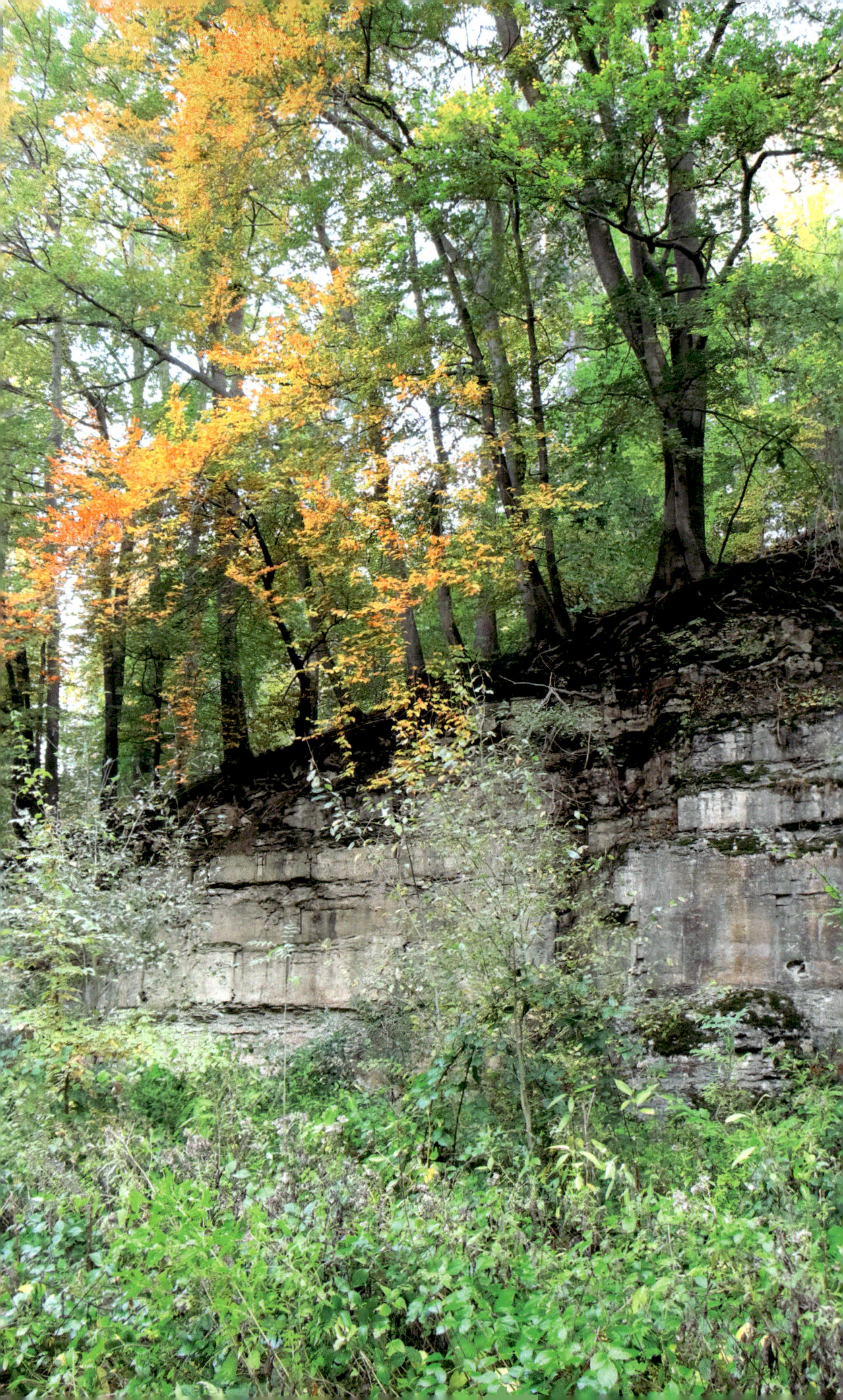

DER JESUITENPFAD VERLÄUFT UM BRENKEN HERUM. EIN ABSTECHER INS DORF ZUR PFARRKIRCHE ST. KILIAN AUS DEM 12./13. JAHRHUNDERT LOHNT SICH VOR ALLEM, WENN IHR EUCH FÜR SAKRALE KUNST INTERESSIERT. ST. KILIAN IST EINE DER ÄLTESTEN KIRCHEN IM PADERBORNER HOCHSTIFT UND KANN MIT EINIGEN INTERESSANTEN KUNSTSCHÄTZEN AUFWARTEN.

Bescheidener ist die MARKUSKAPELLE 3. Aber auch hier ist die tiefe Gläubigkeit gegenwärtig, die euch überall im Paderborner Kreis in Form von Kapellen, Bildstöcken und Hausaltären begegnet. Diese kleine neugotische Backsteinkapelle wurde 1861 von einem Brenkener Ehepaar erbaut. Geweiht ist sie dem heiligen Markus, der das älteste der vier Evangelien verfasst hat. Der farbenfrohe hölzerne Altar ist noch im Original erhalten. In der Mitte steht Markus mit seinem Symbol, dem Löwen. Hinter der Kapelle befindet sich ein lauschiges Plätzchen, schön schattig unter Bäumen und mit Picknicktisch. Perfekt für eine Pause.

An der Kapelle gabelt sich der Weg: Durch das Almetal verläuft eine Abkürzungsroute. Die schönere Strecke führt euch rechts an der Kapelle vorbei, hinauf zum Brenkener Panoramaweg in Richtung Hellweg. Im Spätsommer wandert ihr hier durch den reinsten Obstgarten: Warmes Sommerobst direkt vom Baum oder Busch in den Mund. Gibt es was Besseres? Herrlich weit dehnt sich das Almetal

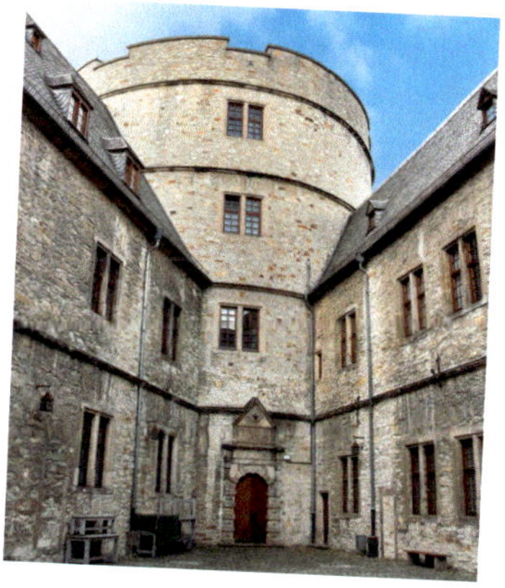

INNENHOF DER WEWELSBURG

vor euch aus. Eng am Feldrand wandert ihr dann bergab, lautstark willkommen geheißen von einer Herde Schafe, dann ein Stück entlang der alten Bahntrasse der Almetalbahn, bis ihr wieder auf die Alme trefft, die euch zurück nach Büren Gesellschaft leistet.

Dort erwartet euch ein letztes Highlight: »Stadt der Mühlen« wurde Büren bis ins späte 20. Jahrhundert genannt. Und tatsächlich sind im Ortskern die MITTELMÜHLE UND BOHRMÜHLE 4 erhalten. Die Bohrmühle stammt aus dem 17. Jahrhundert und ist die einzige ihrer Art in Deutschland. In früheren Zeiten nutzte man die Kraft des Wassers, um aus Baumstämmen über drei Meter lange Wasserrohre herzustellen, über die dann frisches Quellwasser in ein städtisches Wasserschöpfbecken geleitet werden konnte. Die riesige Bohrmaschine in der kleinen Mühle wurde nach alten Skizzen rekonstruiert. Allerdings sind die Forschungsarbeiten noch nicht abgeschlossen, denn viel ist über diese Art der Mühlennutzung nicht mehr bekannt.

Die Mittelmühle dagegen ist besser erforscht: Schon im 14. Jahrhundert drehte sich hier ein Mühlrad. Der Teil, der heute noch erhalten ist, wurde Anfang des 16. Jahrhunderts als Getreidemühle errichtet. Im 20. Jahrhundert wurde hier Steinmehl gemahlen. Noch bis 1995 war die Mühle Zuhause und Arbeitsplatz eines Müllers und seiner Familie. Im heutigen Museum wurde alles so belassen, wie zu Lebzeiten des Müllers. Es scheint, als habe der Mann nur mal eben kurz sein Werkzeug an die Seite gelegt. Alles ist noch da: Das Mahlwerk und die Turbine, seine Wohnstube mit Herd und Sofa und sein Lager. Eine tolle Zeitreise und ein würdiges Ende einer herrlichen Wanderung.

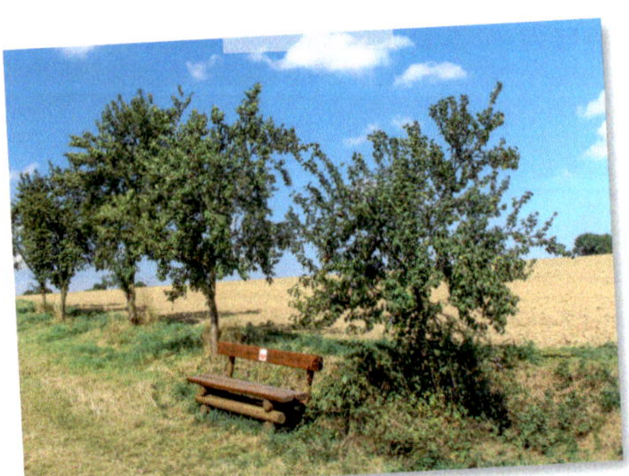

Alles, was ihr wissen müsst

Rundtour: lange, gemütliche Wanderung für alle, die einmal auf einer Burg übernachten möchten // empfohlen als Zweitageswanderung // Abkürzungen auf 7 oder 19 Kilometer möglich // **nicht kinderwagentauglich**

Markierung: weiße Jesuitenkirche auf rotem Grund // am besten GPS folgen

Entfernung von: Paderborn 30 Kilometer // Bielefeld 75 Kilometer
ÖPNV: ab Paderborn Buslinie S60, Haltestelle Büren, Markt oder Haltestelle Wewelsburg, dann Start von dort
Auto: kostenloser Parkplatz: Neuer Weg 15, 33142 Büren

Einkehr: **Eiscafé Roma**, Burgstraße 30, 33142 Büren // **Goeken Café Büren**, Markt 12, 33142 Büren, www.goeken-backen.de

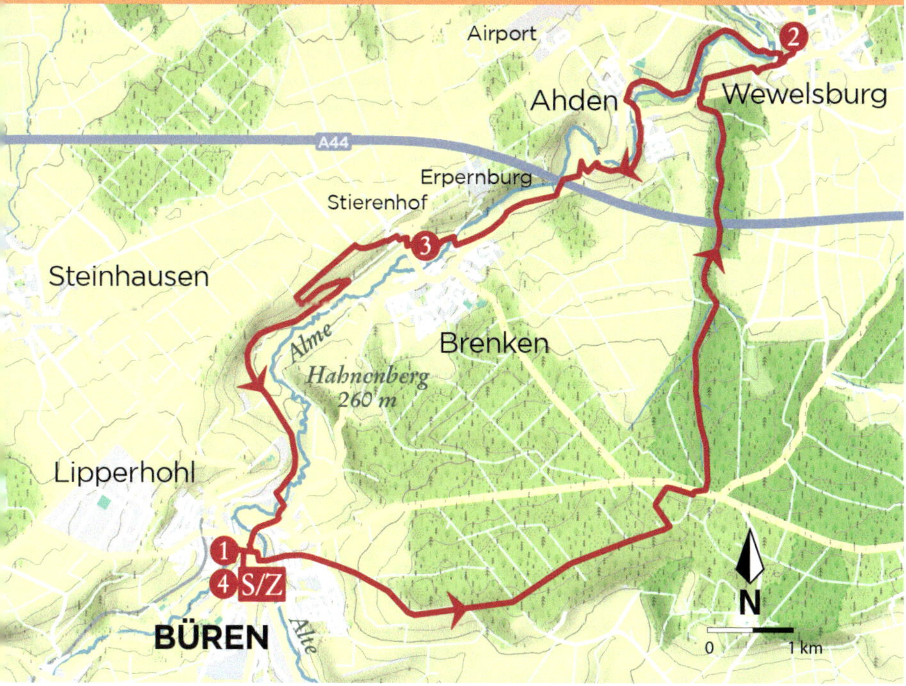

Im Bielefelder Stadtwald

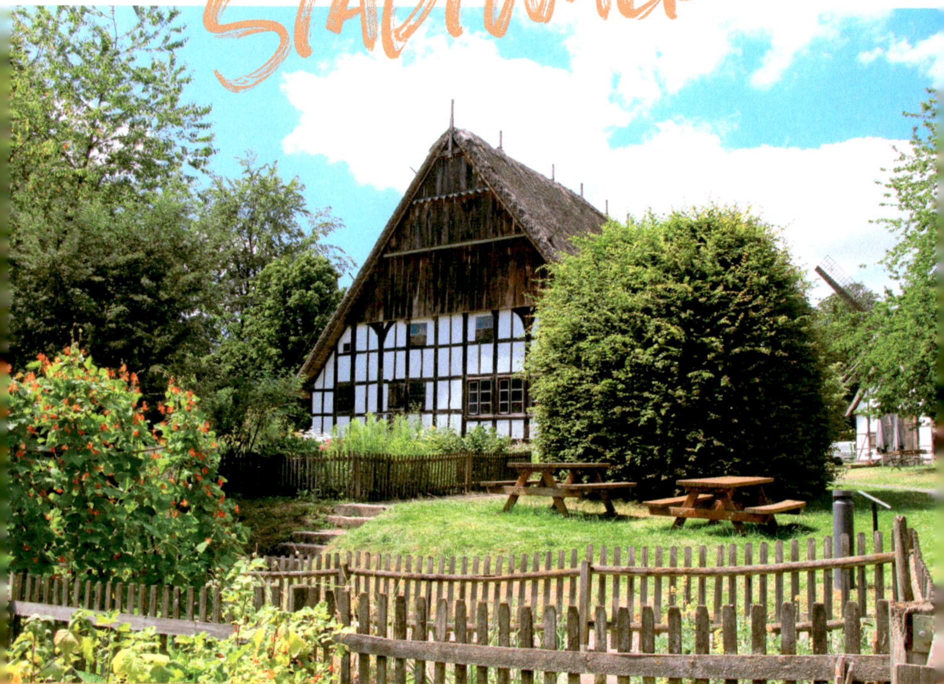

Schwierigkeit: mittel // 9 Kilometer // 280 Höhenmeter
Für Familien mit Kindern sehr zu empfehlen

WALD, WIESEN UND WISENTE:
AUF ENTDECKUNGSREISE
IM ÖSTLICHEN TEUTOBURGER WALD

»Gibt's doch gar nicht!«, diesen Ausruf kennt jede Bielefelderin, jeder Bielefelder und auch alle, die die schöne ostwestfälische Metropole besuchen und dann zu Hause davon erzählen. Die Bielefeld-Verschwörung kam Mitte der 1990er Jahre auf, als von einer Kieler WG per E-Mail das Gerücht der Nichtexistenz der Stadt gestreut wurde. Nun, diese Wanderung ist ein hervorragender Beweis dafür, dass es die größte Stadt in Ostwestfalen-Lippe tatsächlich gibt, und sie zeigt vor allem: Bielefeld ist eine der grünsten Großstädte Deutschlands. Der Teutoburger Wald verläuft mit 4.800 Hektar Stadtwald mittendurch. Egal, wo ihr euch im Stadtbereich befindet, in zehn Minuten seid ihr im Grünen. Spätestens.

BEI DIESER RUNDWANDERUNG IST ES GANZ GLEICH, WO IHR EINSTEIGT, AM BESTEN BEGINNT IHR DIREKT AM HEIMATTIERPARK OLDERDISSEN ODER ABER OBERHALB DER STADT AM JOHANNISBERG, SO WIE HIER BESCHRIEBEN.

Vom Parkplatz aus wandert ihr zunächst ganz easy ohne Steigung durch den Historischen Park. Hier befand sich bis in die 1940er Jahre die Flaniermeile der Schönen und Reichen, günstig gelegen zwischen zwei prachtvollen Villen-Vierteln: ein malerisches Kleinod mit geschwungenen Wegen, Sitzgelegenheiten für etwas Romantik und mit phänomenalen Sichtachsen über die Stadt. Nach dem Krieg verwilderte diese gründerzeitliche Parkanlage und bekam erst wieder 2008 ihren Glanz zurück. Heute kann hier wieder schön gelustwandelt werden. Kurz bevor ihr den Berg hinabsteigt, habt ihr die schönste Aussicht auf Bielefeld und auf sein Wahrzeichen: die Sparrenburg auf dem gegenüberliegenden Sparrenberg.

Direkt unterhalb der Ausguck-Terrasse liegt der WINZERSCHE GARTEN 1: ein kleiner, schmucker Weinberg. Wer nun meint, der Winzersche Garten heißt so, weil hier eben Wein angebaut wird, der liegt falsch. Es war andersherum. Der Garten am Hang gehörte einst

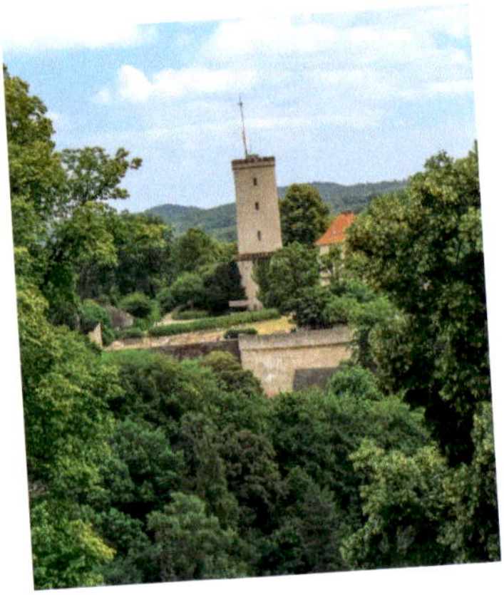

Bielefelds Wahrzeichen

dem Textilunternehmer Carl Wilhelm Winzer. Sein Nachname brachte die Idee, einen Weingarten anzulegen. Reben gedeihen hier nun seit 2013. Durch die kleine Tuffsteingrotte hindurch am Fuße angelangt, wandert ihr die Hochstraße wieder hinauf in den Teuto, wie die Bielefelder den Teutoburger Wald liebevoll nennen. Von hier habt ihr noch mal einen schönen Blick in die schwindelerregend hohen Plattformen des Klettergartens, der euch sicher schon am Parkplatz aufgefallen ist. Einmal über die Straße Johannistal und durch eine Wohnstraße mit hübschen Villen, dann geht es bergauf auf den Kahlen Berg, der gar nicht kahl ist.

Euer nächstes Etappenziel heißt BOTANISCHER GARTEN 2, der links vom Wanderweg liegt und für den ihr etwas Zeit einplanen solltet. Mehr als 2.500 Pflanzenarten gedeihen in dieser Parkanlage, die schon 1912 angelegt, im Laufe der Jahre aber mehrmals umgestaltet wurde. Eines ist sie jedoch immer geblieben: eine blumige Ruheoase mitten in der Stadt. Besonders sehenswert sind das Fachwerkhaus von 1823, die anschauliche Darstellung der Mendelschen Gesetze, der Taschentuchbaum und auf jeden Fall der Mammutbaum, der hier schon seit der Parkgründung steht. Damit ist er zwar über 100 Jahre, steckt aber noch in den Kinderschuhen – ein solcher Baum kann weit über 3.000 Jahre alt werden. Da geht also noch einiges.

Zurück auf dem Waldweg, geht es für euch den Kahlen Berg weiter hinauf. Oben am PAVILLON 3 könnt ihr gut eine Rast einplanen. Die Wiese links der Hütte ist übrigens im Winter eine bei den Bielefeldern sehr beliebte und gut besuchte Rodelstrecke. Allein: Es schneit kaum in Bielefeld. Aber wenn, dann trifft man sich hier,

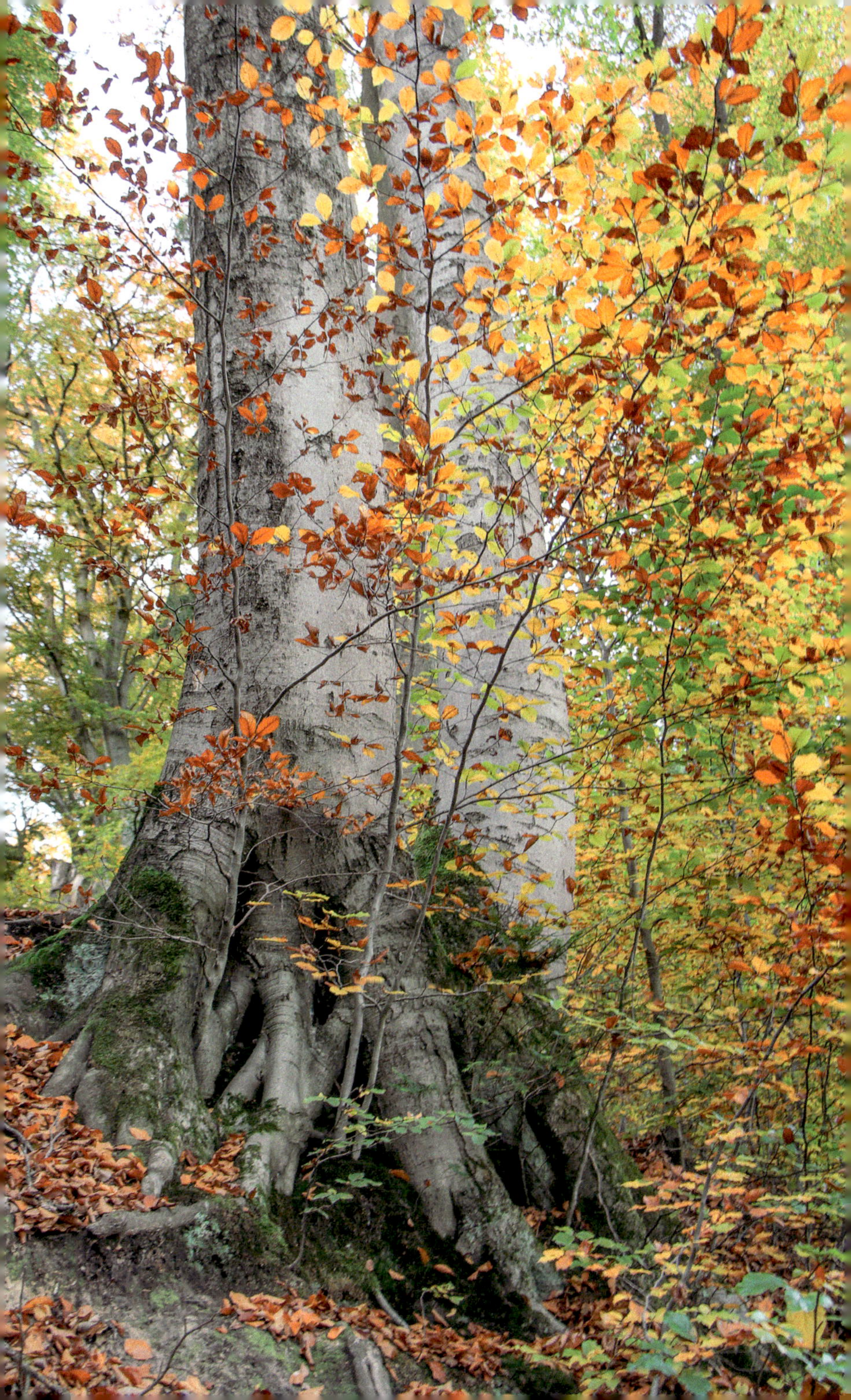

bewaffnet mit allem, was als Schlitten taugt. Hinter der Hütte geht es noch höher in den Berg. Einen halben Kilometer wandert ihr nun über den Hermannsweg, bis ihr an den großen Stern kommt, in dessen Mitte ein Picknicktisch thront. Sieben Wege treffen hier aufeinander – jetzt nur nicht den falschen nehmen.
Ihr bleibt auf dem Kamm, folgt also im Uhrzeigersinn der dritten Abzweigung. Die führt euch nach 1,5 Kilometern direkt in den Heimattierpark Olderdissen. So tief im Bielefelder Stadtwald kann man kaum glauben, dass die wuselige Innenstadt nur wenige Kilometer entfernt ist. Vom Trubel einer Großstadt bekommt man nichts mit, auch nichts vom Tierpark, der ja quasi in Spuckweite liegt. Das dichte Blätterwerk schluckt alles. Das ist richtig Auszeit hier oben. Nur ein paar Jogger, Walker und Gassi-Geher begegnen euch auf dem Weg durch den Wald.

Der kleine Winzersche Garten lädt zu einem gemütlichen Spaziergang in einer mal etwas anderen Umgebung ein

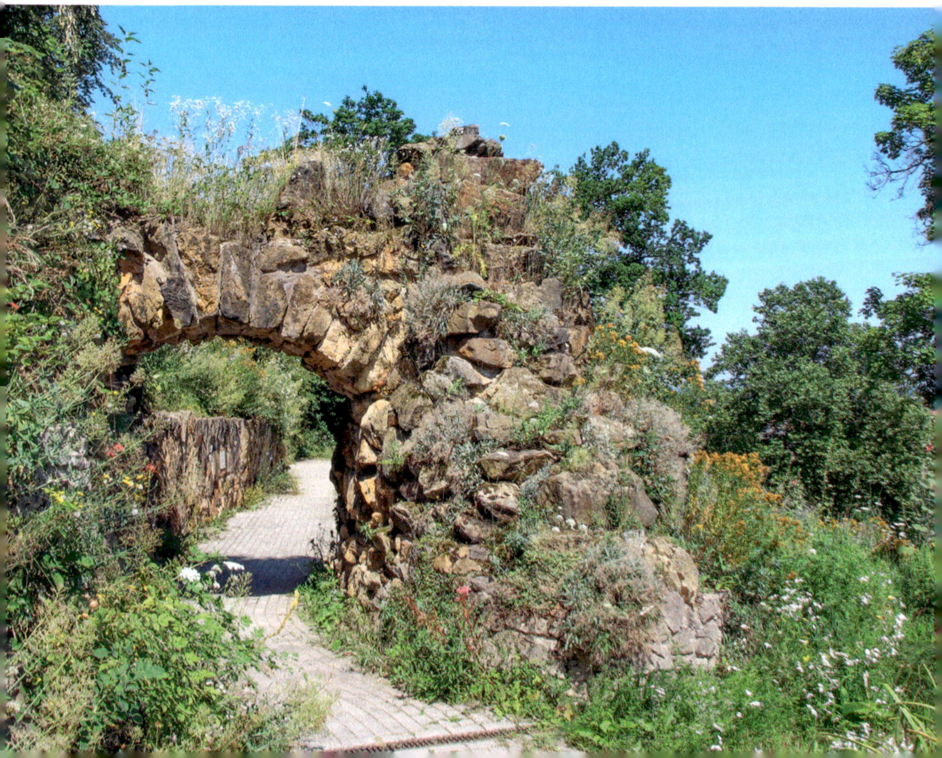

IM FRÜHJAHR IST ES IN DIESEM ABSCHNITT BESONDERS SCHÖN: EIN DICHTER WEISSER TEPPICH IST AUSGELEGT, DER WEITHIN NACH KNOBLAUCH »DUFTET«: DER BÄRLAUCH BLÜHT UND GIBT DABEI EIN PHANTASTISCHES BILD AB!

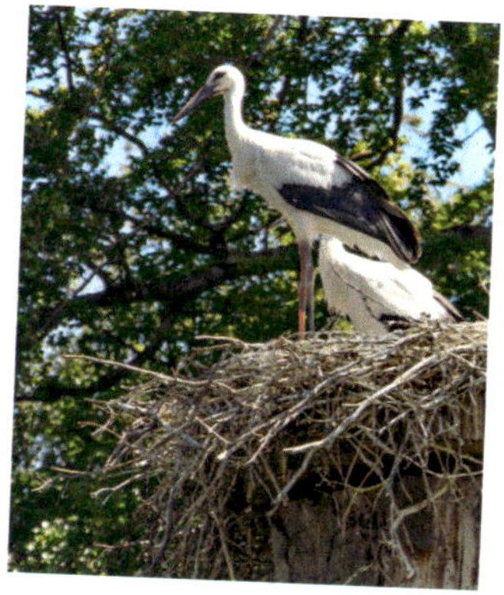

Sommer-Saison-Besucher

Wenn ihr euch Olderdissen nähert, wird's laut: Stimmengewirr, irgendwo wiehert oder blökt ein Tier – und über allem Kinderlachen. Der Heimattierpark erfreut sich großer Beliebtheit bei Groß und Klein und ist bei jedem Wetter gut besucht. Auch hier solltet ihr wieder etwas mehr Zeit einplanen. Es gibt enorm viel zu entdecken: große Tiere wie Bär und Wisent, aber auch kleine, wie Maus oder Nutria. Wer nun gern einkehren möchte, kann dies hier ebenfalls tun und dabei die Kleinen im Blick haben, die sich derweil auf dem riesigen Abenteuerspielplatz austoben.

Wer es etwas ruhiger und nicht ganz so wirbelig mag, wandert noch ein bisschen weiter und freut sich auf Kaffee mit selbst gebackenem Kuchen und dem ostwestfälisch-lippischen Nationalgericht Pickert am letzten Etappenziel auf dieser Wanderung, dem BAUERNHAUSMUSEUM 4. In diesem Freilichtmuseum könnt ihr aber nicht nur speisen, sondern vor allem auf eine Zeitreise um das Jahr 1850 gehen. Bockwindmühle, Tagelöhnerhaus, Backhaus, Spieker und die anderen Gebäude zeigen ganz praktisch, wie ein Hofleben Mitte des 19. Jahrhunderts funktionierte. Viele der Angebote sind Mitmachangebote: Wolle spinnen oder Brot backen zum Beispiel.

Gegenüber dem Museum erstreckt sich die große Ochsenheide, ein Paradies für Wiesenkräuter und Krabbeltiere. Diese Fläche, eine der letzten Kalktrockenrasenflächen in Bielefeld, ist tatsächlich ein ein-

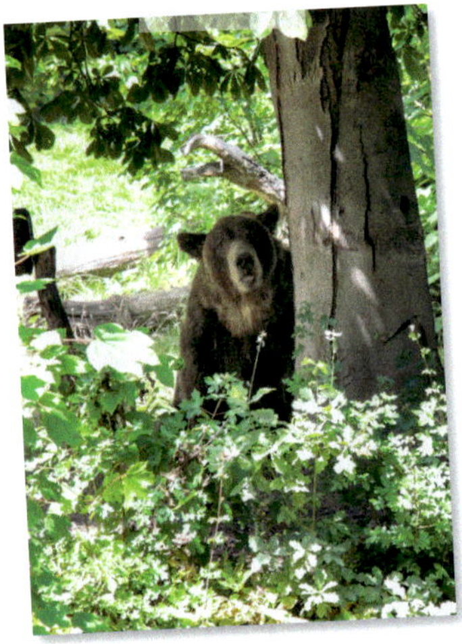

zigartiges Grasland-Biotop, auf dem eine Vielzahl an seltenen Blütenarten wächst und mit ihren Leckerbissen selten gewordene Tagfalter anlockt. Der Wiesenname hat übrigens nichts mit Ochsen zu tun. »Ochsen« leitet sich von »Ossen« ab und das wiederum von »Osning«. So hieß der Kamm, bevor er Teutoburger Wald genannt wurde. Von der hübschen summenden Wiese sind es dann nur noch ein paar Meter den Berg hinunter, und ihr seid wieder am Ausgangspunkt.

WER MIT SEHR KLEINEN WANDERERN UNTERWEGS IST: RUND UM DEN KAHLEN BERG VERLÄUFT VOM TIERPARK AUS DER KURZWEILIGE, NUR 2,5 KILOMETER LANGE »GRÜNFUCHS-PFAD«. ENTLANG DES RUNDWEGES ERFAHREN KINDER (UND NICHT NUR DIE) SPIELERISCH DURCH RÄTSELN UND AUSPROBIEREN WISSENSWERTES ÜBER DEN WALD UND SEINE BEWOHNER.

Wer nun nach dieser Wanderung immer noch nicht davon überzeugt ist, dass es Bielefeld wirklich gibt, der findet den endgültigen Beweis in der Innenstadt am Altstädter Kirchplatz. Im Jahr 2019 lobte die Stadt Bielefeld eine Millionen Euro aus für denjenigen, der beweisen konnte, dass die Bielefeld-Verschwörung doch wahr ist. Viele vermeintliche Indizien wurden eingereicht, aber ein wirklicher Beweis, dass die schöne Metropole am Teutoburger Wald nur ein Fake ist, war nicht darunter. Der Gedenkstein am Altstädter Kirchplatz ist quasi der Grabstein der Verschwörung. Denn es gilt nun als bewiesen: Bielefeld gibt es eben doch. Wer weiterhin an dem Verschwörungsgedanken festhält, dem ist nicht mehr zu helfen.

Alles, was ihr wissen müsst

Rundtour: sehr familienfreundliche Tour mit vielen tierischen Begegnungen // **kinderwagentauglich** nur rund um den Heimattierpark Olderdissen auf dem Grünfuchs-Pfad

Markierung: GPS folgen

Entfernung von: Bielefeld-Zentrum 3,5 Kilometer
ÖPNV: Bielefeld Hbf. Stadtbahn, Haltestelle Jahnplatz, dann Buslinie 24, Haltestelle Bauernhausmuseum (Start Johannisberg) oder Tierpark Olderdissen (Start am Heimattierpark)
Auto: kostenlose Parkplätze am Johannisberg // Parkplätze direkt am Heimattierpark Olderdissen

Einkehr: **Café im Bauernhausmuseum**, Dornberger Straße 82, 33619 Bielefeld, www.bielefelder-bauernhausmuseum.de // **Meierhof Olderdissen**, Dornberger Straße 147a, 33619 Bielefeld

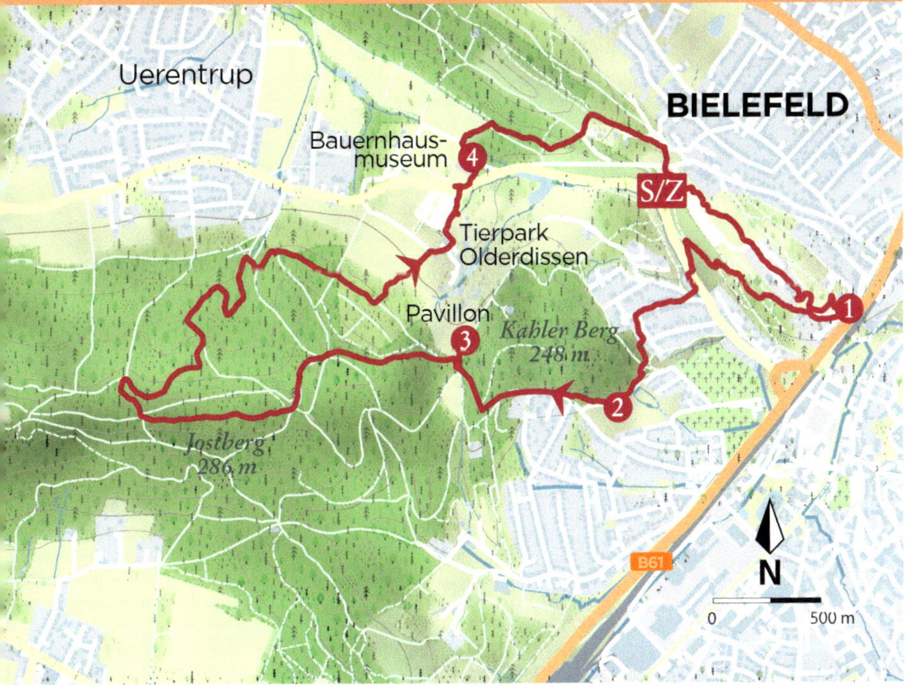

Entlang der Ems

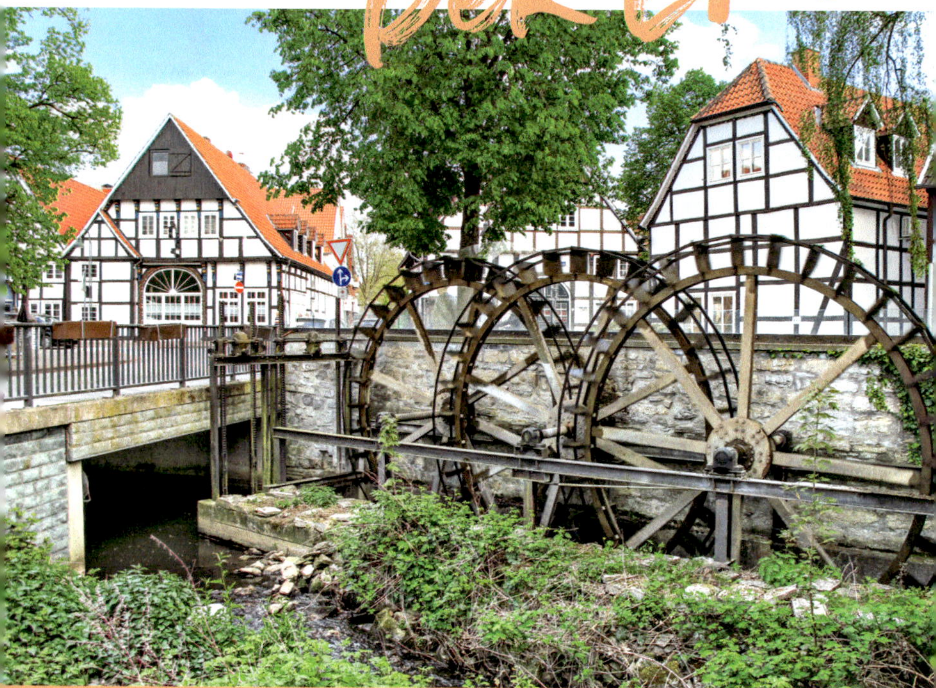

Schwierigkeit: leicht // 8,6 bis 13,5 Kilometer // 4 Höhenmeter
Für Familien mit Kindern geeignet

ZWISCHEN FACHWERK, KUNST UND NATUR: ENTLANG DER EMS IN WIEDENBRÜCK BIS ZU DEN SCHLOSSGÄRTEN IN RHEDA

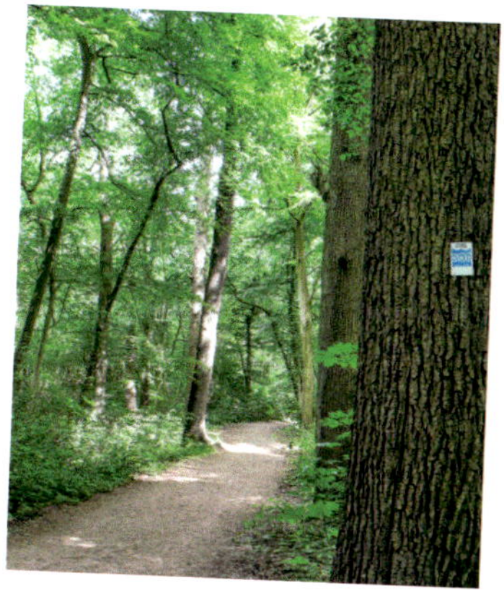

Dichtes Grün im Stadtholz

Südlich vom Teutoburger Wald liegt die schmucke Doppelstadt Rheda-Wiedenbrück mit ihren beiden malerischen Altstadtzentren voller farbenfroher, restaurierter Fachwerkhäuser, verwinkelter Kopfsteinpflaster-Gässchen, einem Wasserschloss, ganz viel Geschichte und noch mehr Kunst. Ein Grünstreifen verbindet die beiden Stadtkerne miteinander, immer in Begleitung der gemütlich vor sich hin fließenden Ems, die sich vom Südosten Wiedenbrücks langsam bis in Rhedas Norden schlängelt und dort die Doppelstadt genauso ruhig und gemächlich wieder verlässt, wie sie hineingeflossen ist. Bei dieser Stadtwanderung bleibt ihr immer in unmittelbarer Nähe zum urbanen Leben, spaziert aber trotzdem durch eine abwechslungsreiche und beeindruckende Landschaft, die viel Erholung bietet, vor allem aber jede Menge Spaß und Erlebnis für die ganze Familie. Besonders Kinder im Spielplatzalter kommen voll auf ihre Kosten: Ein Kletterparadies reiht sich an das nächste.

Los geht dieser vom Deutschen Wanderverein zertifizierte Qualitätswanderweg am Emssee auf dem Gelände der ehemaligen Landesgartenschau. Der See wurde 1988 extra dafür künstlich angelegt und erfreut sich seitdem enormer Beliebtheit bei Groß und Klein. Dazu aber später mehr. Erst einmal haben eure Füße was zu tun: Da ihr aber wieder hierher zurückkommen werdet, können sich die Erwachsenen schon mal auf ein nettes Päuschen am See freuen, die Kinder auf jede Menge Abenteuer.

Hier am See fällt eine markante Skulptur ins Auge: »Der Knoten im Garn« von Wilfried Koch. Auf eurem Weg werden euch noch zahlreiche weitere Kunstwerke begegnen. Mal solche, die zum Nach-

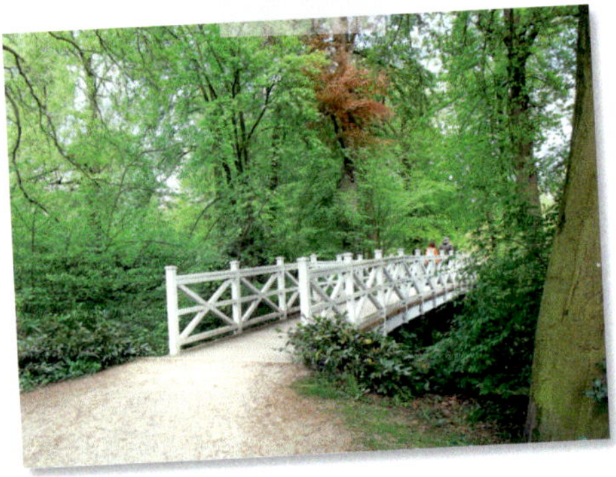

denken anregen, so wie dieses, das an Armut und Elend einer Spinnerfamilie aus dem 19. Jahrhundert erinnert. Mal sehr viel fröhlicher, wie die »Alltagsmenschen«, die euch in der gesamten Doppelstadt verteilt überraschen. Sie nehmen einen so selbstverständlichen Platz im Hier und Jetzt ein, dass man manchmal erst auf den zweiten Blick bemerkt, dass es sich überhaupt um Skulpturen und nicht um Mitmenschen handelt.

DIE HISTORISCHEN FACHWERKHÄUSER SIND EINE AUGENWEIDE. AN VIELEN GIEBELN KANN MAN SPRÜCHE ENTZIFFERN, UND DIE SYMBOLE, TIERE, FABELWESEN AN DEN FASSADEN ERZÄHLEN GESCHICHTEN ÜBER EHEMALIGE BEWOHNER. ZUR DECHIFFRIERUNG FINDET IHR AN VIELEN HÄUSERN KLEINE INFOTAFELN.

Dann überquert ihr die erste Emsbrücke von vielen – und kommt auf den Wall, der den alten Stadtkern von Wiedenbrück umgibt und dabei laufend seinen Namen ändert. Los geht's auf dem Mühlenwall. Ihr folgt nun der Ems Richtung STADTHOLZ 1, dem Wiedenbrücker Stadtwald. Auf dem Weg dorthin überquert ihr die Ems noch weitere Male, bleibt aber immer an ihrer Seite, mal links, mal rechts von ihr. Das Stadtholz selbst ist ein beliebter und dichter Wald mit Trimm-dich-Pfaden und dementsprechend vielen sportlichen Menschen. Allein ist man hier eher selten. Der Weg führt euch einmal in die Runde. Nach knapp drei Kilometern seid ihr wieder an der Brücke, die euch in den Wald hineingeführt hat. Nun lauft ihr den schon bekannten Weg an der Ems entlang zurück, bis ihr an die

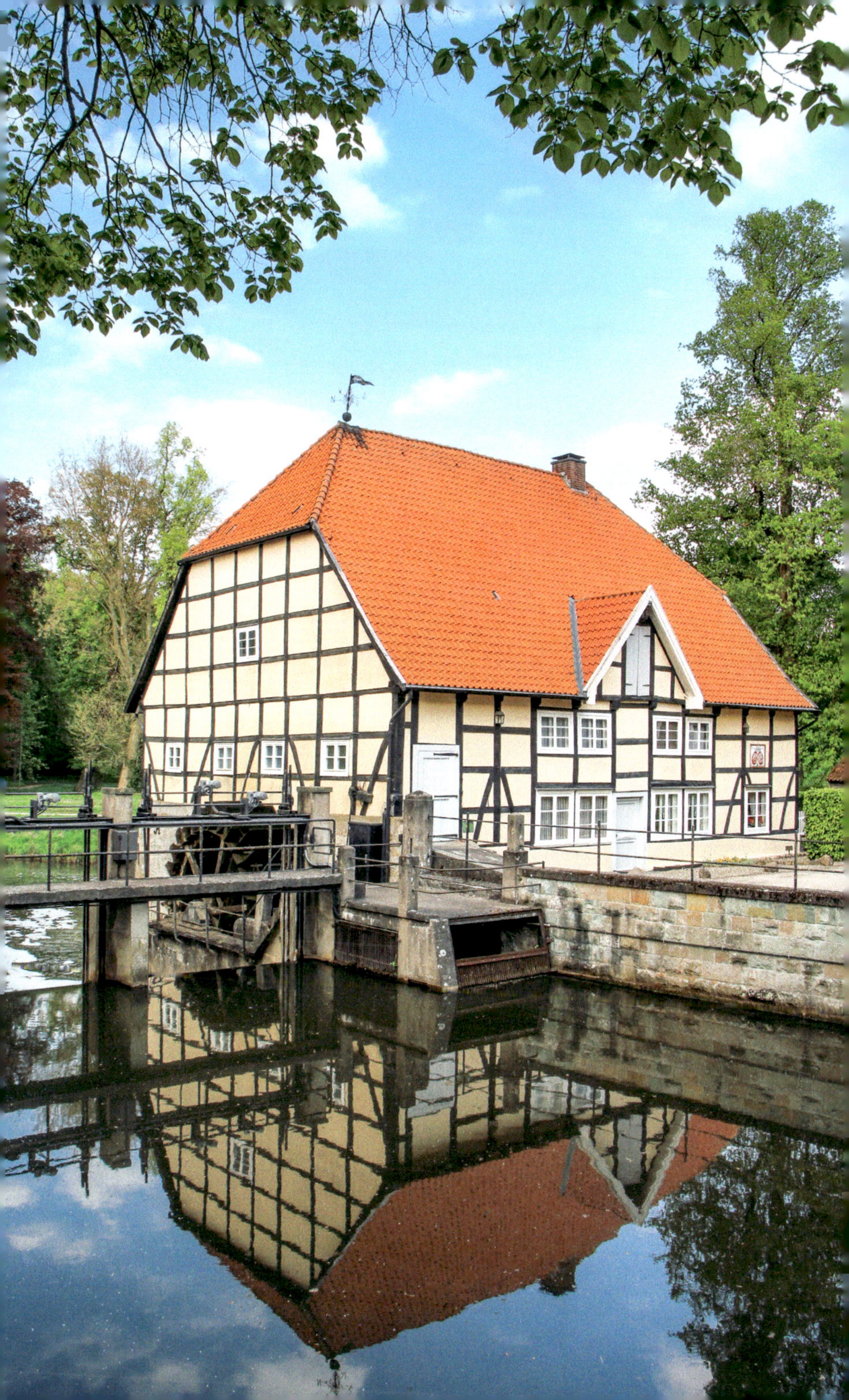

Brücke zur Reumont-Promenade kommt. Ab hier plätschert die Ems in die sogenannte Umflut, die der Wallumrundung folgt.

Bevor ihr die Rietberger Straße überquert, lohnt ein Abstecher in die ehemaligen Werkstätten der WIEDENBRÜCKER SCHULE 2, die sich im Hinterhof eines Renaissancehauses mit beeindruckenden Schnitzereien befinden. Die Meister der Wiedenbrücker Schule waren auf sakrale Handwerkskunst spezialisiert, die man nicht nur in Deutschland bewundern kann, sondern in Gotteshäusern weltweit. Im heutigen Museum entdeckt ihr neben Originalen der alten Meister auch einiges zur Wiedenbrücker Stadtgeschichte.

Ihr umrundet die Altstadt Wiedenbrücks entlang des Klosterwalls, des Aegidienwalls und des Nordwalls. Nach 1,5 Kilometern zurück am Mühlenwall trifft die Umflut wieder auf die Ems. Ein vorerst letztes Mal überquert ihr den Fluss und erreicht den Ems-See von

Die Alltagsmenschen sind auf den ersten Blick kaum von echten Menschen zu unterscheiden

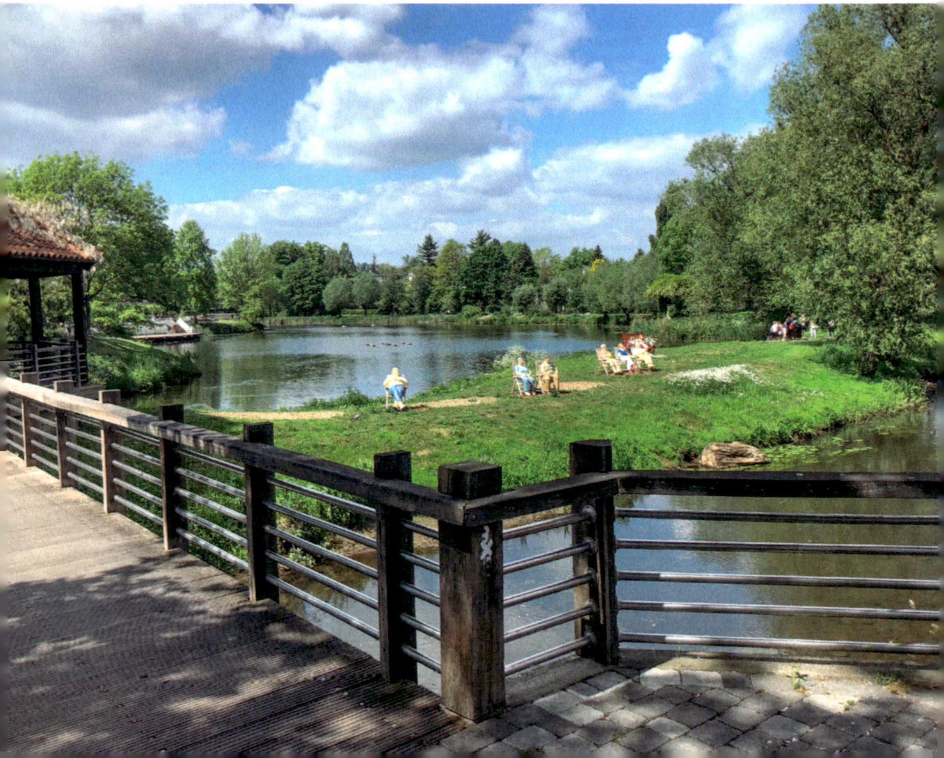

der anderen Seite. Mitte des 19. Jahrhunderts nutzte man an der Umflut den sogenannten Mühlenkolk – so wurde das Staubecken vor dem Mühlenrad genannt – als Freibad. Entlang der Ems gab es einige solcher Badestellen. Wobei die im Mühlenkolk aufgrund ihres Wellenschlages bestimmt die interessanteste war. Solltet ihr quengelige Kinder dabeihaben, die kühn behaupten, wandermüde Beine zu haben, am Ems-See werden sie mit Sicherheit wieder wach – die Kinder sowie die Beine. Im heutigen FLORA WESTFALICA PARK 3 beginnt auf der anderen Seite des Ufers ein wahres Kinderparadies: Der riesige Wasserspielplatz lädt zu einer längeren Pause ein. Der Park ist aus der Landesgartenschau entstanden und gehört heute zum European Garden Heritage Network – und damit zu den schönsten Gärten Europas.

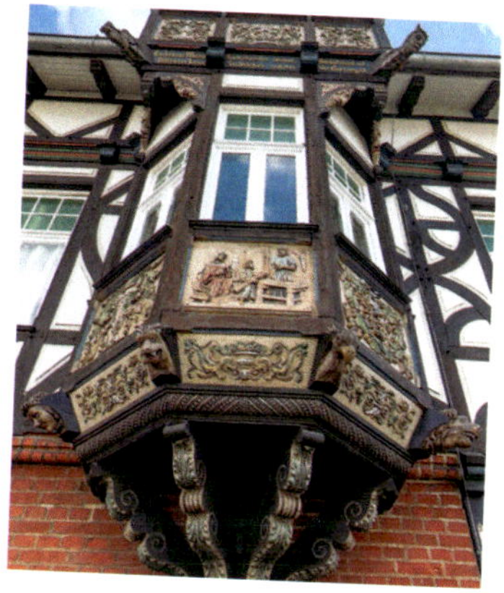

Geschichten am Erker

Im Prinzip endet der Ems-Promenaden-Weg hier, denn in wenigen Schritten seid ihr wieder am Ausgangspunkt beziehungsweise beim Parkplatz. Aber: Es lohnt sich, weiterzulaufen und noch eine Schleife zum WASSERSCHLOSS RHEDA 4 und seiner ebenso beeindruckenden Garten- und Parklandschaft zu machen. Vorausgesetzt, ihr bekommt eure Kinder vom verlockenden Wasserspielplatz wieder weg. Vielleicht hilft das Argument, dass weitere (und mindestens ebenso aufregende) Spielplätze auf dem Weg entdeckt werden wollen. Zum Wasserschloss Rheda lauft ihr rechts an den Tennisplätzen vorbei, erst mal wieder über eine Emsbrücke und dann über die, die euch sicher über den Nordring führt. Ausgeschildert ist hier euer Wanderzeichen mit dem Zusatz »Zuweg«. Die Ems schlängelt sich nun links von eurem Weg entlang, der euch weiter durch die Flora

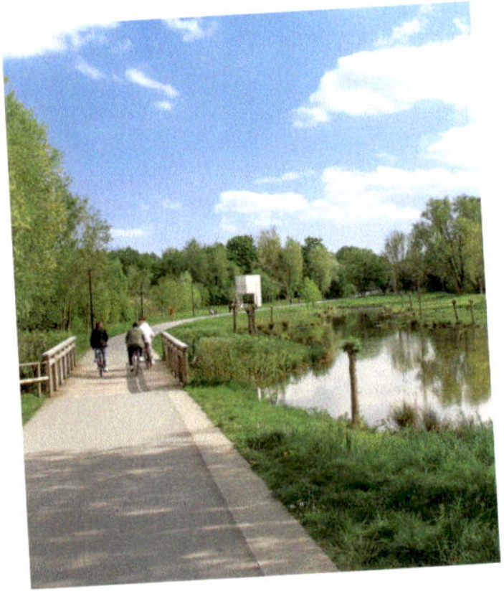

Durch die Flora Westfalica

Westfalica führt. Nach dem Skaterpark wandert ihr durch den Aquatunnel, der unter der A 2 verläuft (und in dem tatsächlich während der Landesgartenschau Aquarien zu bestaunen waren). Wieder am Tageslicht seid ihr nun in Rheda, im Erlenbruch, und wandert weiter geradeaus, bis ihr an den Steinweg kommt. Der Zugangsweg zeigt nun nach links, was ihr aber ignoriert, denn ihr wollt ja zum Schloss – und das liegt zu eurer Rechten. Geradeaus über den Steinweg flaniert ihr am besten durch den schön angelegten Park zur Orangerie und zur Mühle und kommt von dort zum Torbogen, der euch zum Schloss führt. Das Schloss ist bewohnt. In den Sommermonaten werden sonntags die Tore für Besucher geöffnet. Eine öffentliche Schlossführung ist kostenpflichtig.

Zurück geht es nun durch den Schlosspark. Da das Haupttor meist verschlossen ist, nehmt ihr den Weg zwischen Mühle und Orangerie. Über eine weiße Holzbrücke geht es weiter in Richtung Ems-Haus und Schlossgarten. Nach den Teichen haltet ihr euch links, verlasst den Garten und wandert durch die Ems-Auen in einem weiten Bogen um das Schloss herum. Nach ein paar Metern durch den Wald steht ihr dann wieder vor dem Aquatunnel. Zurück in Wiedenbrück folgt ihr aber nicht dem bekannten Weg, über den ihr auf dem Hinweg gekommen seid, sondern haltet euch rechts und bleibt auf diesem Pfad, bis ihr an eurem Ausgangspunkt am Seecafé seid. Mit Kindern können diese letzten Meter lange dauern, denn zwei weitere tolle Spielplätze liegen an der Strecke. Da am ersten, der »Spielerei«, gut für Leib und Seele gesorgt wird, kommen auch Erwachsene auf ihre Kosten.

Alles, was ihr wissen müsst

Rundtour: leichter, aber langer Spaziergang // **kinderwagentauglich**

Markierung: Wanderzeichen: drei Mühlräder auf blauem Hintergrund // für die Verlängerung der Beschreibung im Text oder dem GPS folgen

Entfernung von: Gütersloh 10 Kilometer // Bielefeld 35 Kilometer
ÖPNV: ab Rheda Bahnhof Buslinien 70 und 79, Haltestelle Paul-Schmitz-Straße, Wiedenbrück
Auto: Parkplatz an der Schule

Einkehr: **Restaurant Seecafé**, Paul-Schmitz-Straße 22, 33378 Rheda-Wiedenbrück, www.seecafe.com // **Café und Biergarten »Schlossmühle«**, Steinweg 7, 33378 Rheda-Wiedenbrück // **Die Spielerei**, www.spielerei-florawestfalica.de

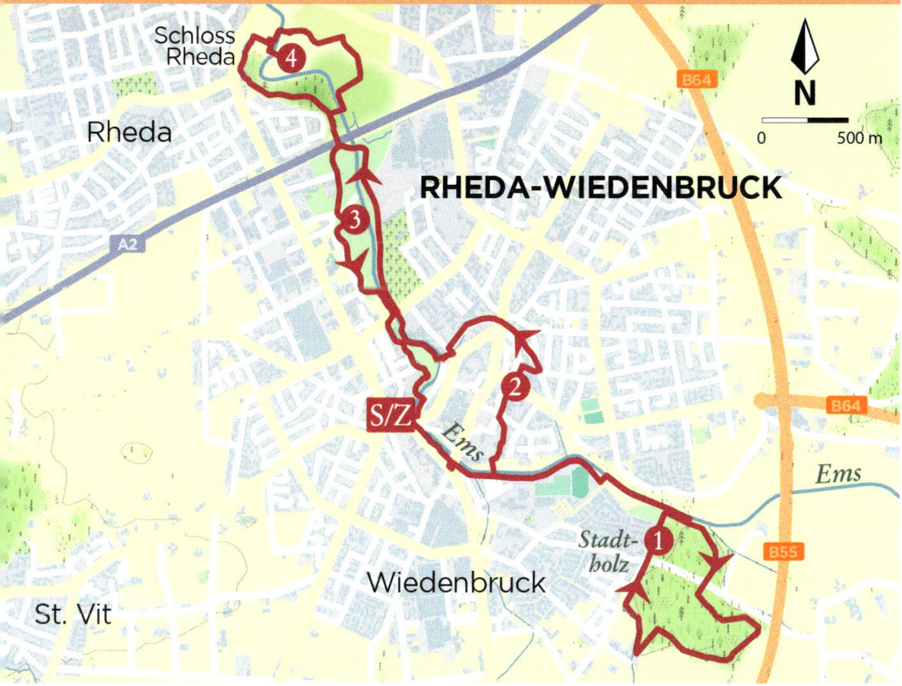

Um die Steinhagener Berge

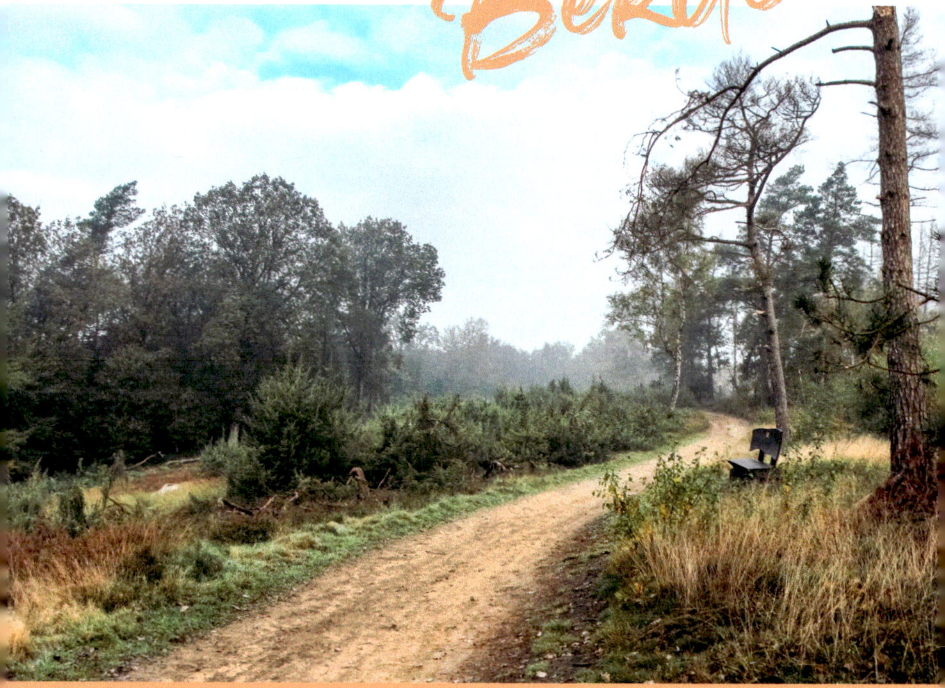

Schwierigkeit: schwer // 7,6 Kilometer // 183 Höhenmeter
Für Familien mit trittsicheren Kindern geeignet

DER BERGWELTENWEG: ÜBER SIEBEN BERGE MÜSST IHR GEHEN

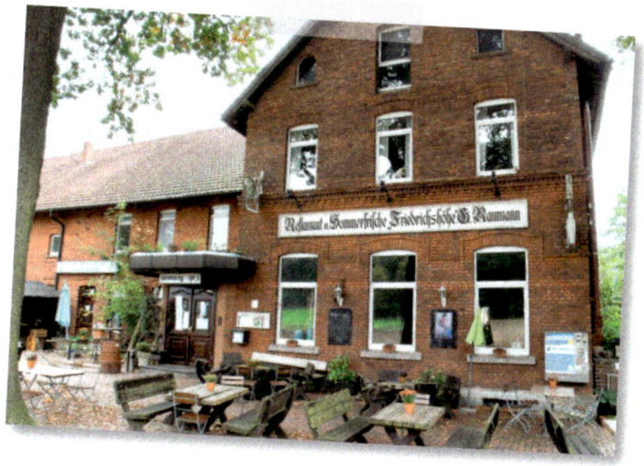

Es ist allgemein bekannt: Sieben ist eine magische Zahl. Weltwunder, Raben, Geißlein und natürlich Zwerge hinter Bergen – alles immer mal sieben. Schneewittchens Zufluchtsort war zwar sicher nicht hinter den Steinhäger Bergen im Kreis Gütersloh, aber, ob ihr nun an Märchen glaubt oder nicht, Hohe Liet, Gottesberg, Petersberg, Bußberg, Palsterkamper Berg, Emilshöhe und Jakobsberg sind auf jeden Fall eines mit Sicherheit: sieben märchenhaft schöne Berge. Interessant wird die Wanderung außerdem für Liebhaber hochprozentiger Destillate, denn es geht zu den letzten Steinhäger Wacholderheiden hoch.
Los geht der Bergweltenweg am Wanderparkplatz hinter der urigen GASTSTÄTTE »FRIEDRICHSHÖHE« 1. Auf einem schmalen Feldweg links am Gasthaus vorbei folgt ihr den orangefarbenen Schildern. Leicht ansteigend verläuft der Weg zwischen Feldern auf den ersten, nun ja, »Berg« zu, die Hohe Liet – mit 218 Höhenmetern eher ein Hügel, aber auch der will erklommen werden.

»BIKER UND KINDER WILLKOMMEN, HUNDE UND PFERDE ABER AUCH« HEISST DAS MOTTO DER FRIEDRICHSHÖHE ODER WIE SIE MIT VOLLEM NAMEN HEISST »GASTSTÄTTE UND SOMMERFRISCHE FRIEDRICHSHÖHE«. EINEN BESUCH DIESER HERRLICHEN SKURRILITÄT NACH EURER WANDERUNG SOLLTET IHR IM ZEITPLAN HABEN: EIN MUSS AUF DIESER WANDERROUTE.

Es dauert nicht lange, da zeigt euch der Teutoburger Wald seine Prachtexemplare: Links und rechts vom Weg strecken sich alte Baumriesen in den Himmel und präsentieren euch zu ihren Füßen ihre mächtigen, knotigen Wurzeln. Moosbewachsen und ineinander verschlungen tun sich verwunschene Höhlen auf. Seid ihr vielleicht doch in einem Märchenwald? Wer weiß. Zu früher Morgenstunde, wenn der Nebel noch festhängt, scheint der Gedanke, dass hier eine nicht irdische Gestalt den Weg kreuzen könnte, nicht ganz abwegig. Weiter hoch geht es auf den Petersberg. Immer wieder bekommt ihr nun hübsche Ausblicke ins Tal. Besonders am Hang – zu eurer Rechten Waldrand, zur Linken Wiesen und Felder – wird's pittoresk, wenn hier und da wie von Malerhand gesetzt ein Hof auftaucht. Am Petersberg erreicht ihr den Kamm und trefft auf den Hermannsweg, auf dem es nun gut einen Kilometer fast ohne Steigungen weitergeht. Es dauert nicht lange, bis sich der Wald wieder lichtet: Auf einem kleinen Stück wachsen hier die letzten WACHOLDERHEIDEN 2 Steinhagens. Der dunkle Waldboden wird immer heller und fängt mit jedem Schritt weiter in die Heidelandschaft hinein fast

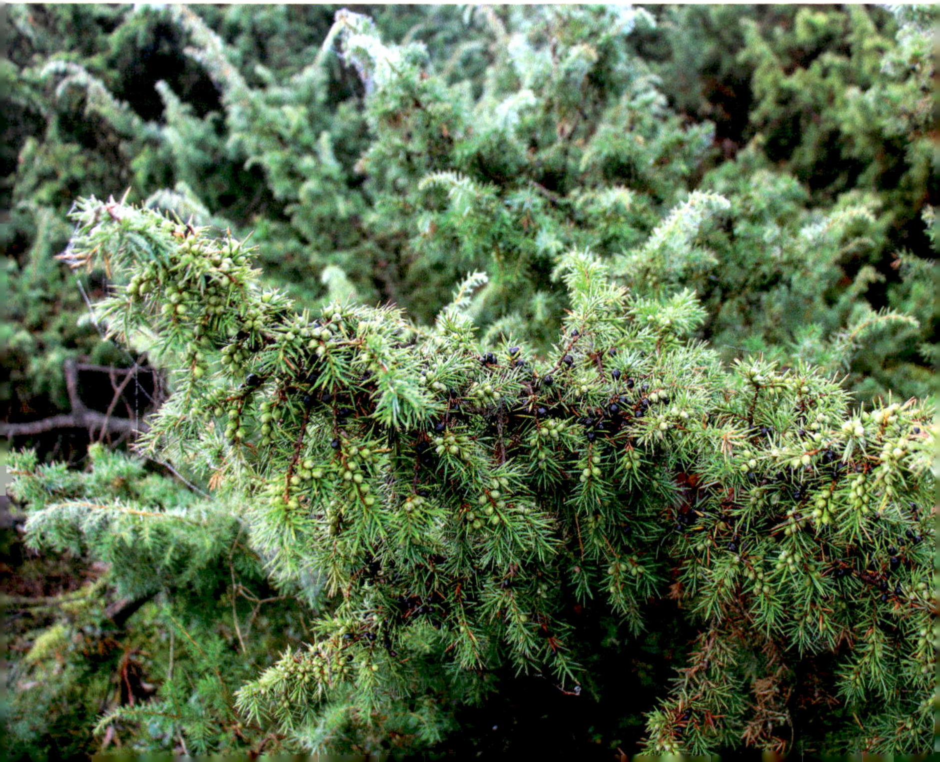

Aus diesen kleinen, harten Beeren entsteht ein köstlicher Hochprozentiger

an zu leuchten. Überhaupt sieht es hier oben recht ungewöhnlich aus. Besonders morgens, wenn in den Sträuchern auch hier noch der Nebel sich nicht lösen mag und er zwischen den Zypressengewächsen und einzeln stehenden Birken bizarre Gestalten herbeizaubert. In früheren Zeiten erstreckten sich die Heiden bis nach Steinhagen hinunter. Wacholder, so weit das Auge blicken konnte. Etliche Brennereien siedelten sich in Steinhagen an, machten die Stadt berühmt für den brennenden Klaren, den Steinhäger.

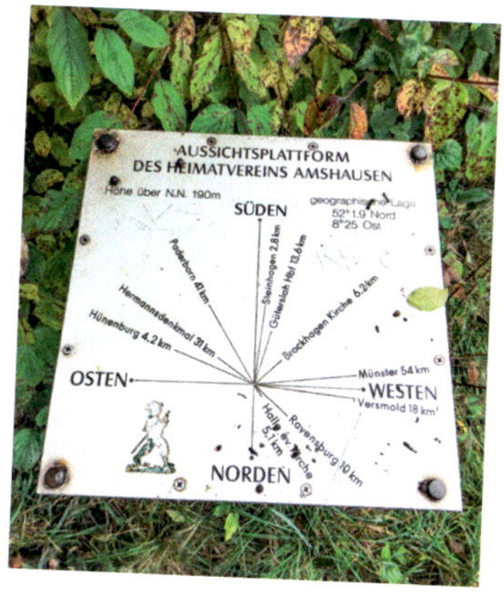

ÜBERALL GIBT ES SEHENSWERTES

DER ECHTE STEINHÄGER DARF NUR IN STEINHAGEN PRODUZIERT WERDEN. FÜR LIEBHABER HOCHPROZENTIGER DESTILLATE UND INSBESONDERE DES MINDESTENS 38-PROZENTIGEN ECHTEN STEINHÄGERS EMPFIEHLT SICH EIN BESUCH DES HISTORISCHEN MUSEUMS IN STEINHAGEN, IN DEM DIE GESCHICHTE DES WACHOLDERBRANNTWEINS SEHR LEBENDIG IN DEN ALTEN PRODUKTIONSSTÄTTEN DER EHEMALIGEN BRENNEREI SCHLICHTE NACHERZÄHLT WIRD.

Aus Wacholder wurde aber nicht nur Schnaps hergestellt. Wacholder war eine begehrte Heilpflanze im Einsatz gegen Rheuma, Atemwegserkrankungen, bei Flatulenzen und diversen anderen Zipperlein. Wahrscheinlich kennt ihr die harten Beeren auch aus der deftigen Küche. Sauerkraut, da gehören sie rein. Heute wird in Steinhagen nur noch dieses kleine Areal erhalten, hier oben am Kamm. Die Pflege ist recht aufwendig, die piksigen Sträucher werden schnell

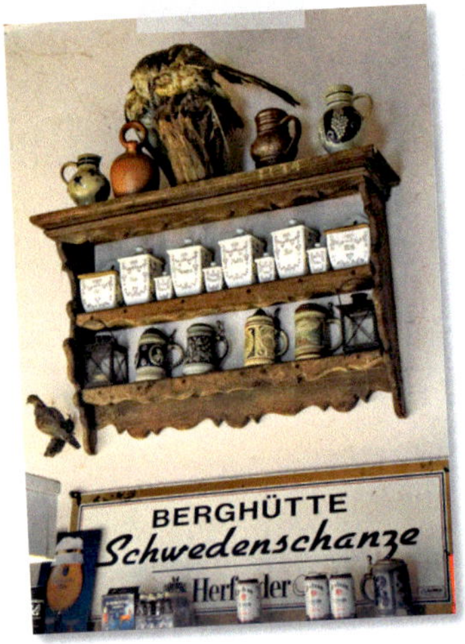

überwuchert. Es muss gezupft werden, damit die Ernte ertragreich ist. Was früher die Aufgabe von fleißigen Schafen war, wird heute per Hand erledigt. Wer hier mal mithelfen will: Ein Kontakt ist ausgehängt. Ein Anruf genügt.

Am Ende der Wacholderheiden, direkt vor einer Wanderwegkreuzung, lädt ein Themenrastplatz der Hermannshöhen zur Pause ein. Diese Pavillons finden sich entlang der Strecke der Hermannshöhen, dem Zusammenschluss von Hermannsweg und Eggeweg (siehe Route 6). Sie sind mit einem Hör-Modul ausgestattet. Auf Knopfdruck könnt ihr dem Gespräch von Opa Herrmann und seiner Enkelin Anna lauschen, die euch Geschichten über den Teutoburger Wald und seine Highlights am Wegesrand verraten. Da ihr direkt nach dem Pavillon den Bußberg erklimmen werdet, den mit Abstand knackigsten Anstieg auf dieser Tour, solltet ihr euch gut überlegen, ob ihr hier vielleicht nur kurz Luft holt, euch schlaumacht und erst nach dem anstrengenden Aufstieg eure Stullen auspackt.

Nach nur knapp über 300 Metern Kraxelei habt ihr das schwierigste Stück schon geschafft. Halbzeit. Hier am obersten Punkt des Bußberges steht die SCHWEDENSCHANZE 3, die eigentlich Kaiser-Friedrich-Gedächtnishütte heißt. Sagt aber keiner. So oder so, hier lässt sich zu beiden Seiten des Kammweges hervorragend schmausen und noch dazu mit reichlich Aussicht: über das Ravensberger Land zur einen Seite und in die Münsterländer Ebene auf der anderen. Klare Sicht vorausgesetzt, versteht sich. Wo sich was in welcher Richtung und Entfernung befindet, zeigt euch eine Tafel.

Der Name Schwedenschanze ist ein üblicher Begriff für nicht näher bezeichnete alte Wallanlagen. So ist es auch hier. Die Hütte, obwohl im Volksmund so genannt, ist also gar nicht die Schwedenschanze. Die eigentliche Wallanlage liegt etwas neben der Hütte. Entstanden ist sie um 1673. Dort, wo heute die Schutzhütte steht, sollte Ende des 19. Jahrhunderts zu Ehren von Kaiser Friedrich III., Sohn von Kaiser Wilhelm I., ein Gedenkstein in Form eines Obelisken aufgestellt werden. Fertiggestellt wurde der nie, es fehlte das Geld. Zum Glück für alle müden Wanderer, denn eine Schutzhütte war und ist im Endeffekt ja auch viel praktischer. Und diese hat eine ereignisreiche Geschichte: Zerstörungen, Brände, Neuaufbau. Mehrfach. Frisch gestärkt, geht es nun endlich mal bergab – zumindest eine Zeit lang. Der Palsterkamper Berg wartet dann wieder mit ein bisschen Steigung auf euch. Ein Stückchen mäandert der Juckemühlenbach neben euch her. Alles sehr pittoresk. Er entspringt oben im Teutoburger Wald und mündet, nachdem er sich mit mehreren an-

Märchenhaft verwunschen wird die Tour, wenn ihr sie frühmorgens geht

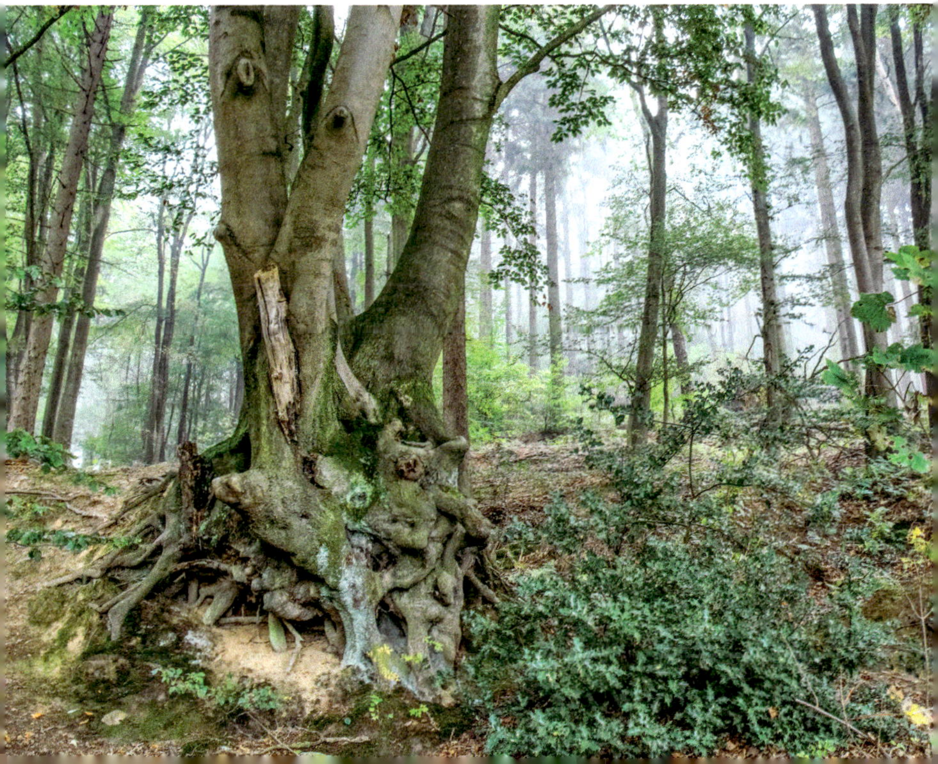

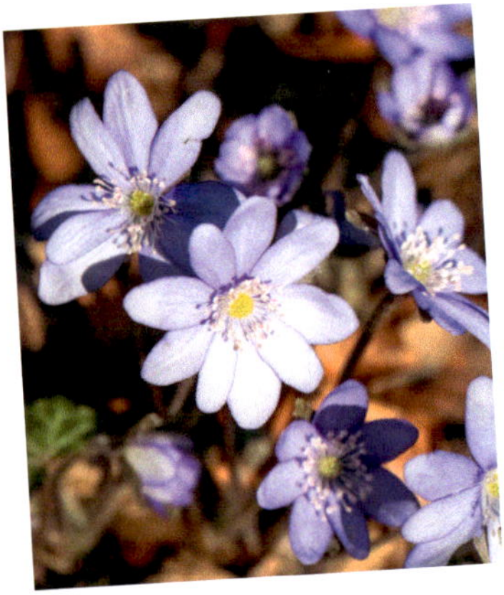

Stolzes Leberblümchen

deren Bächen verbunden hat, in die Ems, die etliche Kilometer weiter südlich in Schloss Holte-Stukenbrock ihre Quelle hat. Es gibt zwei jahreszeitliche Höhepunkte für diese Wanderung: Im August/September leuchten die Wacholderheiden durch das benachbarte rot blühende Heidekraut besonders schön. Das NATURSCHUTZGEBIET AM JAKOBSBERG 4 dagegen beeindruckt in den ersten Frühlingstagen, meist im März, wenn es nachts noch etwas frostig ist, aber tagsüber die Sonne schon wärmt. Dann ist der Waldboden mit einem Teppich aus leuchtenden blauviolettfarbigen Leberblümchen eingedeckt, während der Rest des Waldes noch ohne Blätterkleid auf mehr Wärme wartet. Magisch, dieses Farbspektakel und nur von sehr kurzer Dauer, denn jedes Blümchen blüht nur etwa eine Woche. Insgesamt circa drei Wochen bezaubert der violette Teppich die Waldbesucher. Dann wird er abgelöst von einer gelbweißen Decke. Auch sehr hübsch, aber nicht so besonders. Der Jakobsberg ist so ziemlich der nördlichste Punkt, an dem die seltenen Leberblümchen noch gedeihen können. In diesen Gefilden sind sie also eine echte Rarität und werden entsprechend gehuldigt.
Ihr könnt ab Ende Februar unter www.geopark-terravita.de/leberbluemchen-bluehbarometer nachschauen, wie weit die Leberblümchenblüte schon gediehen ist. So verpasst ihr die kurze Blütezeit nicht. Dann wandert ihr am besten werktags. An den Blütezeit-Wochenenden ist der Berg proppenvoll mit Bewunderern. Kurz bevor die Runde geschafft ist, habt ihr noch einmal Gelegenheit, träumend auf einem Waldsofa in die Ferne zu blicken, bevor ihr euch eine verdiente Erfrischung in der Friedrichshöhe gönnt.

Alles, was ihr wissen müsst

Rundtour: anspruchsvolle, sportliche Tour für Menschen mit Faible für außergewöhnliche Botanik // stellenweise Trittsicherheit erforderlich // **nicht kinderwagentauglich**

Markierung: drei Bäume auf orangefarbenem Grund mit der Aufschrift »Bergweltenweg«

Entfernung von: Gütersloh 17 Kilometer // Bielefeld 11 Kilometer
ÖPNV: ab Bielefeld Buslinie 68, 88 oder 188, Haltestelle Vierschlingen, dann circa 1,2 Kilometer die Kaistraße hoch bis zur Friedrichshöhe
Auto: kostenloser Wanderparkplatz Friedrichshöhe // Navi: Kaistraße 48, 33803 Steinhagen

Einkehr: **Gaststätte Friedrichshöhe**, Kaistraße 48, 33803 Steinhagen, www.rock-oldie-night.org // **Berghütte Schwedenschanze**, Kammweg, 33619 Bielefeld-Kirchdornberg

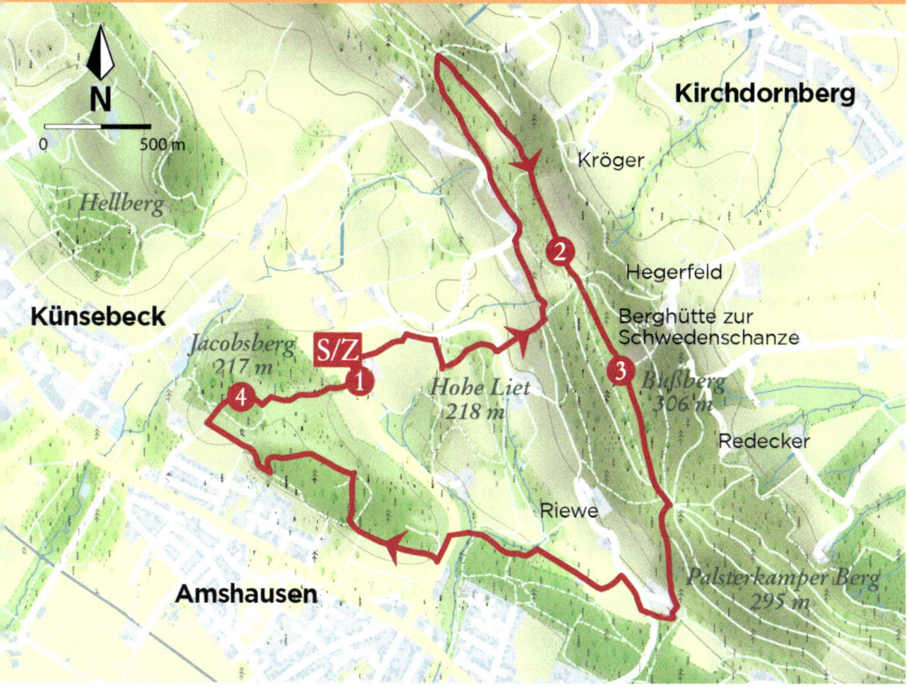

Die Ascheloher Schweiz

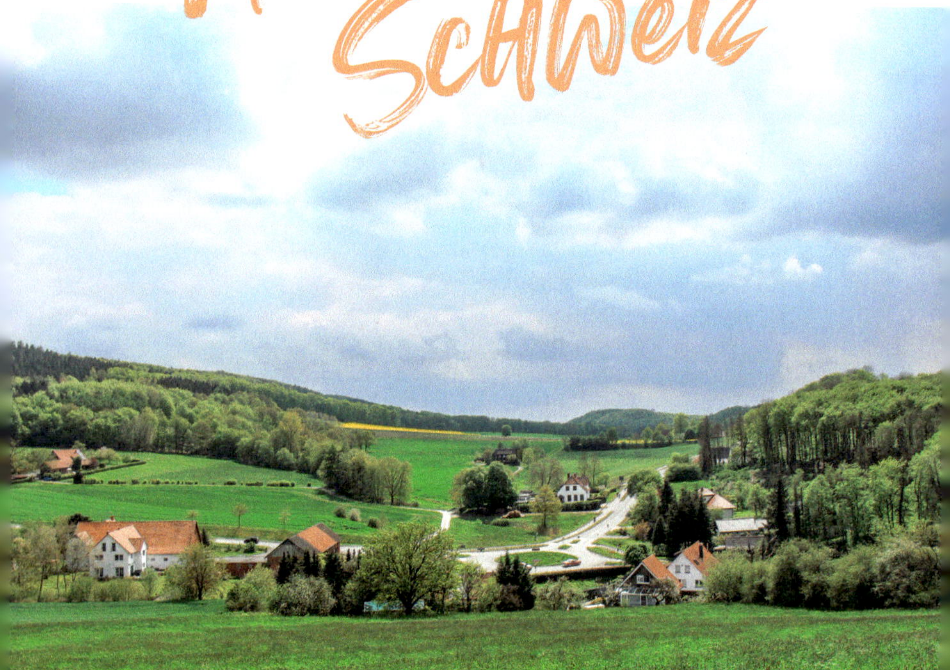

Schwierigkeit: mittel // 5,4 Kilometer // 190 Höhenmeter
Für Familien mit Kindern geeignet

*AUF DEN HALLER SPUREN:
VON DER KAFFEEMÜHLE MIT AUSSICHT
ZU DEN WALDGRÄBERN MIT GEHEIMNIS*

Das Städtchen Halle in Westfalen im Norden des Kreises Gütersloh ist bekannt durch die OWL-Arena, unter Einheimischen nur Gerry-Weber-Stadion genannt, eine Mehrzweckhalle, in der bekannte Größen aus Tennis oder Musik ihr Können zeigen. In Halle ist aber auch einer der schönsten Wanderwege im Teutoburger Wald zu finden. Die »Haller Spuren« führen euch durch vier Naturschutzgebiete, allesamt reich an Geschichten und Ausblick. Enorm viel Panorama bekommt ihr gleich schon bei der Anreise. Nur eine Viertelstunde Autofahrt vom Zentrum Bielefelds entfernt, bewegt ihr euch mit Talblick auf sanft auslaufende Felder zu. In der Ferne liegt ganz malerisch in diese leuchtende Farbpalette hineindrapiert Halle, ein Städtchen mit vielen Kirchturmspitzen, einem »Herzen« aus Fachwerk und ebenjener berühmten weiß-blauen Arena, die aus dieser wohlgestalteten Bilderbuchszene wie ein gestrandetes Ufo herausragt. Inmitten dieser idyllischen Hügellandschaft liegt die Drachenwiese, der Startpunkt für eure Wanderung. Ein schmaler Weg trennt Parkplatz und Drachenwiese, die so heißt, weil man hier ganz prima Drachen steigen lassen kann. Oder Modellflieger, je nach Gusto. Ein Schild lädt ausdrücklich dazu ein. Wie möchtet ihr den Rundweg gehen: zuerst den Hügel hinunter Richtung Aussichtspunkt Kaffeemühle im Haller Stadtwald am Bergkamp oder zuerst auf den Lotteberg hinauf zu den geheimnisvollen Waldbegräbnissen, ebenfalls mit Aussicht? So oder so, alles ist tiptop ausgeschildert, und in beide Richtungen geht es ein ums andere Mal bergauf und bergab. Die Empfehlung lautet: Lasst der Kaffeemühle

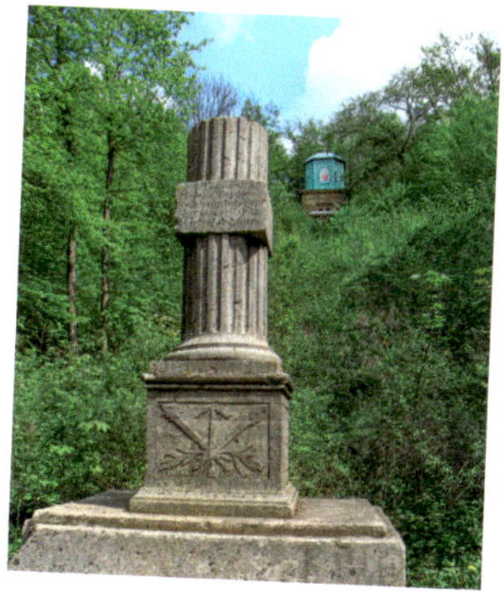

Hoch zur Kaffeemühle

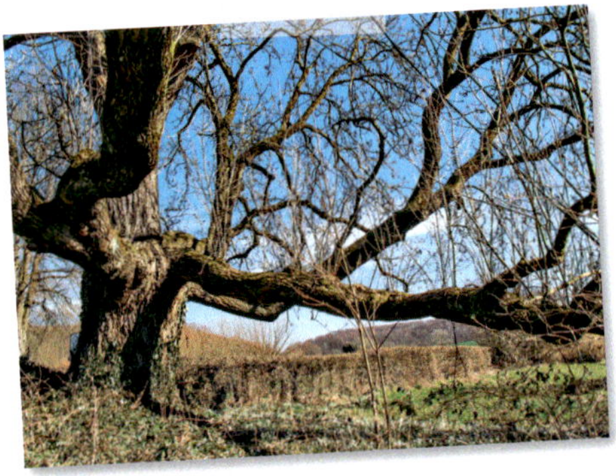

den Vortritt. Die Waldgräber hebt ihr euch bis zum Schluss auf, denn kurz davor gibt es ein entzückendes Kleinod am Wegesrand, wo ihr hervorragend pausieren und ein mitgebrachtes Bütterken (westfälisch für herzhaftes Butterbrot) mit Weitblick genießen könnt. Ihr folgt den grünen Schildern mit den weißen Barfüßen also nach links Richtung Kaffeemühle. Leichtfüßig geht's mit ordentlich Panorama den sandigen, von hohen Hecken gesäumten Weg hinunter, bis ihr an eine uralte, beeindruckend groß gewachsene Esche kommt: den HALLER BAUM 1, ein wirklich majestätisches Naturdenkmal.

»HALLER BAUM« IST ÜBRIGENS AUCH DER NAME EINES HOCHPROZENTIGEN DOPPELWACHOLDERS EINER HIER IN HALLE BEHEIMATETEN BRENNEREI. VIELLEICHT GÖNNT IHR EUCH SPÄTER EIN GLÄSCHEN?

Beim Haller Baum spaziert ihr ein paar Schritte entlang der Apothekerstraße am Rande der Siedlung. Dann geht es auch schon in den Wald und langsam den Berg hoch: Ihr befindet euch im Naturschutzgebiet Knüll/Starkenberg auf dem Geschichtspfad Kaffeemühle. Nach etwa einem halben Kilometer öffnet sich der Wald zu einer Schneise: Ihr steht vor dem Denkmal Hermann Hagedorns, eines Bremer Kaufmanns und Kaffeehändlers – und Erbauers der KAFFEEMÜHLE 2. Diese thront einige Meter steil über seinem Denkmal, und man sieht sofort, warum sie so heißt, wie sie heißt. Der sechseckige Pavillon sieht aus, wie ein mechanisches Kaffeemahlgerät im Kaiserreich eben aussah, nur ohne die Kurbel. Hermann Hagedorn hatte um 1800 die Kaffeemühle samt Landschaftspark drum herum erbauen lassen, um seine Mitbürgerinnen und -bürger beim sonntäglichen Spaziergang zu Erholung und Kurzweil einzuladen (einige Relikte dieses Landschaftsparks sind heute noch entlang des »Geschichtspfads Kaffeemühle« zu bewundern).

1937 sollten Denkmal und Kaffeemühle zerstört werden, da der NSDAP-Ortsgruppenleiter freimaurerische Symbolik an ihnen vermutete. Ein findiger Geist konnte zum Glück beweisen, dass sämtliche Symbole christlichen Ursprungs sind. Und so wurden Kaffeemühle und Denkmal verschont.

Ein steiler Weg führt euch nach oben zur Aussichtsplattform. Bei gutem Wetter erkennt ihr nicht nur Halle, sondern könnt bis weit ins Münsterland blicken. Wer scharfe Augen hat und Glück mit dem Wetter, kann 34 Kirchtürme am Horizont zählen. Ein Fernglas mitzunehmen, ist auf jeden Fall eine gute Idee.

Bilderbuchreif: Zwischen den Bäumen blitzt am Wegesrand ein idyllisches Fachwerk hervor

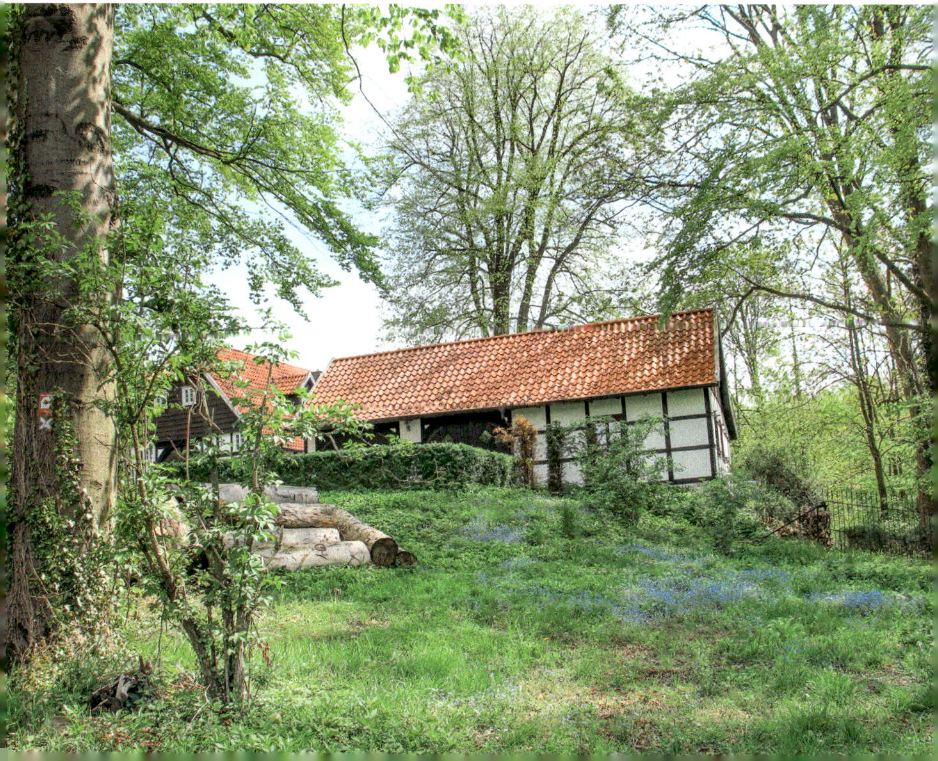

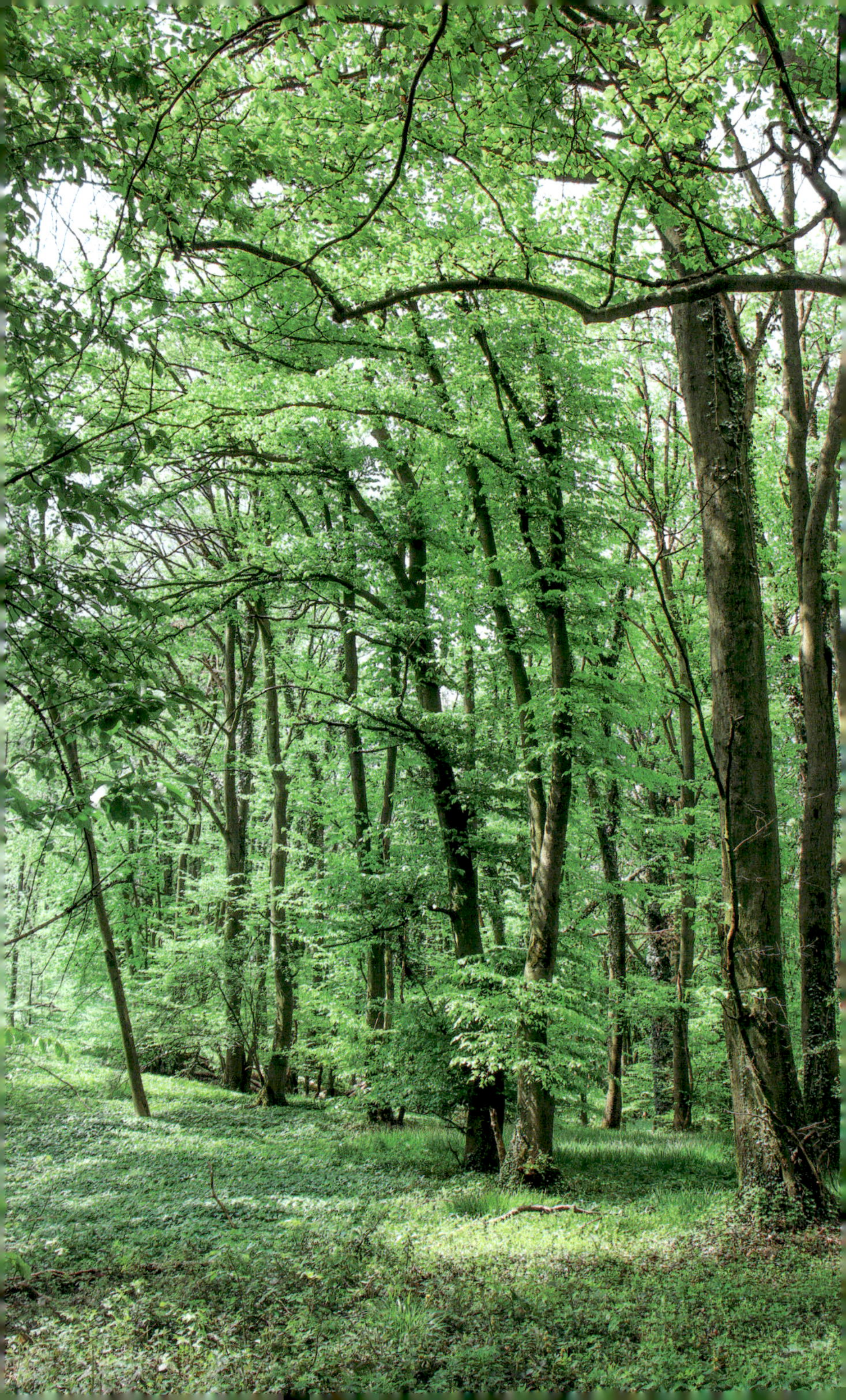

Ihr wandert halb um den Pavillon herum, und es geht weiter bergauf. Ihr befindet euch nun auf einer kurzen Etappe der Hermannshöhen (siehe Route 6). Der Hermannsweg auf dem Teutoburger Kamm ist allgegenwärtig. Man trifft immer wieder auf das charakteristische weiße »H« auf schwarzem Grund. Das weißgrüne Haller-Spuren-Symbol führt euch aber links wieder bergab, bis der Weg sich gabelt. Hier haltet ihr euch rechts und kommt auf einen breiten und gut begehbaren Weg. Um euch herum nichts als Baumkronen. Und nun bleibt ihr mal kurz stehen, ganz still, und lauscht einfach. Es summt und zwitschert, es tiriliert, flötet, und ganz deutlich klopft auch der Specht. Wenn nun nichts anderes mehr zu hören ist als eben dieses Summ- und Pfeifkonzert, dann kann es passieren, dass euch ein Reh direkt vor die Nase läuft. Aber Obacht, bei der leisesten Bewegung ist es auch schon wieder auf und davon.

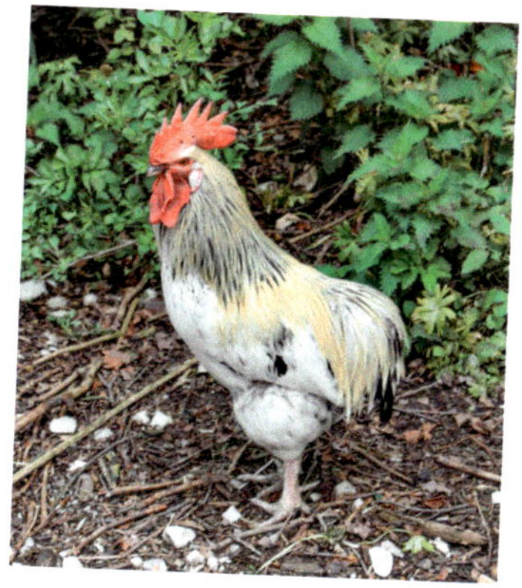

Ein Bewohner des Berghofes

Ihr befindet euch in der Ascheloher Schweiz. Die Haller Spuren führen euch erst runter, dann wieder bergauf. Hier und da braucht es etwas Trittsicherheit, wenn es zuvor ein bisschen geregnet hat. Der Weg kann hier ziemlich rutschig werden. Oben angekommen, habt ihr freie Sicht über Bauernhöfe und wogende Felder.

Bald passiert ihr eine Schutzhütte, und es geht nach links den Berg wieder hinunter auf einem schmalen Bewirtschaftungsweg zwischen Feldern, bis eine schmale Landstraße kreuzt. Nach dem Kreisel verschwindet ihr nach nur wenigen Metern entlang der Straße wieder in den Wald und hoch auf den Lotteberg geradewegs auf einen STEINBRUCH 3 zu. Dieser ist abgesperrt, ihr könnt nur durch das Gitter linsen. Weiter geht's bergauf, bergab. Der Mischwald hier ist eine Augenweide. Besonders im Frühjahr: Saftiges Hellgrün wechselt mit samtigem Dunkelgrün, Totholz ist mit Moos überwachsen und Flechten überzogen. Und überall liegen Teppiche aus Bingelkraut oder Waldmeister. Am liebsten möchte man sich hier hineinlegen und ein bisschen dösen, so weich und gemütlich sieht es aus.

Bald verlasst ihr den Wald und stoßt wieder auf eine Hecke. Gleich hier befindet sich das eingangs erwähnte Kleinod: eine kleine, liebevoll dekorierte Sitzbank, auf der gerade eben zwei Menschen aneinandergeschmiegt Platz nehmen können. Man hört eifriges Gekrähe und Geschnatter vom Berghof, der halb versteckt hinter hohen Bäumen liegt. Zeit fürs Bütterken. Oder einfach um ins Tal zu schauen und noch ein bisschen die Seele baumeln zu lassen, bevor ihr euch aufmacht zur letzten Station auf dieser Route: den WALDBEGRÄBNISSEN 4. Dieser Abschnitt ist wieder ein Teil der Haller Geschichtspfade, mit vielen Informationen über die Familien, die sich hier ihre letzte Ruhestätte leisten konnten. Vielleicht habt ihr Glück und bekommt Gesellschaft von einem der Bewohner des alten Berghofes und erfahrt Geschichten zu den Namen, die ihr gleich auf den Gräbern wiederfinden werdet. Nach den Waldbegräbnissen, wo es sich lohnt, ein wenig auf Entdeckungsreise zu gehen, erblickt ihr dann nach wenigen Metern wieder die Drachenwiese.

Wer kein Bütterken mithat und wen nun der Hunger plagt, fährt oder läuft den Grünen Weg weiter in Richtung Haller Zentrum. Im »Haller Herz«, wie der malerische Stadtkern aufgrund seiner Form genannt wird, könnt ihr gemütlich zwischen typisch westfälischen Fachwerkhäusern ein Plätzchen mit Blick auf den Kirchplatz finden. Und wenn ihr schon mal da seid, lohnt sich ein Besuch im kleinen Museum Halle Westfalen, wo ihr Kindheits- und Jugendwerke berühmter Malerinnen und Maler wie Pablo Picasso, Hannah Höch oder Ernst Ludwig Kirchner bewundern könnt.

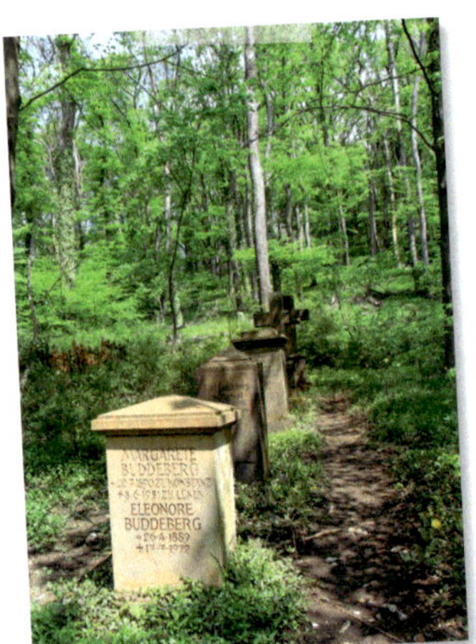

Alles, was ihr wissen müsst

Rundtour: kurze Tour, die deutlich länger dauern kann, da zwei Geschichtspfade an der Route liegen und mit allerlei interessanten Informationen locken // **nicht kinderwagentauglich**

Markierung: in beide Richtungen beschildert: weiße Fußspuren auf hellgrünem Grund mit der Aufschrift »Haller Spuren«

Entfernung von: Halle 1,3 Kilometer // Bielefeld 13,75 Kilometer
ÖPNV: ab Halle Bahnhof/ZOB etwa 1,5 Kilometer zu Fuß zum Start- und Zielpunkt Drachenwiese
Auto: kostenloser Wanderparkplatz Drachenwiese // Navi: Grüner Weg, Drachenwiese, Halle/Westfalen

Einkehr: Gastronomie im Dorfkern »Haller Herz«: **Restaurant Dietz,** Bahnhofstraße 5, 33790 Halle/Westfalen, www.restaurant-dietz.de // **Café Gegenüber**, Kirchplatz 16, 33790 Halle Westfalen

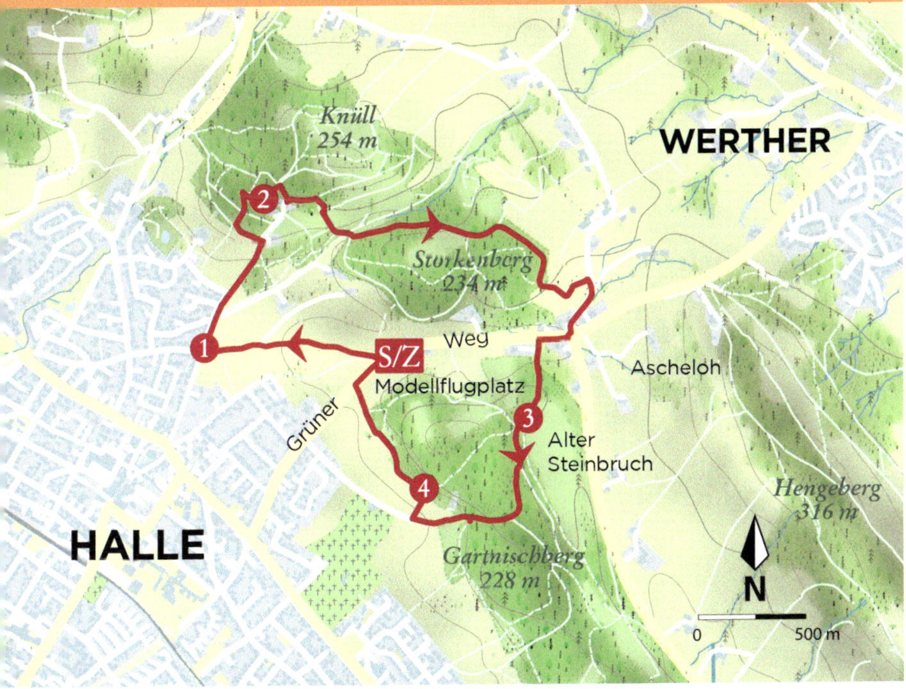

Von Enger nach Schildesche

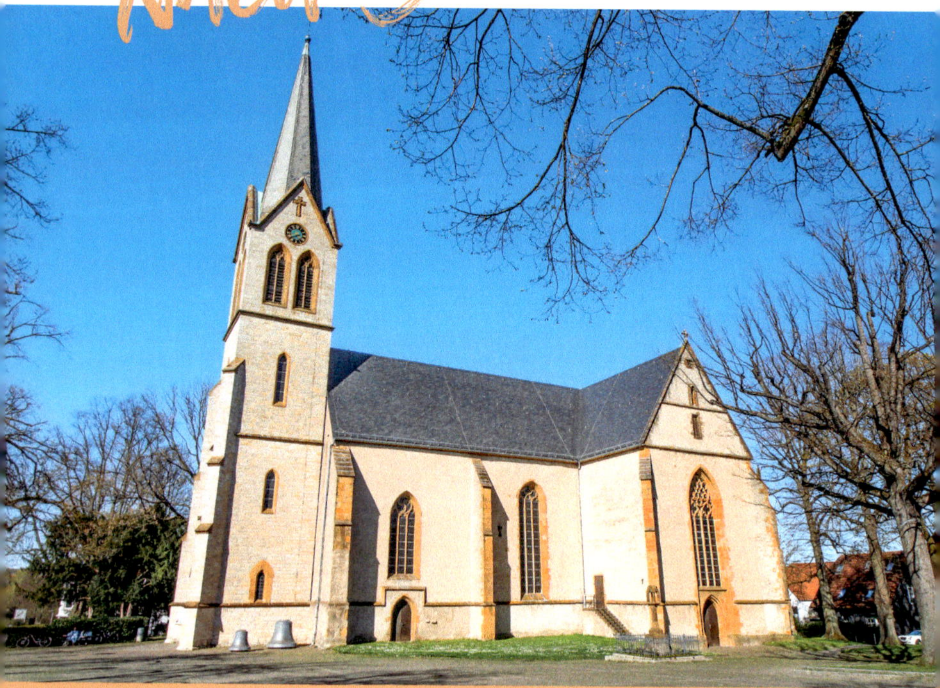

Schwierigkeit: leicht // 13,5 Kilometer // 100 Höhenmeter
Für Familien mit Kindern geeignet

ENTLANG DES HASENPATTS: AUF WIDUKINDS SPUREN VON KIRCHTURM ZU KIRCHTURM

Egal, wo ihr in Ostwestfalen-Lippe unterwegs seid, über zwei Namen werdet ihr unweigerlich an jeder zweiten Ecke stolpern: Widukind und Wittekind. Beide meinen den Sachsenherzog, der sich zwischen 777 und 785 mit dem Frankenkaiser Karl dem Großen erbitterte Gefechte geliefert hat. Und so findet ihr Widukindstraße, -burg, -museum; Wittekindberg, -turm, -schule (siehe auch Route 24). Der Kreis Herford nennt sich sogar Wittekind-Kreis. Tatsächlich ist aber wenig Handfestes über den Sachsenherzog bekannt, dafür existieren umso mehr Legenden rund um sein Tun und Wirken.

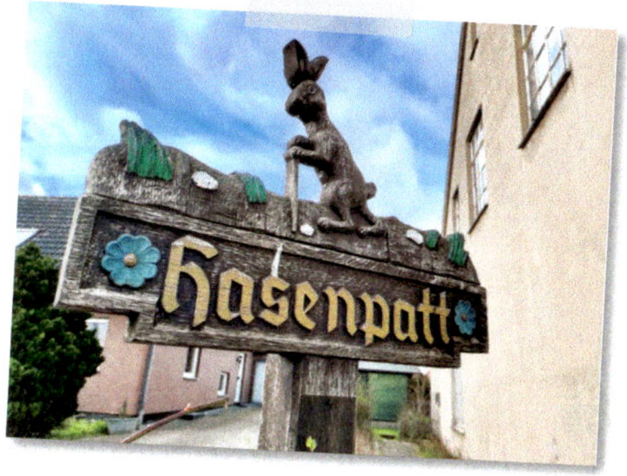

Eine besonders schöne Legende rankt sich um einen alten Wanderweg, der vom Herzen Engers direkt ins Herz von Schildesche, heute ein Stadtteil von Bielefeld, führt: den Hasenpatt. Dieser Name stammt nicht, wie man meinen könnte, vom schnellen, hakenschlagenden Langohr, obgleich ihr dem auf dieser Wanderung durchaus begegnen könntet. Vielmehr war es der Nachname von Widukinds getreuem Boten. Der Legende nach wollte Widukind per pedes und nicht per Ross von Enger nach Schildesche, und zwar aus kulinarischen und nicht aus kriegerischen Gründen. Widukinds Schwester, die in Schildesche lebte, war, so das Gerücht, eine begnadete Pickert-Bäckerin und hatte zu selbigem geladen. Also bekam Widukinds Diener den Auftrag, den schönsten Weg nach Schildesche auszukundschaften. Es liegt nahe, dass der Weg den Namen behielt, weil der mutmaßliche Namensgeber diesen nicht nur einmal ging. Ob nun wegen des köstlichen Pickerts oder wegen seiner Bäckerin ist nicht überliefert.

PICKERT IST EINE OSTWESTFÄLISCH-LIPPISCHE TEIG-SPEZIALITÄT, DIE REGIONAL UNTERSCHIEDLICH ZUBEREITET WIRD: DER WESTFÄLISCHE WIRD IM OFEN

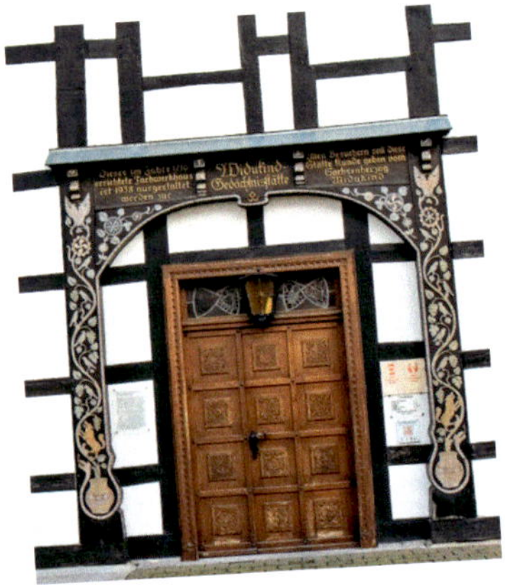

Das Widukindmuseum

GEBACKEN, SEIN LIPPISCHES PENDANT IN DER PFANNE GEBRATEN. BEIDE WERDEN TRADITIONELL ENTWEDER HERZHAFT MIT LEBERWURST ODER SÜSS MIT RÜBENKRAUT GEGESSEN.

Los geht's im Stadtzentrum von Enger, am Barmeierplatz. An der Ecke Burgstraße/Steinstraße findet ihr das erste Hp-Zeichen. Bevor ihr losstürmt, lohnt sich ein kleiner Abstecher zur Stiftskirche. Hier liegt der steinerne Sachsenherzog gut geschützt hinter dickem Glas. Die Gebeine des echten sollen sich unter der Reliefplatte befinden. Ob es sich hier tatsächlich um das Grab Widukinds handelt, ist nach wie vor ungeklärt und wird wohl ein Mysterium bleiben. Bei genauerer Betrachtung der Stiftskirche fällt der frei stehende Glockenturm ins Auge. Der Grund für diese baugeschichtliche Besonderheit ist eine List der Engeraner, die natürlich auch mit Widukind zu tun hat. Als es damals darum ging, wo sein späteres Grab beheimatet sein sollte, traten Bünde, Rehme und Enger in einen Bau-Wettstreit. Wer die Kirche als Erstes fertig bekam, sollte den Zuschlag erhalten. Die pfiffigen Engeraner verzichteten kurzerhand auf den Turm zur Kirche, waren deshalb flugs mit dem Kirchenschiff fertig und gewannen so das Triell. Der nachträglich gebaute Turm wollte allerdings am Kirchenschiff nicht stehen bleiben. Egal, was die Engeraner versuchten, der Turm brach immer wieder in sich zusammen. Deshalb steht er heute etwas abseits des Hauptschiffes. Gleich neben der Kirche befindet sich das WIDUKINDMUSEUM 1. Hier könnt ihr noch mehr über den Sachsenherzog erfahren. Eine andere Legende besagt, dass der Hasenpatt nicht nur vom Herrn Hase und seinem Herrn gern genutzt wurde, sondern auch der kürzeste Verbindungsweg zwischen den beiden Stiftskirchen in Enger und Schildesche war. Beide Kirchen pflegten wohl einen regen Austausch. Fakt ist, dass noch bis in die 1960er Jahre jede Bielefelder Schulklasse einen obligatorischen Ausflug auf dem Hasenpatt unternahm. Zurück auf dem Hasenpatt, befindet sich gleich in der Burgstraße das Stracksche Haus. Um 1664 erbaut, ist es das älteste Wohnhaus Engers. Noch bemerkenswerter ist, dass eben hier vormals die Burg Enger stand. Eine Hinweistafel an der Hauswand erinnert daran. Angeblich war sie das Zuhause Widukinds. Oder doch eine Legende? Bevor ihr vor dem Bolldammbach weiter dem Hasenpatt folgt, solltet ihr einen weiteren Abstecher einplanen. Wenige Meter nach dem Bach

Im Frühjahr hat der Wald einen leuchtenden Teppich aus Buschwindröschen ausgelegt

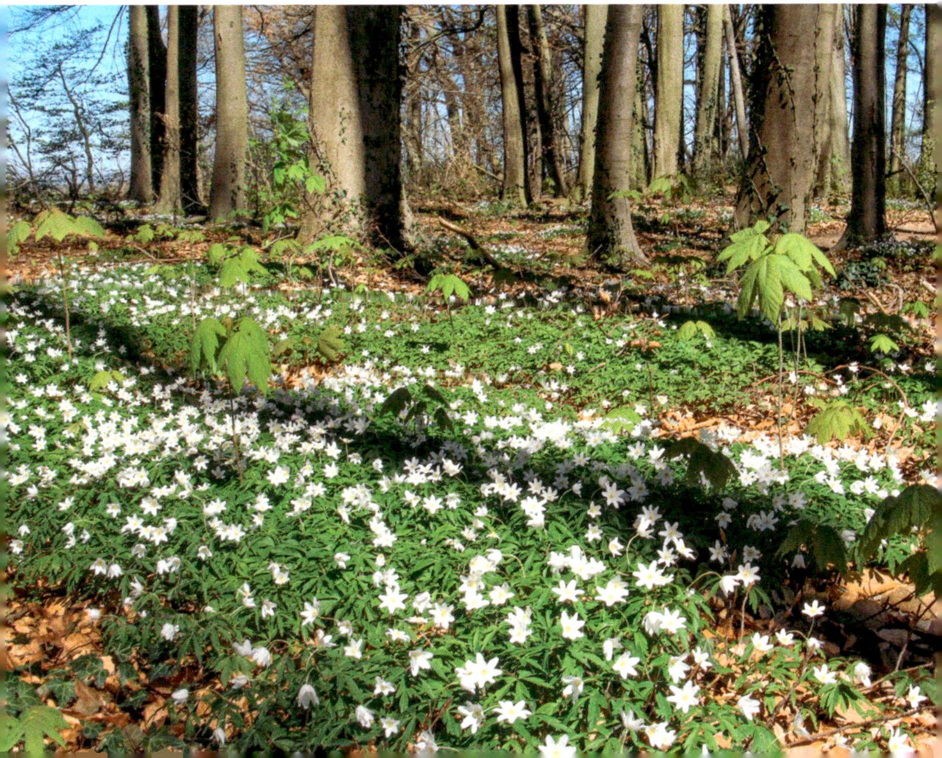

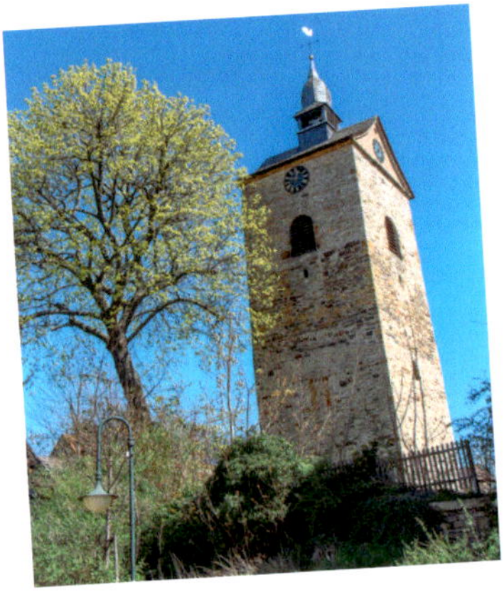

Der Glockenturm in Enger

geht es rechts ab zum GERBEREIMUSEUM 2. Es ist das einzige in ganz Westfalen, das noch dieses alte Handwerk am Originalstandort zeigt. Hier könnt ihr das Arbeiten an den restaurierten Maschinen live erleben. Zurück am Bolldammbach kommt ihr nach wenigen Metern noch an einem dritten Museum vorbei: dem Kleinbahnmuseum, in dem die Geschichte der Bielefelder Kreisbahn und der Herforder Kleinbahn erzählt wird. Nach so viel Kultur lasst ihr Enger nun langsam hinter euch und lauft Richtung Pödinghausen. Nach einer kleinen Siedlung geht es fast ohne Anstrengung hügelaufwärts. Kurz bevor euch nun der weiche Grasweg in den Wald entführt, solltet ihr euch unbedingt einmal umdrehen! Von hier habt ihr einen herrlichen Blick auf Enger. Nach dem Wäldchen lauft ihr ein kurzes Stückchen durch ein Industriegebiet auf den Golfplatz »Ravensberger Land« zu. Wer hungrig ist, auf dem Platz gibt es eine Einkehrmöglichkeit. Vorbei an einem alten Windmühlenstumpf und nach wenigen Metern parallel zur Lübbecker Straße verschwindet ihr wieder im Wald. Dort kann es auf Höhe des Jöllenbecker Mühlenbachs auf einigen Metern auch mal etwas matschiger werden. Nach der Überquerung der Eikumer Straße spaziert ihr an der ehemaligen Örkenschule vorbei. Bis 1960 war hier eine Volksschule, in der ein einziger Lehrer acht Klassen unterrichtete. Heute ist sie ein Privathaus. Die Hälfte des Weges ist an den Belzteichen geschafft, wo sich eine schöne Gelegenheit zur Rast bietet. Danach führt euch der Hasenpatt an einem der wenigen erhaltenen Sattelmeierhöfe des Amtes Sparrenberg der Grafschaft Ravensberg entlang: am Uphof zu Belzen, einem recht stattlichen Anwesen. Der Sage nach galten

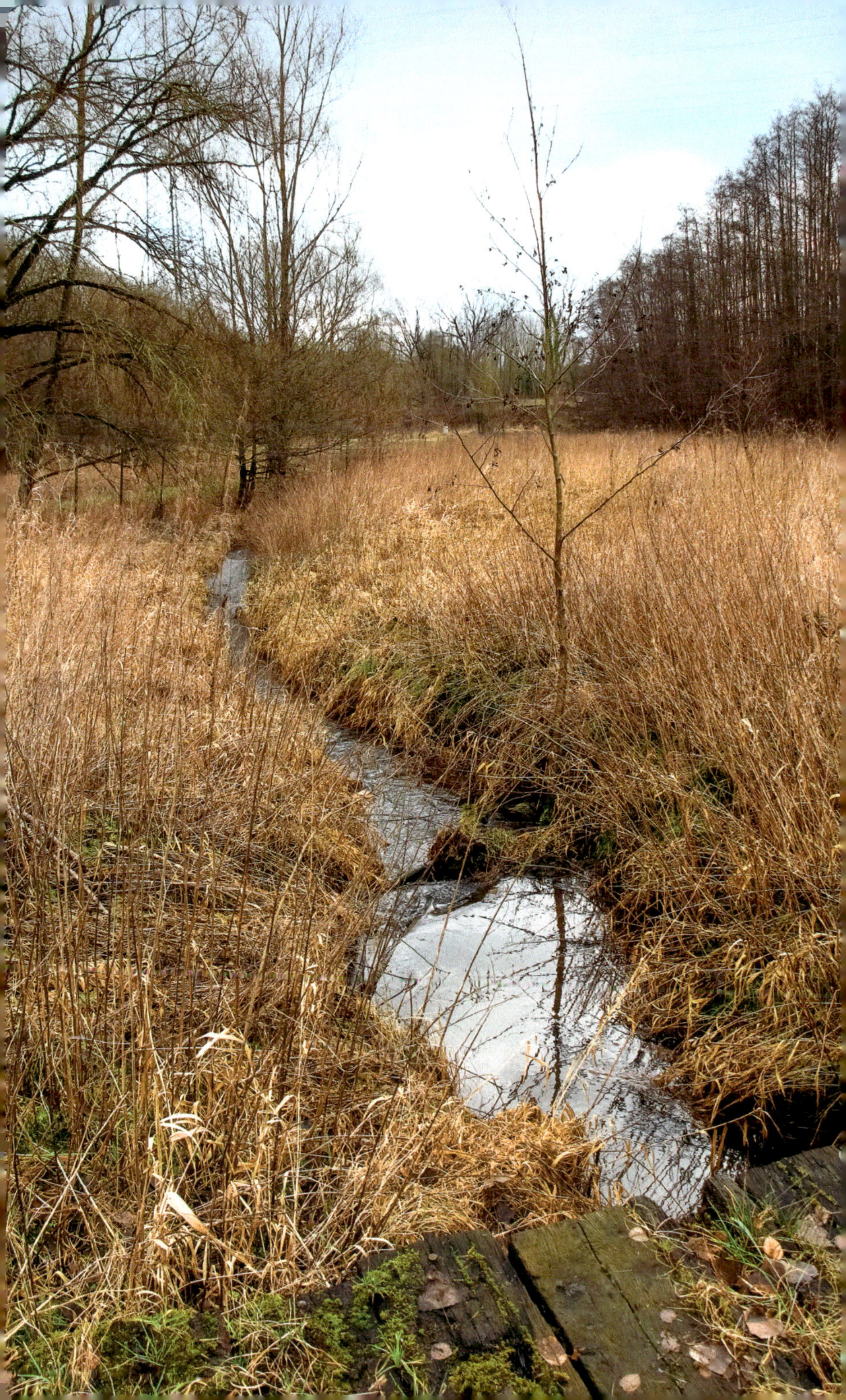

die Hofbesitzer der Sattelmeierhöfe rund um Enger als Getreue Widukinds. Zu ihren Aufgaben zählte, dafür zu sorgen, dass dem Sachsenherzog stets ein gesatteltes Pferd bereitstand und genug dienstbereite Männer Geleit geben konnten. Ob das so stimmt? Fakt ist, dass es Sattelmeierhöfe tatsächlich gab. Allerdings erst zwischen dem 17. und 18. Jahrhundert, also etliche Jahrhunderte nach Widukinds Tod. Zwischen Feldern lauft ihr weiter auf die Ortschaft Vilsendorf zu. Hier überquert ihr die Landstraße und wandert ins MOORBACHTAL 3 entlang eines Sieks, wie man die für diese Gegend typischen feuchten Geländeeinschnitte nennt, mit beeindruckenden alten Buchen. Das Moorbachtal ist ein Paradies für Kinder. Selbst gebaute Astbrücken über den sich durch das Siek hindurchschlängelnden Moorbach laden zum Weiterbauen ein. Hier kommen kleine Entdecker voll auf ihre Kosten. Eine Sitzgelegenheit gibt es erst, wenn ihr wieder aus dem Tal auftaucht. Unter einer allein stehenden uralten Eiche, dem »Wächterbaum«, habt ihr von einer schmalen Bank aus einen weiten Blick auf Bielefeld und den Teutoburger Wald am Horizont.

Ein bisschen geht es nun noch auf schmalen Pfaden zwischen Feldern und Wiesen hindurch. Auch hier gibt es noch zweimal die Gelegenheit, ein Päuschen einzulegen. Dann überquert ihr das Wehr der ehemaligen Stiftsmühle, lauft ein kurzes Stück durch die sich anschließende Siedlung und seid am Ziel an der SCHILDESCHER STIFTSKIRCHE 4, die den Marktplatz im historischen Ortskern dominiert, umgeben von hübschen Fachwerkhäusern.

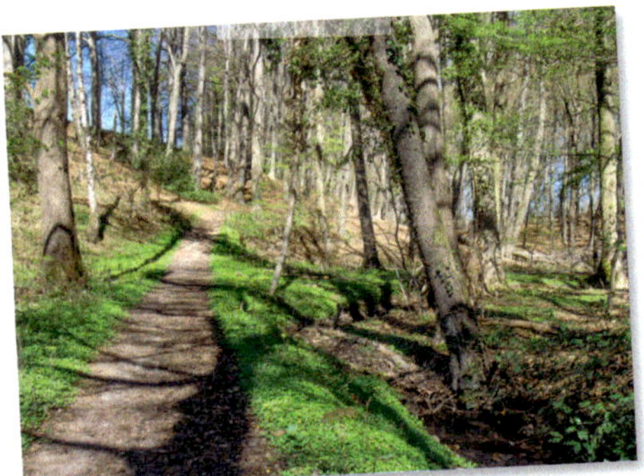

Die Chancen stehen gut, dass ihr in Schildesche einen Pickert bekommt – an Markttagen auf jeden Fall. Um nun zu eurem Startpunkt zurückzukommen: Wenige Meter in südlicher Richtung liegt der S-Bahnhof Schildesche.

Alles, was ihr wissen müsst

Rundtour: gemütliche Wanderung entlang eines Bielefelder Klassikers // stellenweise matschig // Tour kann auch gut in die andere Richtung gelaufen werden // **nicht kinderwagentauglich**

Markierung: Hp in weißer Schrift auf schwarzem Grund oder direkt am Baum // Markierungen manchmal etwas versteckt, aber auffindbar

Entfernung von: Herford 10 Kilometer // Bielefeld 15 Kilometer
ÖPNV: ab Bielefeld Buslinie 155, Haltestelle Bielefeld-Jöllenbeck, dann mit Buslinie 54 bis Haltestelle Hasenpatt in Enger
Auto: Parkplätze am Barmeierplatz

Einkehr: **Gaststätte Spökes**, Johannisstraße 3, 33611 Bielefeld, www.spoekes.eu // **Gaststätte Erbsenkrug**, Johannisstraße 11, 33611 Bielefeld, www.erbsenkrug.de // **Restaurant Möpken**, Im Stift 5, 33611 Bielefeld, www.moepken-bielefeld.de

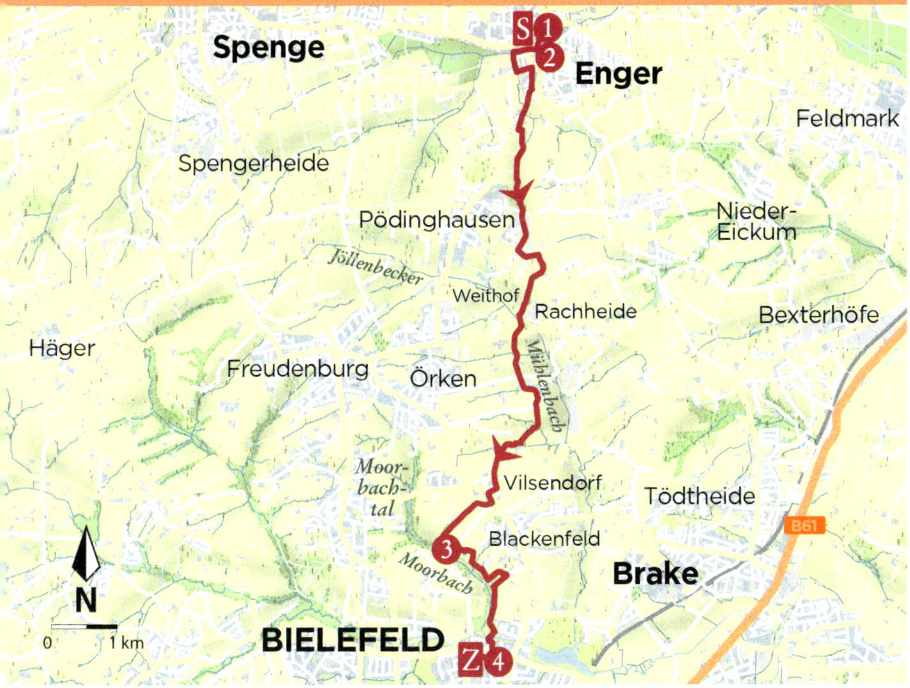

Im Westen von Ostwestfalen-Lippe

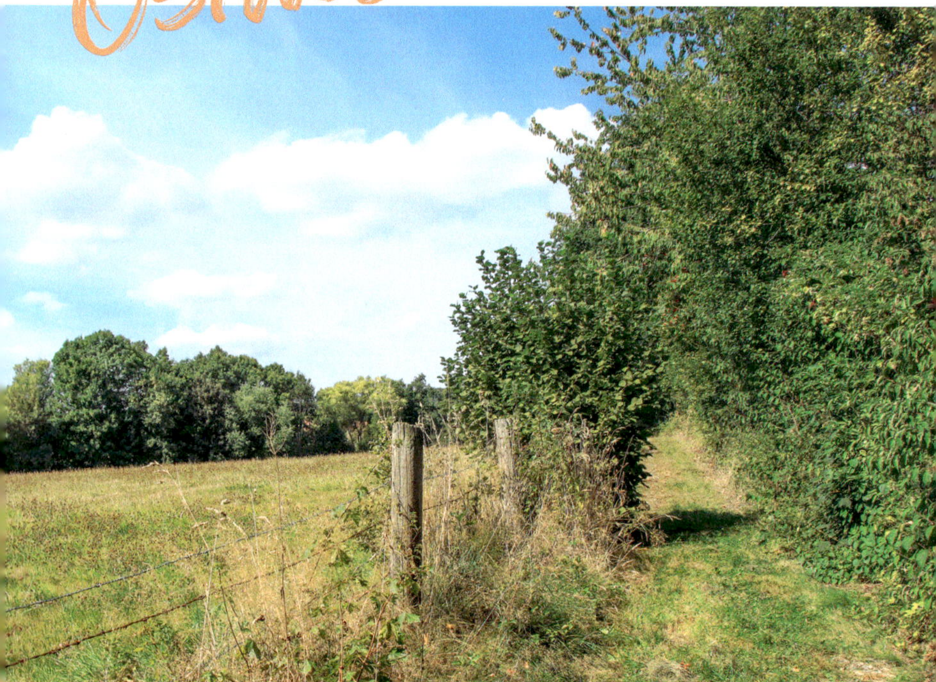

Schwierigkeit: leicht // 9,5 Kilometer // 124 Höhenmeter

Für Familien mit Kindern geeignet

TWAS DUÜER: AUF SCHUSTERS RAPPEN VON DORF ZU DORF EINMAL QUERDURCH

»Lot us uppen Patt maken«, sagte die einfache Bevölkerung vor über 120 Jahren in und um Rödinghausen, wenn sie von A nach B wollte. Man sprach Platt und ging auf Schusters Rappen »twas duüer«, also quer durch Feld, Wald und Wiese zum nächsten Dorf. Heute erledigt ihr solche Entfernungen mal eben mit dem Auto in wenigen Minuten. Damals brauchte eine Magd oder ein Bursche einen halben Tag, um hin- und wieder zurückzukommen. Dafür trafen sie auf den Pattwegen Gott und die Welt, tauschten Klatsch und Tratsch aus und sicher noch so einiges mehr. Der Marsch ins nächste Dorf war quasi Tagesschaugucken, Käseblattlesen und Ebay-Kleinanzeigen-Handel in einem. Unterwegs gab's einiges zu erleben, und so kehrte man immer etwas schlauer wieder zurück. Und genau das wird euch auf der NABU-NaturRouten-Wanderung »Twas duüer« auch passieren.
Ganz im äußersten Westen von Ostwestfalen-Lippe, in Spuckweite zur niedersächsischen Grenze, liegen mitten im feinsten Ravensberger Hügelland die beiden Dörfer Rödinghausen und Westkilver. Dazwischen breitet sich eine abwechslungsreiche Landschaft aus mit allerlei Wissenswertem am Wegesrand über die Gegend und zur Geschichte.
Am Rödinghausener Rathaus geht es für euch los. Gleich hier steht die erste Infotafel, neben der links der Einstieg in den Patt ist, der ein kleines Stück parallel zur Landstraße verläuft. 15 weitere Tafeln werden euch auf dieser Wanderung begegnen. So könnt ihr immer mal wieder eine kleine Verschnaufpause genießen, meist mit Sitzgelegenheit. Ganz so bequem hatten es die Menschen vor 120 Jahren wohl nicht, wenn sie jemanden unterwegs trafen und einen Plausch hielten. Das soll euch nicht abhalten, Platz zu nehmen und die Aussicht zu genießen.
Kurz vor dem Kilverbach überquert ihr die Bünder Straße und lauft am Rande eines Feldes auf einem nur fußbreiten Patt Richtung Süden. Seid ihr mit dem Kinderwagen unterwegs, bleibt ihr auf der Bünder Straße, überquert den Kilverbach noch und biegt dann links in den Sachsenweg ein, der auch später euer Rückweg ist (siehe Karte).
Bald begegnen euch entlang einer hohen Hecke einige »Bewohner« ebendieser Umgebung. Könnt ihr alle erkennen? Hecken waren in

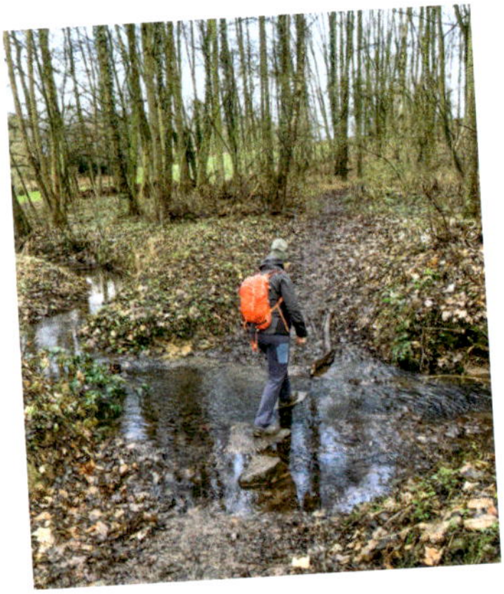

Wichtig: Trittsicherheit!

dieser hügeligen Landschaft früher weit verbreitet. Sie dienten als Feldbegrenzung, boten Schutz vor Wind und Wetter, lieferten Brenn- und Baumaterial. Vor allem aber bildeten sie einen wichtigen Lebensraum für viele unterschiedliche Tiere und (Heil-) Pflanzen. Mit dem Einsatz von schweren, breiten Landmaschinen mussten viele Hecken weichen, und damit ging ein wertvolles Habitat – und mit ihm die Bewohner – verloren. Nach der Hecke wartet ein kleines Abenteuer auf euch: eine Furtüberquerung. Auch das gehörte anno dazumal zu einer üblichen Strecke. Man suchte zum Abkürzen eines Weges eine flache Stelle im Bach, zog die Schuhe aus, watete hindurch oder sprang über im Bachbett platzierte Steine, so wie sie nun vor euch im Kollbach liegen. Brücken waren schlicht und ergreifend zu teuer, um sie über jedes Bächlein zu bauen. Im und um das Bachbett kreucht und fleucht es gewaltig. Einfach mal bücken, warten und gucken. Mit viel Glück könnt ihr einen Feuersalamander entdecken, allerdings kommen die am liebsten aus ihrem Unterschlupf, wenn wir Zweibeiner es draußen unangenehm finden. Der Weg führt euch an Feldern und weiteren Hecken entlang bis auf einen asphaltierten Weg. Von hier habt ihr einen weiten Blick über das Hügelland bis zum Wiehengebirge im Norden. Wie aus dem Nichts taucht plötzlich eine riesige Bodenmulde auf, die auf den ersten Blick aussieht wie ein stillgelegter See. Was ist hier passiert? Hier auf dem Mühlenberg wurde Ton abgebaut, der zu Ziegeln gebrannt wurde und sich vielleicht auch an eurem Haus wiederfindet. Nun gilt es hier, den Lebensraum zu renaturieren.

DIE RÖDINGHAUSENER GEBRÜDER BENJES HABEN EINE GANZ BESONDERE HECKE »ERFUNDEN«. DIESE SOGENANNTEN BENJESHECKEN SIND TOTHOLZHECKEN, DIE NICHT NUR EINEN SCHUTZWALL BILDEN, SONDERN AUCH EINEN WUNDERBAREN LEBENSRAUM. EINE GENAUE BESCHREIBUNG, WIE IHR SIE IM HEIMISCHEN GARTEN NACHBAUEN KÖNNT, VERRÄT EUCH DIE ENTSPRECHENDE INFOTAFEL AM WEGESRAND.

Ihr streift die ersten Häuser des Ortsteils Bruchmühlen, biegt nach rechts und lauft am alten Waschteich geradewegs auf den ältesten Siedlungsteil von Rödinghausen zu: HAUS KILVER 1. Wann genau die ehemalige Wasserburg entstand, ist unklar. Urkundlich erwähnt wird sie erst 1685. Sie ist Namensgeberin für die beiden

Wenn nach einem Wolkenbruch die Sonne wieder strahlt, leuchtet alles doppelt so schön

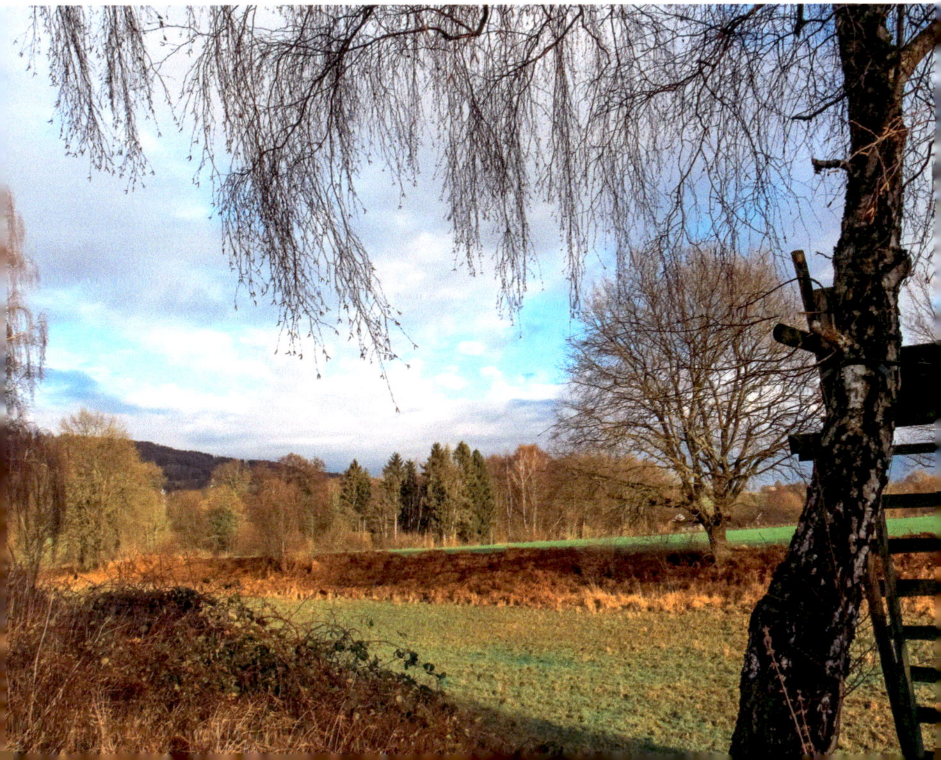

Orte Ost- und Westkilver. Besichtigen könnt ihr Haus Kilver leider nur von außen, denn es befindet sich seit 1818 in Privatbesitz der Familie Höpker. Früher einmal, so die Annahme, war es ein Königshof der Franken, nach deren Sieg über die Sachsen.
Wenige Meter hinter Haus Kilver, direkt an der Kreuzung, steht als imposantes Naturdenkmal die über 300 Jahre alte Höpker-Eiche. 30 Meter ragt sie in den Himmel und hat einen Stammumfang von 5,80 Metern – da braucht es schon ein paar Arme, um einmal um den Stamm herumzukommen. Unter ihr begraben ist, so wird zumindest gemunkelt, eine Urkunde. Was sich aber auf jeden Fall unter ihrem Blätterdach befindet, ist eine Sitzbank, von der aus sich gut über die Felder schauen lässt. An der Eiche beginnt die Landfrauenallee. Entgegen dem typischen Charakter einer Allee, in der alle Bäume möglichst gleich aussehen, zeichnet sich diese dadurch aus,

An der Nordseite ist der Wassergraben der einstigen Wasserburg Haus Kilver erhalten

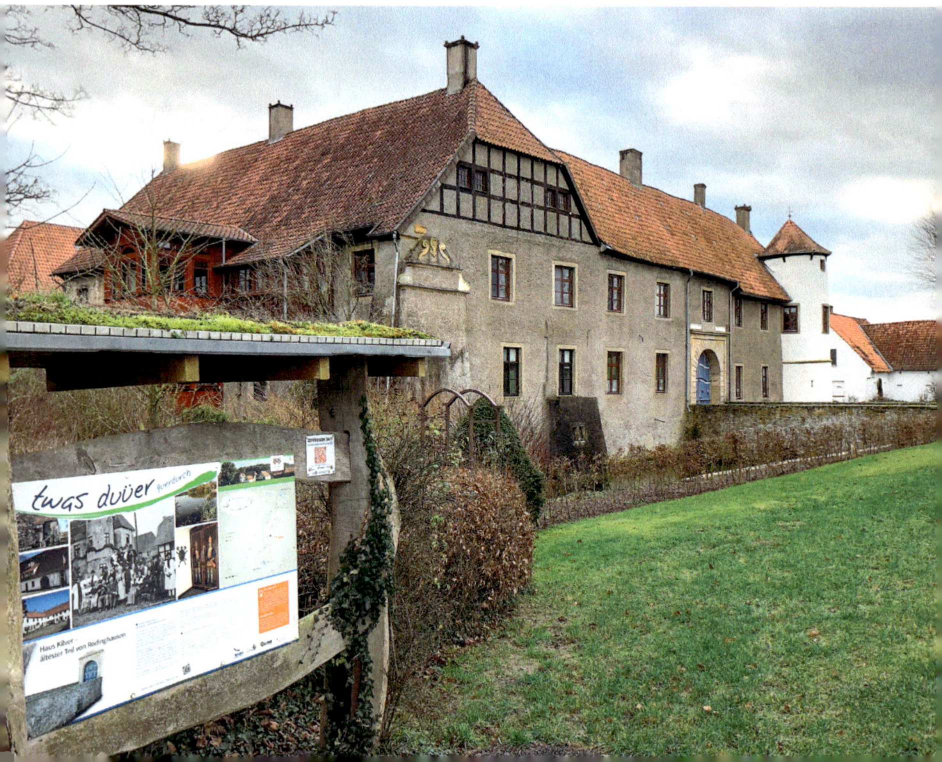

dass alle Bäume unterschiedlich sind: Bergulme, Silberweide, Schwarzpappel – immer als Paar, einer links, einer rechts vom Weg, davor ein Schild zur Identifikation.

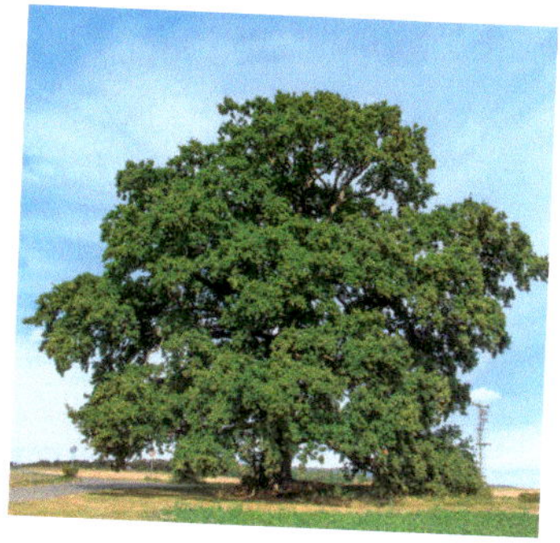

Imposante Höpker-Eiche

DIREKT AN DER LANDFRAUENALLEE LIEGT ZWAR EIN LOKAL, DAS ABER IST NUR FÜR GESCHLOSSENE GESELLSCHAFTEN. DA AN DEN MEISTEN DER 15 INFOTAFELN BÄNKE STEHEN, BRINGT IHR EUCH AM BESTEN SELBST AUSREICHEND PROVIANT MIT UND GENIESST DAS PÄUSCHEN SO WIE DIE MENSCHEN FRÜHER.

Ihr kommt nun ins NATURSCHUTZGEBIET KILVERBACHTAL 2, Heimat für viele gefährdete Tier- und Pflanzenarten. Auch der Eisvogel findet es hier ganz passabel und hat sich häuslich eingerichtet. Im 19. Jahrhundert war der Kilverbach allerdings ein gänzlich anderes »Schutzgebiet«. Er bildete zusammen mit der etwas weiter südlich kreuzenden Else, einem Nebenfluss der Werre, eine beliebte Schmuggelroute. Das Wasserkreuz bot prima Fluchtmöglichkeiten in alle Himmelsrichtungen. Hier an der Kollmühle verlief nämlich die Grenze zwischen den ehemaligen Königreichen Hannover und Preußen. Direkt gegenüber der Mühle könnt ihr noch den HISTORISCHEN GRENZSTEIN 3 von 1837 entdecken. Ursprünglich gab es entlang der ehemaligen Grenze über 960 Grenzsteine. Einige sind noch erhalten und stehen, wie auch dieser mit der Nummer 418, unter Denkmalschutz. Übrigens deckt sich hier die ehemalige Königreichgrenze fast eins zu eins mit der heutigen Landesgrenze von Niedersachsen und Nordrhein-Westfalen.

Zurück zur Hauptroute und weiter Richtung Westkilver. Mittelpunkt des kleinen Dorfes ist die MICHAELKIRCHE 4. Wenn sie offen ist, schaut mal rein. Die spätgotische Kanzel ist ein Hingucker. Sie ist wahrscheinlich um 1520 entstanden und damit wohl die älteste Kanzel in ganz Westfalen.

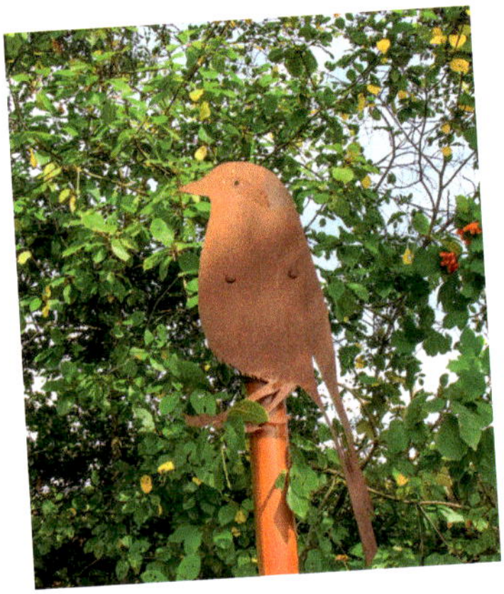

ERKENNT IHR DEN VOGEL?

Hinter der Kirche habt ihr vom Friedhofsweg aus wieder einen weiten Blick über das Ravensberger Hügelland. Es geht leicht bergab. Zurück an der Höpker-Eiche biegt ihr nun aber nicht ab zum Haus Kilver, sondern lauft geradeaus weiter und folgt dem Sachsenweg weiter durch das Kilverbachtal immer weiter sanft bergauf, bis ihr auf die Bünder Straße trefft, die ihr hier überquert. Jetzt befindet ihr euch wieder auf dem Pattweg, auf dem es anfangs losging, und schon seid ihr wieder am Rathaus Rödinghausen angekommen. Wer noch Zeit hat, sollte unbedingt noch eine Runde im Dorf drehen und sich die sehenswerte Bartholomäuskirche anschauen. Direkt daneben bekommt ihr auch ein erfrischendes Getränk.

DIE BARTHOLOMÄUSKIRCHE IN RÖDINGHAUSEN HAT NEBEN EINER INTERESSANTEN BAUGESCHICHTE AUCH EINIGE SCHÄTZE VORZUWEISEN. BESONDERS HERVORZUHEBEN IST EINE REICH VERZIERTE BIBEL AUF PLATTDEUTSCH. WER DIE KIRCHE VON INNEN BEWUNDERN MÖCHTE, KANN SICH IM GEMEINDEBÜRO ANMELDEN UNTER TEL. 05746/8238.

ALLES, WAS IHR WISSEN MÜSST

Rundtour: leichter Spaziergang mit weiten Panoramarundblicken // **kinderwagentauglich** in der Abkürzung wie im Text beschrieben

Markierung: weißer Pfeil auf blauem Grund, darüber steht »twas duüer«

Entfernung von: Herford 25 Kilometer // Bielefeld 30 Kilometer
ÖPNV: nicht empfehlenswert
Auto: kostenlose Parkplätze hinter dem Rathaus Rödinghausen, Amtshausstraße, 32289 Rödinghausen // alternativ Wanderparkplatz an der Straße Zum Nonnenstein, gegenüber vom Friedhof Rödinghausen

Einkehr: **Gasthof zum Nonnenstein,** Kapellenstraße 3, 32289 Rödinghausen (gegenüber der Bartholomäuskirche)

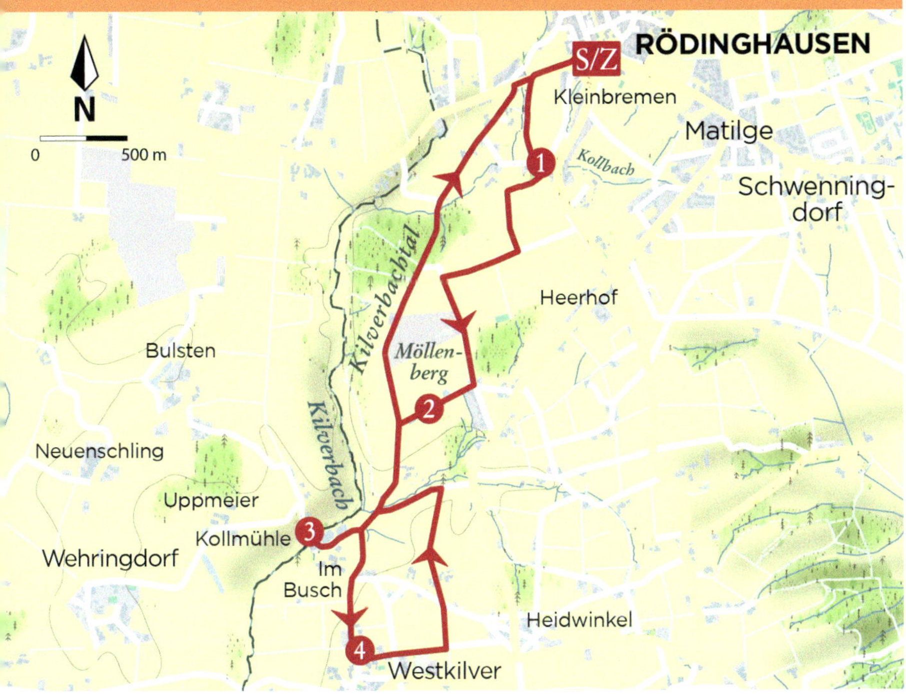

Unterwegs im Wiehengebirge

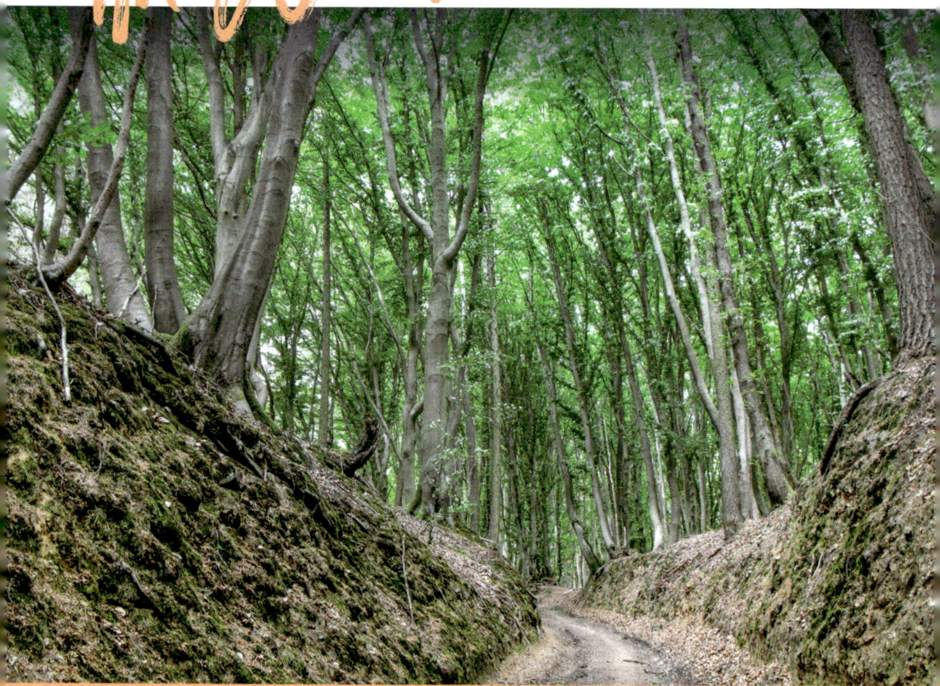

Schwierigkeit: schwer // 11,5 Kilometer // 317 Höhenmeter
Für Familien mit älteren, wanderfreudigen Kindern geeignet

KÖNIG, KAISER UND KONSORTEN: AUF WIDUKINDS SPUREN IM WIEHENGEBIRGE

Diese Wandertour ist ein Geheimtipp – also, der erste Teil. Der zweite nicht. Der gehört eher zu den bekanntesten Routen im Wiehengebirge und führt zu einem der berühmtesten Wahrzeichen ganz Ostwestfalen-Lippes. Dementsprechend gut besucht ist das Gelände drum herum am Wochenende. Da die meisten Touristen sich aber auf Selfies vor Denkmal und Aussicht konzentrieren, gehört die erste Hälfte der Tour euch allein.

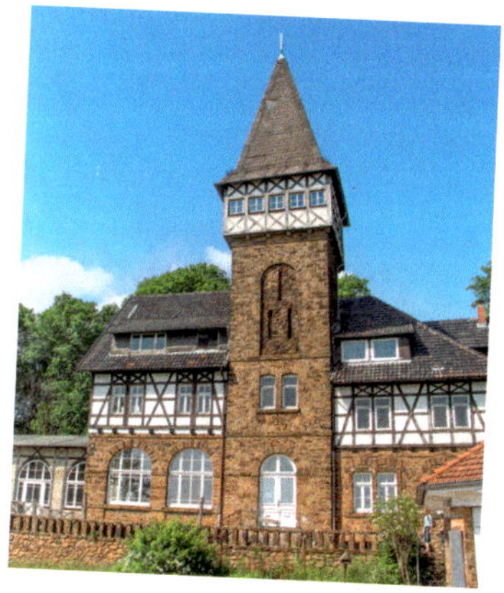

WITTEKINDSBURG

Los geht's am Wanderparkplatz Kaiserhof in Richtung Süden. Der hier mit A 1/A 2 gekennzeichnete Weg führt euch sofort hinein in den frischen, dichten Wald. Schon bald gelangt ihr an eine Gabelung. Hier folgt ihr dem A1 weiter Richtung Dehmer Burg und Wildem Schmied. (A 2, der Königsweg, ist die Abkürzung und bringt euch nach knapp drei Kilometern direkt zu den touristischen Highlights. Dann verpasst ihr aber den einsamen, wilderen Teil der Wanderung. Wollt ihr nicht, oder?) Der Wald leuchtet im Frühling und Sommer in allen nur erdenklichen Grüntönen. Zu Anfang begleitet euch noch das Brummen der Straße, irgendwo unten am Berg. Je weiter ihr in den Wald hinein- und den Berg hinaufwandert, desto leiser werden jegliche Zeugnisse der Zivilisation, bis ihr nur noch das Rauschen der Baumkronen, das energische Zwitschern der Vögel und das Rascheln der Waldbewohner im Ohr habt.

Wie aus dem Nichts taucht mitten zwischen Bäumen ein kleiner Waldfriedhof auf, umgeben von einem rostigen Zaun, halb versteckt vom Blattwerk. Fast ein wenig unheimlich. Hier ruhen die ehemaligen Bewohner des unten am Hang liegenden Gutes Wedigenstein.

Dann geht es erst einmal wieder ein bisschen bergab. Das tut besonders im Sommer gut, am Berg ist es recht schwül. Erholung naht in Form einer Sitzbank, wo ein feines Lüftchen für Kühlung sorgt. Gegenüber befindet sich die Wallanlage DEHMER BURG 1. Die als Fliehburg zum Schutz der Bauern errichtete Anlage stammt aus der vorrömischen Eisenzeit (zwischen 500 vor Christus und Christi Geburt). Eine Infotafel erklärt weitere interessante Details. Eine weitere Rastmöglichkeit folgt kurz danach am Rande einer Wiese mit solidem Panorama in Richtung Wesertal.
Schön ausgeruht, wird es Zeit, die Wadenmuskulatur wieder etwas zu fordern. Der Gang durch den tief eingeschnittenen Hohlweg mit seinen von Flechten und Moosen überzogenen Baumriesen kommt einem verwunschenen Märchenwald ziemlich nahe, bevor ihr dann in Serpentinen zwischen zartem Perlgras und knorrigen Bäumen den Eidinghauser Berg hochkraxelt. Für Kurzatmige gibt es in einer geschlängelten Biegung eine kleine, etwas knarzige Bank. Zum kurzen Ausruhen, quasi mit einer Pobacke, reicht sie allemal. Kleiner Ansporn: Oben angekommen, habt ihr den schwersten Teil der Wanderung geschafft und kilometermäßig Halbzeit. Und: Im Biergarten im Waldgasthaus »Zum Wilden Schmied« erwartet euch ein genialer Ausblick, der mit einem eiskalten Getränk in der Hand gleich doppelt so schön ist. Vorausgesetzt, ihr findet einen Platz, denn hierher zieht es auch die Lauffaulen, die motorisiert hochkutschiert sind. Gut gestärkt, verlasst ihr hier den A1 und folgt nun dem schmalen Kammrücken, der euch immer wieder weite Ausblicke in das phantastische Wesertal-Panorama genießen lässt.

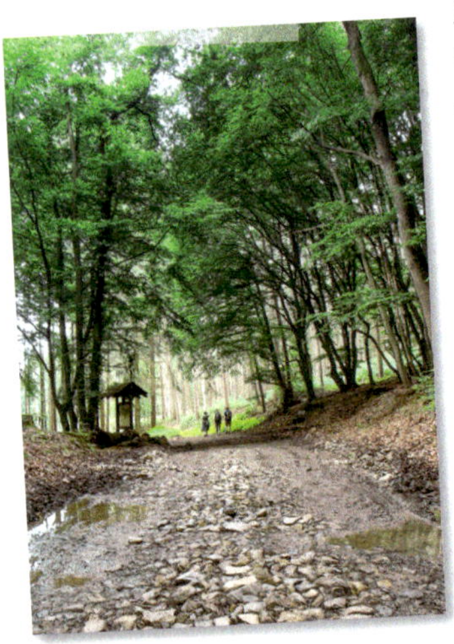

Nach sechs Kilometern erreicht ihr rechts vom Kammweg die Margarethenklus, eine kleine romanische Kapelle; Alter ungewiss, vermutlich aber aus dem 9. Jahr-

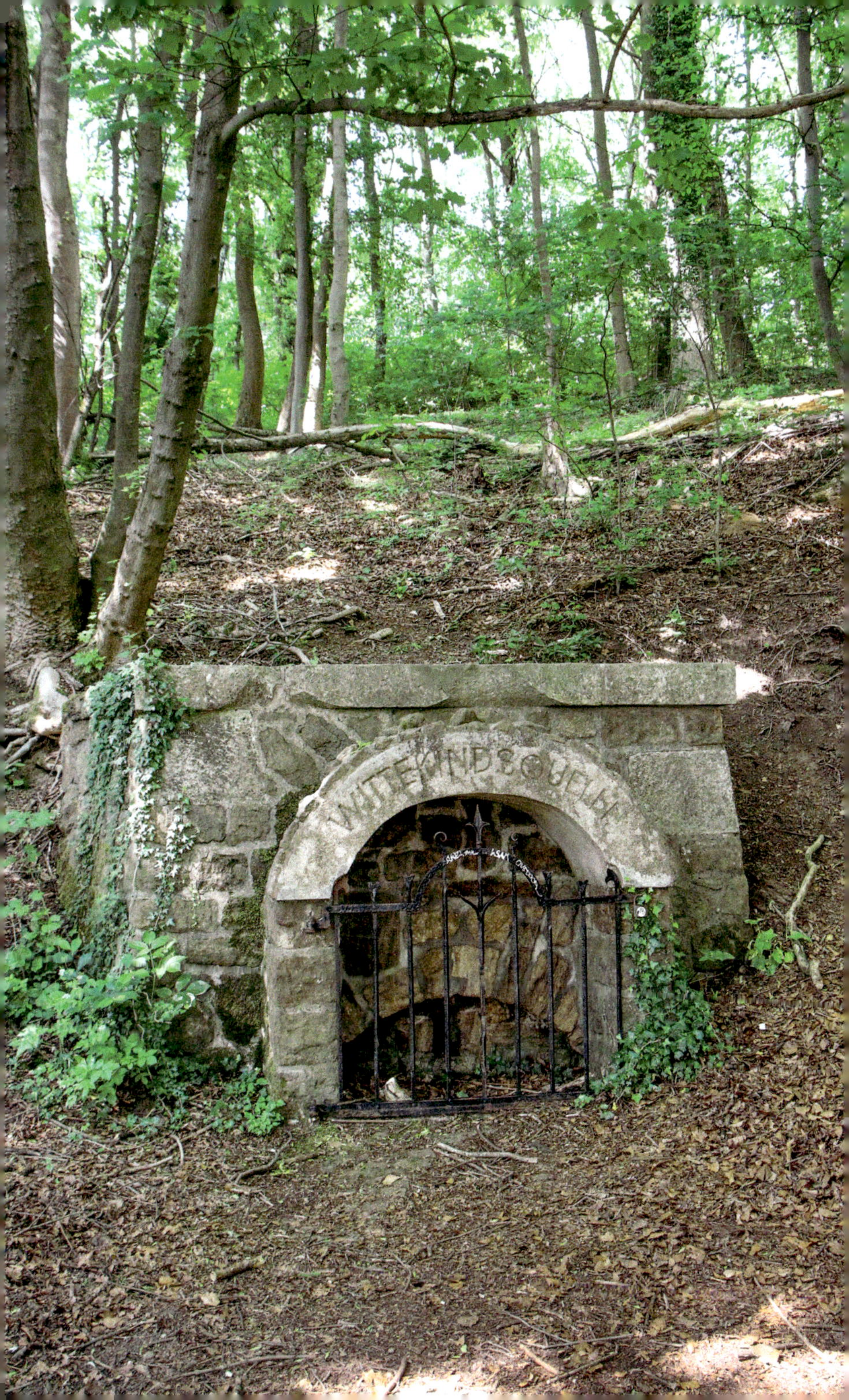
WITTEKINDSQUELLE

hundert. Der Volksmund nennt sie übrigens auch Wittekindskapelle. Das liegt nahe, denn sie steht am Wittekindsweg auf dem Wittekindsberg inmitten der Wallanlage der Wittekindsburg, innerhalb der sich zu guter Letzt auch noch die sagenumwobene Wittekindsquelle befindet, die ihr über einen Trampelpfad neben der Kapelle erreicht.

DEN SCHMIED GAB ES WIRKLICH: DER GESELLE FRIEDRICH MARKS AUS REHME HATTE ES HIERHER AUF DEN KAMM VERSCHLAGEN. DIE SCHUFTEREI IM STEINBRUCH BRACHTE MEHR GELD, ALS UNTEN IM TAL ALS SCHMIED ZU ARBEITEN.

Direkt gegenüber dem Zugang zur Margarethenklus führen Treppenstufen hoch zur RUINE DER KREUZKIRCHE 2. Die frei-

Was hat es wohl mit den fünf Gräbern im Innern der Kreuzkirche auf sich?

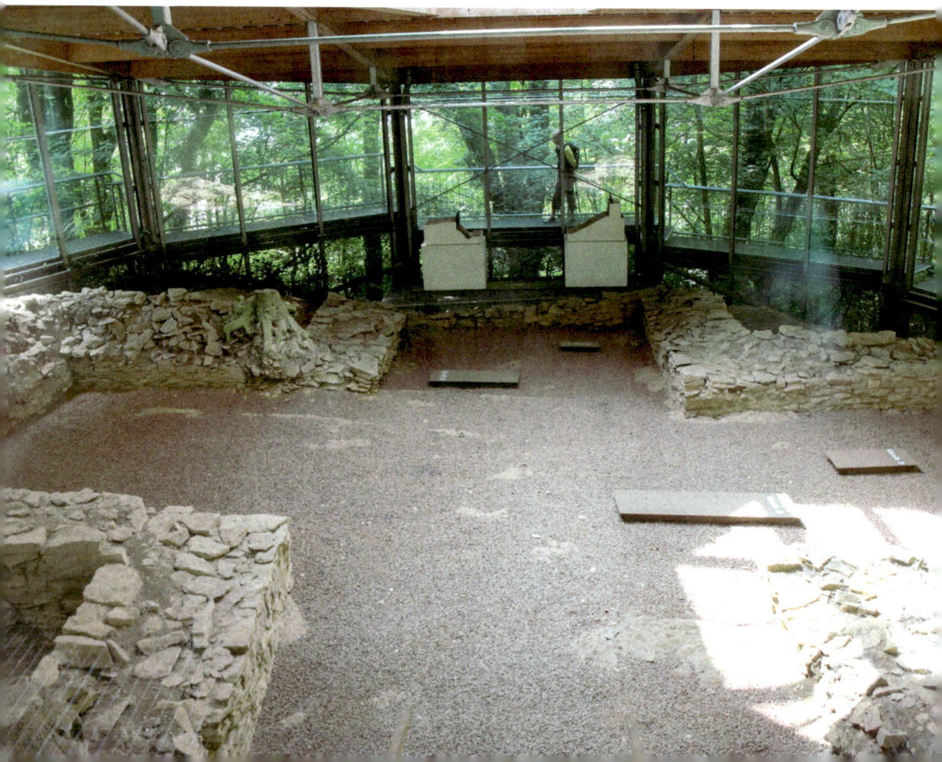

gelegten Überreste sind als archäologisches Highlight durch einen Glas-Pavillon geschützt, den ihr aber komplett umrunden und so jeden Winkel der Überreste studieren könnt. Im Innenraum der Kreuzkirche, wurden bei der Freilegung der Ruine in den Jahren 1996/97 fünf Gräber gefunden: vier Kindergräber, ein Frauengrab. Die Kreuzkirche wird auf das 10. Jahrhundert datiert.

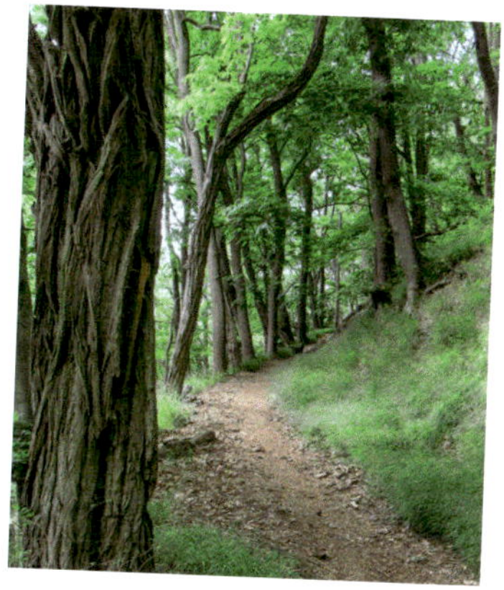

Kurz vorm Eisernen Schmied

Auf Höhe des ehemaligen Berghotels Wittekindburg trefft ihr wieder auf den Kammweg. Der burgähnliche Bau steht auf dem Gelände der ursprünglichen Wittekindsburg und war einst eine beliebte Ausflugsgaststätte.

DER SAGE NACH WARTETE SACHSENKÖNIG WITTEKIND AUF EIN ZEICHEN FÜR DIE EXISTENZ GOTTES. WITTEKINDS PFERD SCHARRTE DARAUFHIN MIT DEN HUFEN UND LEGTE DIE QUELLE FREI. DAS IMPONIERTE DEM HEIDEN WITTEKIND SO SEHR, DASS ER SICH SEINEM EWIGEN WIDERSACHER, KARL DEM GROSSEN, ERGAB UND ZUM CHRISTLICHEN GLAUBEN ÜBERTRAT.

Der Kammweg, der sich um alte Baumriesen mäandert, ist für sich genommen schon grandios. Ab und zu könnt ihr durch das dichte Blattwerk nicht nur einen Blick auf das Wesertal erhaschen, sondern auch auf den wachsenden Urwald eine Etage unter euch. Dort verliefen einst Bewirtschaftungswege des Bergbaus, lange bevor sie als Wanderwege der Erbauung und Wellness dienten. Heute sind sie Waldentwicklungsgebiet und für Wanderer leider gesperrt. Die Nutzung der Wege ist wegen des stehenden Totholzes, das als Schutzraum für seltene Tierarten erhalten bleiben soll, zu gefährlich. Der 1828/29 als Aussichtsturm erbaute MOLTKETURM 3 kommt in Sicht. Benannt nach dem Generalfeldmarschall Helmuth Karl Bernhard von Moltke, hieß er damals noch »Wittekindsstein«. Mit seinen fast 14 Metern ragt der Turm heute nur noch ganz knapp über die stark gewachsenen Baumwipfel. Wer sich die 77 Stufen hochwagt, sei gewarnt: Die Stiege ist irre eng, also fast schon eine Mutprobe, zumindest für Klaustrophobiker.

Ein paar Meter weiter dann endlich das 1896 eingeweihte und insgesamt 88 Meter hohe KAISER-WILHELM-DENKMAL 4. Dem Willem, wie die Ostwestfalen ihn nennen, nähert ihr euch von hinten. Zwischen den Baumkronen hindurch thront der Kaiser grüßend monumental hoch oben über der Westfälischen Pforte mit einem unfassbaren Blick über den Weserdurchbruch und auf den gegenüberliegenden Jakobsberg. Eine Etage tiefer: die Ringterrasse, die 2018 nach historischem Vorbild neu errichtet wurde. Von hier habt ihr Zugang zum Panoramarestaurant und zum Besucherzentrum des Landschaftsverbandes Westfalen-Lippe. Dort erfahrt ihr mehr über die Geschichte des Denkmals und des Ortes, an dem es steht.

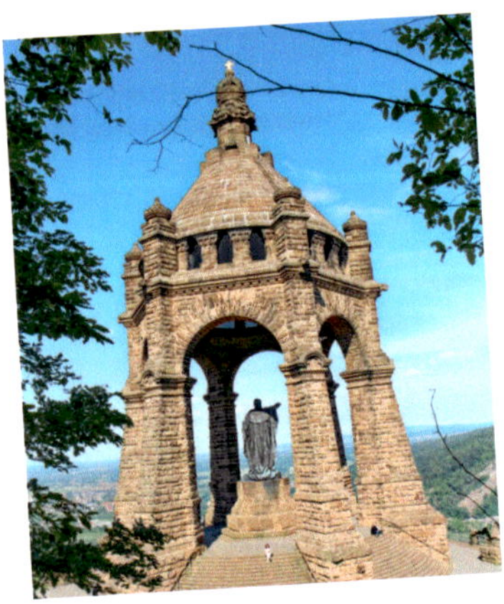

Der Kaiser am Gipfel

Wenn ihr Aussicht getankt und genug von den Touristenströmen habt, geht es von der Terrasse aus in Richtung Denkmal-Parkplatz, den ihr links liegen lasst, dafür auf der anderen Straßenseite wieder in den Wald abtaucht. Recht steil und im Zickzack geht es bergab – und ruckzuck seid ihr dann wieder beim Wanderparkplatz Kaiserhof angekommen.

Alles, was ihr wissen müsst

Rundtour: anspruchsvolle Tour mit teilweise knackigen An- und Abstiegen zu einem der bekanntesten Wahrzeichen in OWL // Abkürzungsvariante auf 6,5 Kilometer // **nicht kinderwagentauglich**

Markierung: Markierungen etwas versteckt // Wanderzeichen: zunächst A1, später E11, dann weißer Balken oben/roter unten für Königsweg oder einfach GPS folgen

Entfernung von: Minden 9 Kilometer // Bielefeld 42 Kilometer
ÖPNV: ab Minden ZOB Buslinie 414 oder 461, Haltestelle Kaiserhof, Porta Westfalica, www.owlmobil.info/fahrplanauskunft
Auto: kostenpflichtiger Parkplatz Park&Ride Kaiserhof

Einkehr: **Waldgasthaus Zum Wilden Schmied,** Kammweg 1, 32549 Bad Oeynhausen, www.wilderschmied.de // **Restaurant Wilhelm 1896,** Kaiser-Wilhelm-Denkmal, 32457 Porta Westfalica, www.wilhelm1896.de

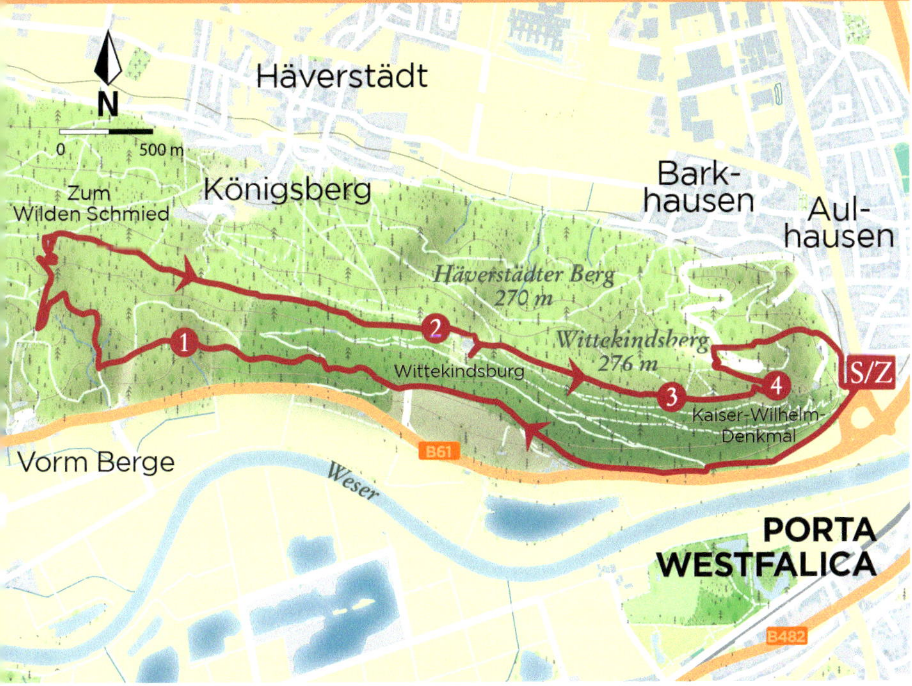

Im Großen Torfmoor in Hille

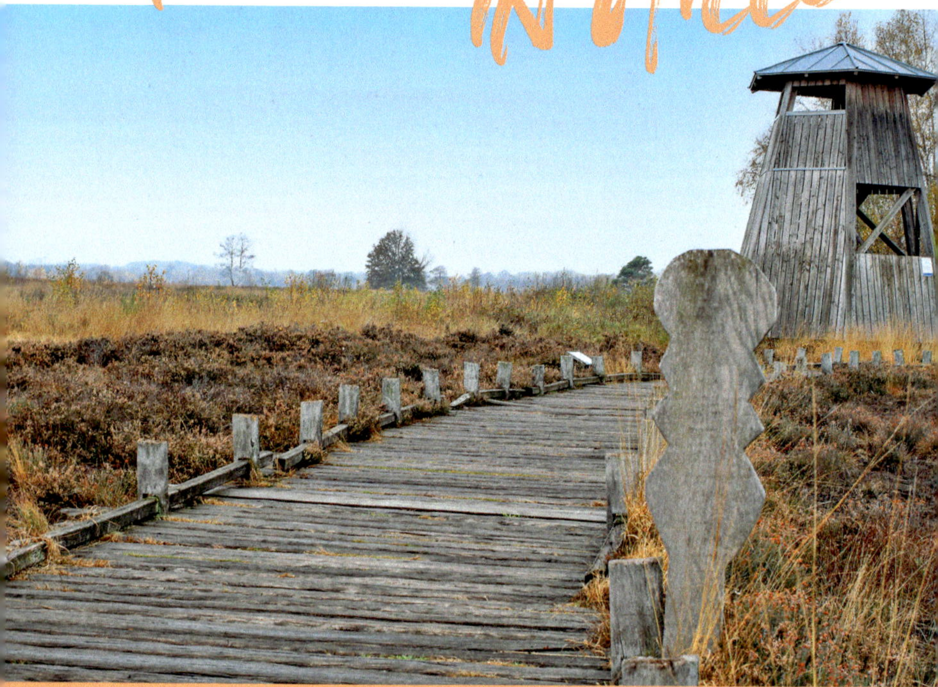

Schwierigkeit: leicht // 8,5 Kilometer // 5 Höhenmeter

Für Familien mit Kindern zu empfehlen

AUF LAUSCHTOUR ZWISCHEN LAICHEN UND LEICHEN: UNTERWEGS AUF WANKENDEN WEGEN IM HOCHMOOR

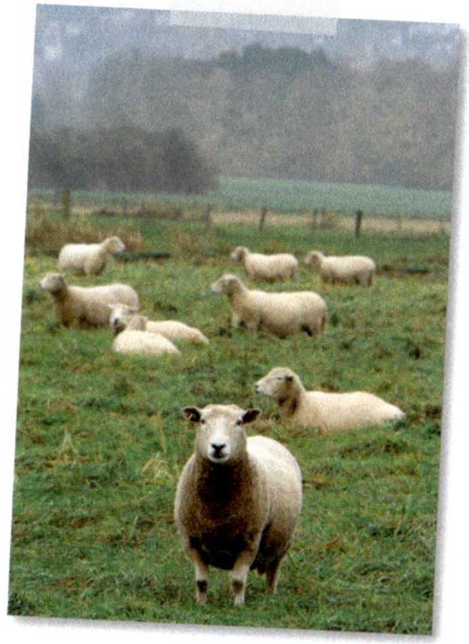

Die meisten Menschen haben auf die Frage, wie es landschaftlich in Ostwestfalen-Lippe aussieht, eine klare Antwort parat: Da gibt's viel Wald. Das stimmt. Keine Frage. Aber: Wir können auch anders. Im Nordosten des Kreises Minden-Lübbecke befindet sich zwischen Mittellandkanal und Wiehengebirge eines der drei größten Hochmoore Nordrhein-Westfalens: das Große Torfmoor, ein Naturschutzgebiet auf 476 Hektar. Moore waren lange Zeit Flächen, mit denen der Mensch wenig anfangen konnte. Als landschaftliche Ertragsfläche nutzlos, hieß des Moores Schicksal deshalb: entwässern. So trockengelegt, kam der Mensch an den kostbaren Torf, ein prima Heizmaterial, bester Blumendünger. Der Moorschlamm selbst diente und dient als Wellness-Wunderwaffe. Die meisten Moorgebiete haben allerdings die Brachialmethoden des Wasserentzugs nicht überlebt, teilweise waren die so erfolgreich, dass sogar Ackerflächen entstanden, auf denen dann tatsächlich was wuchs. In den 1970er Jahren begann ein Umdenken. Langsam. Das Hiller Hochmoor ist dem sicheren Tod deshalb so gerade noch von der Schippe gesprungen.

Apropos Tod: Das düstere Moor-Image, bekannt aus Dichtung, Film und Co., könnt ihr schnell nachvollziehen, wenn ihr zu sehr früher oder sehr später Stunde im Moor unterwegs seid: der Nebel, der über dem Moor wabert, der weiche Boden, der an der ein oder anderen Stelle leicht nachgibt, sodass man beim Gehen das Gefühl hat, nicht ganz nüchtern zu sein. Stoff zum Gruseln. Eine, die das Moor gut kannte, war die ostwestfälische Dichterin Annette von Droste-Hülshoff. Sie schrieb in einem Auszug aus »Der Knabe im Moor«:

O schaurig ist's über's Moor zu gehn,
Wenn es wimmelt vom Heiderauche,
Sich wie Phantome die Dünste drehn …

Man muss sich gar nicht anstrengen, Moorleichen schleichen sich von allein ins Hirn und sorgen für ein mulmiges Feeling. Spoileralarm: Um mal gleich die Spannung rauszunehmen, das Moor kann euch nicht lebendigen Leibes verschlucken. Das ist eine Mär. Das geht physikalisch gar nicht, denn der Moorschlamm hat eine größere Dichte als ein menschlicher Körper. Ihr sinkt ein und ploppt wie ein Korken wieder nach oben. Aber ihr bleibt stecken. Das geht ziemlich fix. Ein falscher Tritt. Zu spät. Allein befreien? Unmöglich! Und das ist dann der Grund, warum man im Moor durchaus umkommen kann. Das Moor ist nämlich kalt. Richtig kalt. Wer ewig im eisigen Schlamm steckt, unterkühlt und erfriert letztendlich. Noch eine Sache erhöht den Gruselfaktor: In lauen Nächten steigen im Moor manchmal Gase auf. Die leuchten bei Kontakt mit der Luft für einen Bruchteil einer Sekunde auf. Manchmal vielfach hinterein-

Der friedliche Schein trügt. Hier lauern fleischfressende Pflanzen auf ihre Opfer

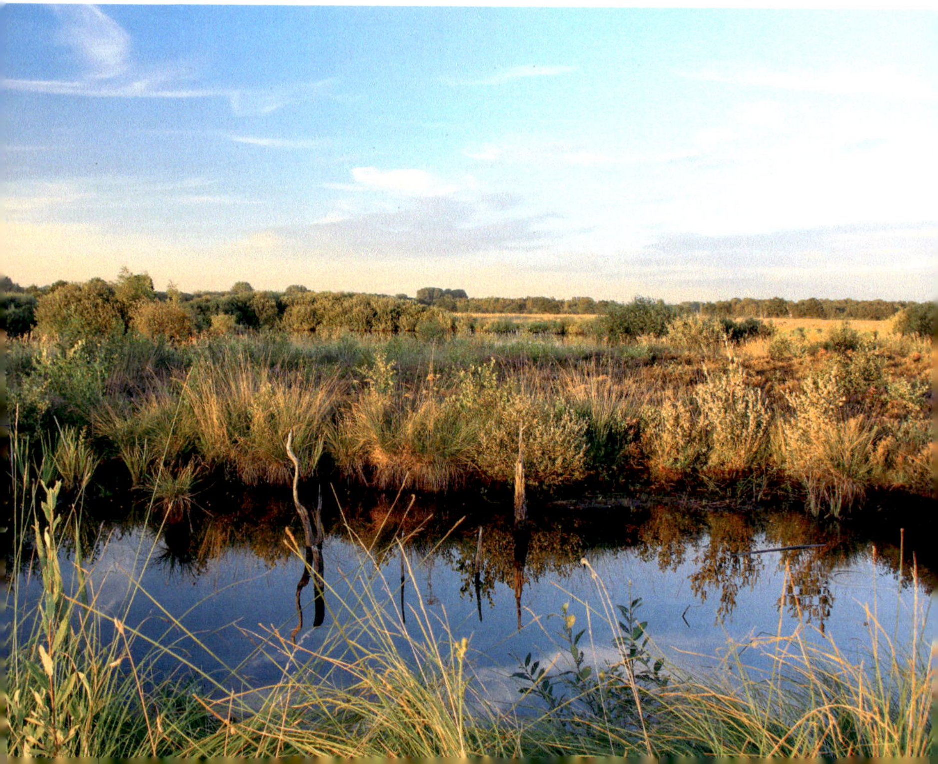

ander, sodass man meinen könnte, da schwebt etwas. Allein im Moor, kommen einem da durchaus komische Gedanken. Kein Ammenmärchen ist aber, dass das Moor einen Körper, hat es ihn denn verschluckt, hervorragend konserviert.

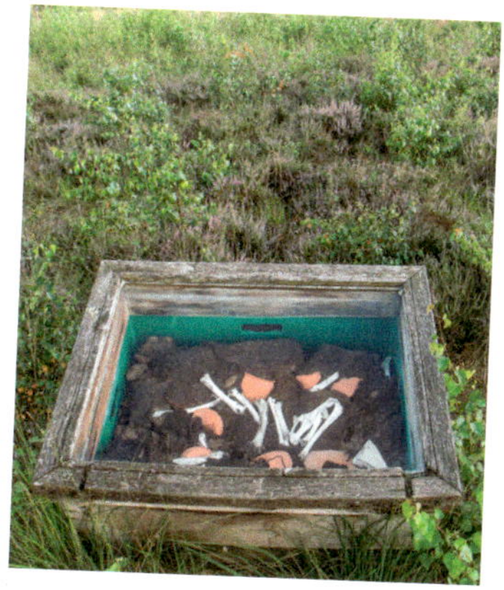

Gruselige Fundstücke

Ein potenzielles Steckenbleiben solltet ihr also unbedingt vermeiden. Auch wenn eine Fläche tragfähig aussieht, sie ist es höchstwahrscheinlich nicht. Schwingrasen zum Beispiel sieht trittfest aus, ist aber eine trügerische Fläche. Abseits der Wege gefährdet ihr außerdem nicht nur euch selbst, sondern vor allem ein äußerst empfindliches Ökosystem. Wenn ihr wohl keine Leichen stören würdet, dann aber mit Sicherheit Laich- und Schonplätze von seltenen Tieren oder zarten Pflanzen, die hier ihren Lebens- und Schutzraum haben – und teilweise auch nur hier im Hochmoor überhaupt vorkommen. Oberstes Gebot ist deshalb: auf den gekennzeichneten Wegen bleiben. Davon habt ihr im Großen Torfmoor mehrere zur Auswahl. Hier beschrieben ist die rote Route, einmal ganz ums Hochmoor herum.

Ihr startet am NABU-BESUCHERZENTRUM MOORHUS 1, das nicht nur für Kinder eine spannende Sache ist. Innen gibt es eine kleine, feine Ausstellung und draußen einen Moorgarten mit Hoch- und Niedermoor im Miniaturformat: neben spannendem Hintergrundwissen gibt es auch viele Stationen zum Selbsterleben.

Hinter dem Moorhus folgt ihr für ein paar Meter den grünen Pfeilen, bis ihr auf den ersten roten trefft. Dem folgt ihr nach rechts. Durch den Bruchwald ist euer erstes Ziel der WESTTURM 2, von dem aus ihr einen phänomenalen Blick über das Moor habt – und

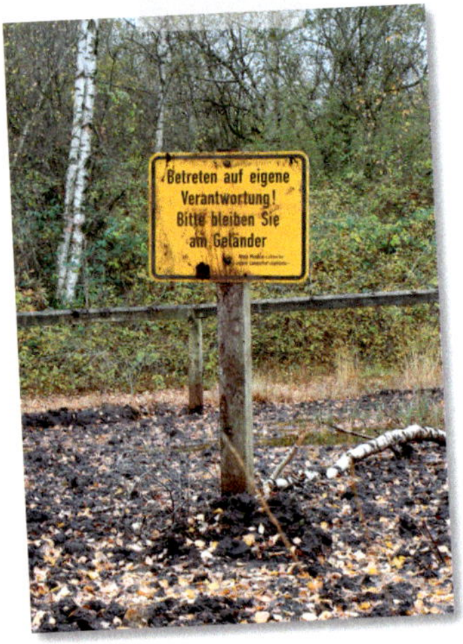

zwar auf die ehemalige Fließrinne der Weser, die sich während der letzten Eiszeit hier ihren Weg gebahnt hat. Kaum zu glauben, dass die hier mal entlang geflossen ist, denn heute fließt sie viele Kilometer entfernt an Minden vorbei nach Norden.

DAS BESUCHERZENTRUM MOORHUS IST VON APRIL BIS SEPTEMBER GEÖFFNET. HIER KÖNNT IHR AUCH FÜHRUNGEN BUCHEN (WWW.MOORHUS.EU). INSGESAMT GIBT ES SIEBEN PARKPLÄTZE RUND UMS MOOR. VON ALLEN AUS KÖNNT IHR STARTEN. IM SOMMER IST DER PARKPLATZ AM MOORHUS IDEAL, WEIL IHR VON HIER DIREKT NACH DER WANDERUNG EINEN BESUCH IM FREIBAD ANSCHLIESSEN KÖNNT.

Weiter geht es bis zum schmalen Flöthe-Bach, der angelegt wurde, um das Moorwasser abzutransportieren. Ihr überquert die Flöthe und wandert zwischen Wiesen und urigen Weiden, bis ihr den Südturm und kurz danach die Moorschäferei erreicht. Am Moorschutzhof des NABU leben rund 1.000 Schafe, deren Job es ist, sich um die permanent aus dem Boden sprießenden Birken zu kümmern. So schön die weißstämmigen, zarten Bäume aussehen, so durstig – und damit für das Moor schädlich – sind sie auch. Sie entziehen dem Moor Wasser. Genauso wie andere untypische Pflanzen, die sich hier angesiedelt haben oder hier gepflanzt wurden, als es noch darum ging, das Moor auszutrocknen. Hochmoore heißen übrigens Hochmoore, weil sie nur in regenreichen Gebieten entstehen können, denn aus dem Regen ziehen sie ihr Wasser, nicht aus dem Grundwasser. Die Torfmoose wandeln dann den Boden in Torf um. Und das dauert: Einen Millimeter pro Jahr wächst die Schicht. An einigen Stellen ist das Hiller Moor bis zu zehn Meter dick. Ihr könnt euch jetzt selbst ausrechnen, wie lange Mutter Natur daran gearbeitet hat. Nachdem ihr die Flöthe ein zweites Mal überquert habt, gelangt ihr auf den Stellerieger Damm. Da wird es spannend, denn es geht geradewegs auf die MOORMATSCHKUHLE 3 zu. Jetzt kommt euer Handtuch zum Einsatz. Schuhe und Socken aus, nah am Geländer bleiben, festhalten – und zack versinkt ihr auch schon im kalten Moorboden. Rauskommen ohne Geländer? Unmöglich! Füße und Beine könnt ihr euch anschließend an einer Handpumpe waschen. Nicht erschrecken, das Wasser ist bräunlich. Den Füßen schadet das nicht, ganz im Gegenteil. Handtuch vergessen? Egal. Einfach die Füße an der Luft trocknen lassen und derweil eine Pause in der Schutzhütte genießen.

Der Blick vom Westturm geht weit übers Moor. Einmal tief durchatmen und die Stille genießen

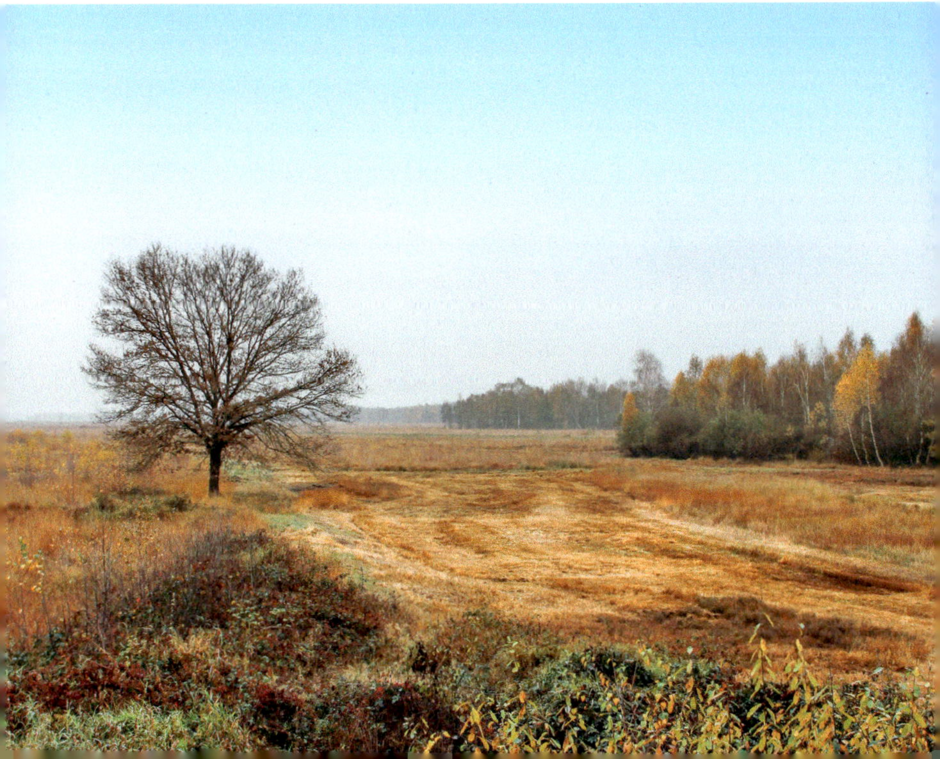

ENTLANG DER ROUTE GIBT ES 25 LAUSCHSTATIONEN. PASSEND DAZU HAT DAS MOORHUS EINE RALLYE VORBEREITET. DEN FRAGEBOGEN KÖNNT IHR EUCH DIREKT IM MOORHUS ABHOLEN ODER UNTER WWW.MOORHUS.EU DOWNLOADEN.

Kurz bevor ihr den NORDTURM 4 erreicht, gibt es die Gelegenheit, fleischfressende Pflanzen ganz nah zu beobachten. Sonnentau und Co. gehören zu den wenigen Pflanzen, die den sauren und nährstoffarmen Boden aushalten können. Vom Nordturm aus könnt ihr die schönen Moorseen besonders gut erkennen – und ohne Nebel auch das Wiehengebirge am Horizont. Der Boden ab hier ist stellenweise so extrem weich, dass er mit Holzbohlen verstärkt ist. Wenn ihr zwischendurch mal das Gefühl habt, der Boden würde sich bewegen, das stimmt. Er schwankt.

Insgesamt habt ihr auf der roten Route dreimal die Gelegenheit, einen Turm zu besteigen. Ihr solltet alle drei mitnehmen, denn alle bieten einen anderen faszinierenden Blick über das Moor. Das Torfmoor ist zu jeder Jahreszeit ein außergewöhnliches Wandererlebnis, egal, ob eiskalter Wintertag oder lauer Sommerabend. Dementsprechend besucht ist es an den Wochenenden. Wer das Moor für sich haben möchte (und das lohnt sich unbedingt), kommt unter der Woche in den frühen Morgenstunden. Die Stimmung, wenn die Vögel erwachen und der Nebel sich langsam auflöst, ist einmalig. Wunderschön und doch ein bisschen schaurig.

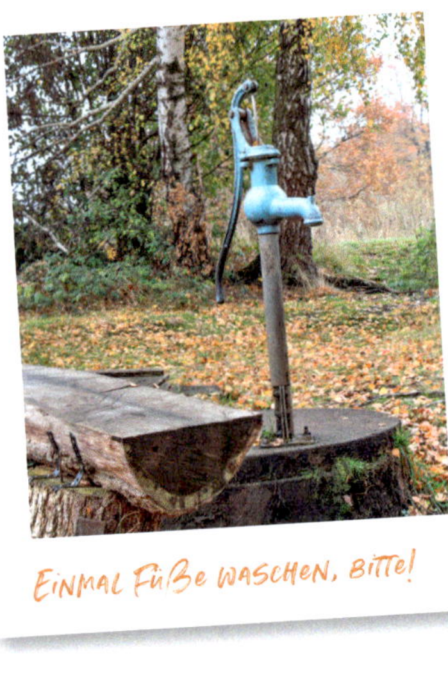

Einmal Füße waschen, bitte!

Alles, was ihr wissen müsst

Rundtour: abenteuerliche Tour für die ganze Familie auf gut begehbaren Wegen // mehrere Abkürzungsvarianten möglich // **kinderwagentauglich** bei trockenem Wetter

Markierung: rote Pfeile für diese Tour // Mehrere Standorttafeln geben eine gute Übersicht

Entfernung von: Lübbecke 4,5 Kilometer // Bielefeld 43 Kilometer
ÖPNV: ab Minden oder Lübbecke Buslinien 512 oder 513, Haltestelle Eilhausen an der Wassermühle, von dort circa 2,2 Kilometer auf der Eichholzer Straße nach Norden bis zum Moorhus
Auto: sieben kostenlose Parkplätze rund um das Naturschutzgebiet Großes Torfmoor oder NABU Besucherzentrum Moorhus, Frotheimer Straße 57 a, 32312 Lübbecke

Einkehr: keine direkt am Pfad // Rucksackverpflegung

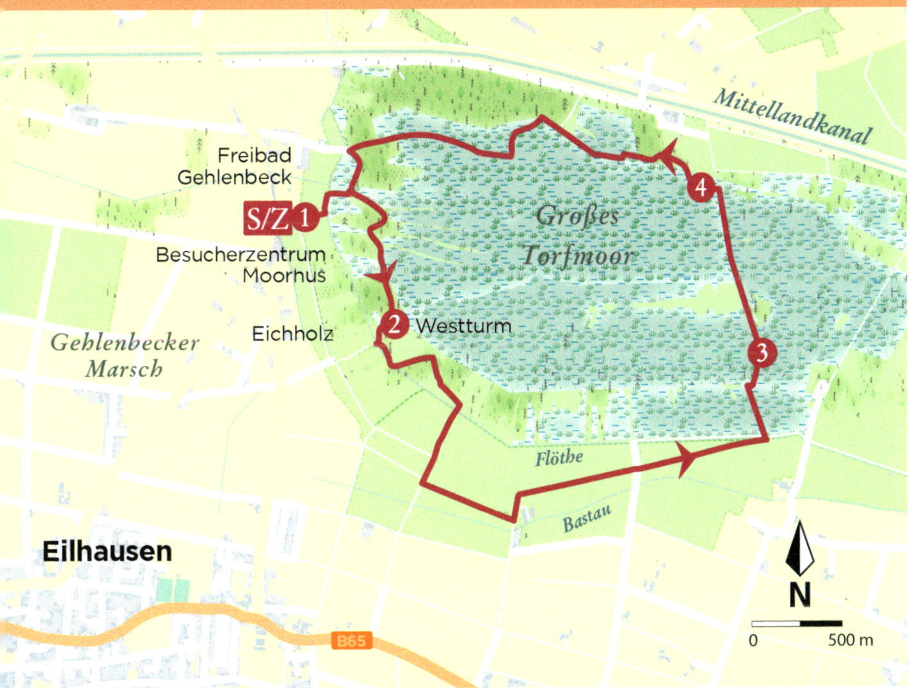

Ich danke meinen wunderbaren Wanderbegleitungen Astrid, Jürgen, Nina, den beiden Sandras, Petra, Uwe, Dietmar und Rudi für viele schöne gemeinsame Kilometer. Gisela, Nina, Sandra, Susi und Zoë danke ich fürs Vorab-Lesen und die wertvolle Kritik. Meinem Gatten danke ich, weil er nicht nur unermüdlich mitgewandert ist, kritisch alles hinterfragt hat, sondern weil er auch den leckersten Wanderproviant der Welt zaubert.

Bibliographische Informationen der Deutschen Nationalbibliothek:
Die Deutsche Nationalbibliothek verzeichnet diese Publikation in der Deutschen Nationalbibliografie; detaillierte bibliografische Daten sind im Internet über https://www.dnb.de/ abrufbar.

MIX
Papier | Fördert gute Waldnutzung
FSC® C083411
FSC www.fsc.org

Umschlaggestaltung: Nina Schäfer
Umschlagmotiv: shutterstock.com/encierro
Layout: Editorial Design & Artdirection, Conny Laue, Bochum, nach einem Konzept von Nina Schäfer
Kartografie: Altan Cicek, altancicek.design, altancicek.de

Druck und Bindung: CPI – Clausen & Bosse, Leck
Printed in Germany 2023
ISBN 978-3-7408-1564-6